BIBLIOTHÈQUE ROSE ILLUSTRÉE

ŒUVRES CHOISIES
DE
MOLIÈRE

ILLUSTRÉES DE 22 VIGNETTES
PAR E. HILLEMACHER

TOME PREMIER

NOTICE SUR MOLIÈRE
LES PRÉCIEUSES RIDICULES — LE MISANTHROPE
LE MÉDECIN MALGRÉ LUI — L'AVARE

C'est à mon sens comme un bienfait public
que de faire aimer Molière à plus de gens.
SAINTE-BEUVE.

PARIS
LIBRAIRIE DE L. HACHETTE ET Cie
BOULEVARD SAINT-GERMAIN, N° 77

—
1866

PRIX : 2 FRANCS

NOUVELLE SÉRIE DE LA BIBLIOTHÈQUE ROSE

A L'USAGE DES JEUNES GENS ET DES JEUNES FILLES DE 14 A 18 ANS

OUVRAGES DÉJA PUBLIÉS :

Bernardin de Saint-Pierre : *OEuvres choisies.* 1 vol. (20 vignettes.)
Catlin : *La Vie chez les Indiens.* 1 vol. (20 vignettes.)
Cervantès : *Histoire de l'admirable don Quichotte de la Manche;* 1 vol. (54 vignettes.)
Hervé et de Lanoye : *Voyage dans les glaces du pôle arctique.* 1 vol. (40 vignettes.)
Homère : *L'Illiade et l'Odyssée*, traduites par P. Giguet et abrégées par A. Feillet. 1 vol. (33 vignettes.)
Lanoye (Ferd. de) : *Les grandes scènes de la nature.* 1 vol. avec de nombreuses vignettes.
— *La mer polaire*, voyage de *l'Érèbe* et de *la Terreur* et expédition à la recherche de Franklin. 1 vol. (26 vignettes.)
— *La Sibérie.* 1 vol. (40 vignettes.)
— *Ramsès le Grand ou l'Égypte il y a 3300 ans.* 1 vol. (40 vignettes.)
Le Sage : *Aventures de Gil Blas.* 1 vol. (42 vignettes.)
Mac Intosh (Miss) : *Contes américains.* 2 vol. (120 vignettes.)
 Chaque volume se vend séparément.
Maistre (Xavier de) : *OEuvres choisies.* 1 vol. (20 vignettes.)
Marc-Monnier : *Pompéi et les Pompéiens.* 1 vol. (20 vignettes.)
Molière : *OEuvres choisies.* 2 vol. (22 vignettes.)
Retz (cardinal de) : *Mémoires* abrégés par Alphonse Feillet. 1 vol. (30 vignettes.)

OUVRAGES SOUS PRESSE :

Virgile : *OEuvres choisies*, par A. Feillet. 1 vol. (20 vignettes.)
Bayart : *Histoire du Bon Chevalier Bayart par le Loyal Serviteur*, abrégée et annotée par A. Feillet, 1 vol. (30 vignettes.)

OUVRAGES EN PRÉPARATION :

Froissart : *Épisodes et portraits.* 1 volume.
Saint-Simon : *Extraits des Mémoires.* 1 volume.
Plutarque : *Les Grecs illustres.* 1 volume.
— *Les Romains illustres.* 1 volume.
Lanoye (Ferd. de) : *Le Nil et ses sources.*

11848. — Imprimerie générale de Ch. Lahure, rue de Fleurus, 9, à Paris.

2 vol

ŒUVRES CHOISIES

DE

MOLIÈRE

IMPRIMERIE GÉNÉRALE DE CH. LAHURE
Rue de Fleurus, 9, à Paris

MOLIÈRE.

ŒUVRES CHOISIES

DE

MOLIÈRE

ILLUSTRÉES DE 22 VIGNETTES

PAR B. HILLEMACHER

TOME PREMIER

NOTICE SUR MOLIÈRE

LES PRÉCIEUSES RIDICULES — LE MISANTHROPE
LE MÉDECIN MALGRÉ LUI — L'AVARE

> C'est à mon sens comme un bienfait public
> que de faire aimer Molière à plus de gens.
> SAINTE-BEUVE.

PARIS

LIBRAIRIE DE L. HACHETTE ET Cie

BOULEVARD SAINT-GERMAIN, N° 77

1866

Tous droits réservés

PRÉFACE.

« C'est à mon sens, dit avec raison M. Sainte-Beuve, comme un bienfait public que de faire aimer Molière à plus de gens, » et il développe cette pensée dans deux pages qui forment tout un cours de littérature sur notre grand comique, et dont nous extrairons quelques passages.

« Aimer Molière, j'entends l'aimer sincèrement et de tout son cœur, c'est avoir une garantie en soi contre bien des défauts, bien des travers et des vices d'esprit. C'est ne pas aimer d'abord tout ce qui est incompatible avec Molière, tout ce qui lui était contraire en son temps, ce qui lui eût été insupportable du nôtre.

« Aimer Molière, c'est être guéri à jamais, je ne parle pas de la basse et infâme hypocrisie, mais du fanatisme, de l'intolérance et de la dureté en ce genre, de ce qui fait anathématiser et maudire....

« Aimer Molière, c'est être également à l'abri et à mille lieues de cet autre fanatisme politique, froid, sec et cruel, qui ne rit pas, qui sent son sectaire, qui, sous prétexte de puritanisme, trouve moyen de pétrir et de combiner tous les fiels;... c'est n'être pas moins éloigné, d'autre part, de ces âmes fades et molles, qui, en présence du mal, ne savent ni s'indigner, ni haïr.

« Aimer Molière, c'est être assuré de ne pas aller donner dans l'admiration béate et sans limite pour une Humanité qui s'idolâtre et qui oublie de quelle étoffe elle est faite... C'est ne pas la mépriser trop pourtant, cette commune humanité dont on rit, dont on est, et dans laquelle on se replonge chaque fois avec lui par une hilarité bienfaisante.

« Aimer et chérir Molière, c'est être antipathique à toute *manière* dans le langage et dans l'expression; c'est ne pas s'amuser et s'attarder aux grâces mignardes, aux finesses cherchées, aux coups de pinceau léchés, au marivaudage en aucun genre, au style miroitant et artificiel.

« Aimer Molière, c'est n'être disposé à aimer ni le faux bel esprit, ni la science pédante ; c'est savoir reconnaître à première vue nos Trissotins et nos Vadius, sous leurs airs galants et rajeunis ; c'est ne pas se laisser prendre, aujourd'hui plus qu'autrefois, à l'éternelle Philaminte, cette précieuse de tous les temps, dont la forme seulement change, et dont le plumage se renouvelle sans cesse ; c'est aimer la santé dans le droit sens de l'esprit chez les autres comme chez soi.... »

A cette page si ferme de M. Sainte-Beuve, ajoutons quelques lignes du grand Gœthe. « Je connais et j'aime Molière depuis ma jeunesse, et, pendant toute ma vie, j'ai appris de lui. Je ne manque pas de lire chaque année quelques-unes de ses pièces, pour me maintenir toujours en commerce avec la perfection. Ce n'est pas seulement une expérience d'artiste achevé qui me ravit en lui, c'est surtout l'aimable naturel, c'est la haute culture de l'âme du poëte. Il y a en lui une grâce, un tact de convenance, un ton délicat de bonne compagnie que pouvait seule atteindre une âme comme la sienne, qui, étant belle par elle-même, a joui du commerce journalier des hommes les plus remarquables de son siècle. »

Nous aimons à nous mettre à l'abri sous ces deux hautes et larges admirations, au moment de livrer au public ce Molière, *expurgé* à l'usage de la jeunesse. Nous savons à l'avance tout ce qu'on peut dire sur ces œuvres *choisies*, mais nous n'en persistons pas moins, croyant que c'est le *seul* moyen de faire lire Molière à un grand nombre d'adolescents et d'adolescentes qui ne le liraient pas dans une édition *complète*. A l'occasion de la représentation du *Bourgeois gentilhomme*, nous avons vu de jeunes femmes, mères de famille, avouer qu'elles n'avaient jamais vu ni lu Molière, n'ayant pu le lire comme jeunes filles dans les œuvres ordinaires, n'en ayant pas eu le temps ou la pensé lorsqu'elles auraient pu le faire.

Le principe qui nous a guidé a été de supprimer surtout ce qui était obscène ou par trop grossier. Molière lui-même, sur ce point, avait corrigé les mœurs de son époque, trop habituée aux sales équivoques, aux plaisanteries salées des Tabarins, des Scarrons et autres. On sait que dans sa dernière pièce, *le Malade imaginaire*, il fut obligé de corriger un passage que le parterre révolté ne put supporter[1]. Nous n'avons pas voulu modifier le texte, mais nous avons

---

1. Il s'agissait du mot de Béralde parlant à M. Fleurant : « On voit que vous n'êtes pas accoutumé de parler à des visages. » Cette saillie plus fine fut substituée, pour la seconde représentation, à un mot ordurier que les auditeurs n'avaient pas accepté.

supprimé les passages trop vifs, par respect, et de Molière et de nos jeunes lecteurs et lectrices.

Des notes cherchent aussi à faire comprendre le mérite littéraire et le génie comique de notre grand poëte ; nous savons encore tout ce qu'on a dit sur ces commentaires, inutiles et fastidieux pour des lecteurs dont le goût est exercé, et dont l'intelligence a reçu une culture savante et délicate ; mais il s'agit ici d'un jeune public pour lequel des remarques littéraires sont une aide indispensable, qui comprendra mieux l'œuvre quand on dira à sa légéreté naturelle de faire attention et de retenir l'éternelle leçon renfermée dans la plaisanterie qui les aura fait rire. Outre nos propres observations, nous avons mis à contribution, pour ces notes, les savantes études d'Auger, d'Aimé Martin, de M. Rambert, de M. Ed. Fournier, etc., ainsi que la meilleure édition que nous ayons de Molière, celle de M. Moland (Garnier frères, 7 vol. in-8°), en attendant celle que prépare M. Eud. Soulié, pour la Collection des *grands écrivains de la France*. En un mot, nous n'avons rien négligé de ce qui nous a paru propre à faire aimer le grand poëte qui a tous nos respects et notre admiration, malgré l'outrage que nous semblons exercer sur lui. Nous espérons fermement que la jeunesse, à laquelle nous offrons ce livre, y puisera un assez grand amour de l'immortel auteur du *Misanthrope*, du *Tartuffe*, des *Femmes savantes*, pour vouloir, dès qu'elle sera en âge, le juger par elle-même dans ses œuvres complètes.

NOTICE SUR MOLIÈRE[1].

On a cru longtemps que Molière était né en 1620, dans une maison située sous les piliers des halles, et que sa mère se nommait Anne Boutet ou Boudet. M. Beffara, qui s'est occupé avec un zèle infatigable de recueillir toutes les pièces qui peuvent jeter du jour sur la biographie de Molière, a retrouvé son extrait de baptême ; et l'on sait maintenant qu'il a été baptisé le 15 janvier 1622, sous le nom de Jean Poquelin ; que son père demeurait rue Saint-Honoré (actuellement n° 96 et n° 2 de la rue des Vieilles-Étuves[2],) et que sa mère s'appelait Marie Cressé. Molière signa toujours Jean-Baptiste Poquelin, parce qu'étant libre de choisir son patron entre les divers saints Jean du calendrier, il se mit de préférence sous la protection de saint Jean-Baptiste.

Le père de Molière n'appartenait pas précisément à la bourgeoisie, car alors on réservait ce nom aux familles de robe ou du haut commerce; mais il était distingué dans la classe des artisans, puisque plusieurs de ses parents avaient fourni des juges et des consuls à la ville de Paris. Il était lui-même pourvu d'une charge de valet de chambre tapissier du roi. Les Poquelin étaient tapissiers de père en fils ; et Molière fut d'abord destiné à exercer la profession de son père.

Marie Cressé mourut dix ans après la naissance de Molière, laissant quatre enfants, qui eurent pour tuteur leur grand-père, Louis

[1]. Nous avons profité pour cette notice des recherches toutes nouvelles si importantes de MM. Taschereau, Eud. Soulié et Ed. Fournier, etc.; chaque jour, par leurs découvertes, ils soulèvent le voile qui pesait sur cette grande et belle existence ; notre notice, *la première*, nous le croyons, présente un résumé complet de toutes ces découvertes.

[2]. Eud. Soulié a remeublé habilement la chambre où naquit Molière, d'après l'inventaire dressé à la mort de Marie Cressé, et qui annonce une femme d'ordre et d'élégance solide.

de Cressé (il prenait le *de*), propriétaire dans la Grande-Rue, à Saint-Ouen, d'une grande et belle maison avec cour, étable et jardin, et d'après la chambre qu'y occupaient les époux Poquelin, on voit que les enfants et la mère devaient y aller souvent le dimanche. C'est donc de sa mère, comme l'a bien remarqué M. Soulié, que Molière tenait son esprit élevé, ses habitudes somptueuses et simples à la fois, sa santé délicate, son attrait pour la campagne, loin de Paris? Poquelin se remaria après la mort de Marie Cressé, et eut deux autres enfants. Il quitta son logis de la rue St-Honoré pour une maison qu'il acquit sous le pilier des Halles, et qui a été démolie lors du percement de la rue Rambuteau. De là est venue cette tradition qui, si longtemps, a fait naître Molière sous les piliers des Halles. La maison qu'on s'obstine à qualifier du nom de maison de Molière, et qu'on a décorée d'un buste sur la façade aussi bien que d'une inscription, n'a donc rien d'authentique.

Il resta dans la maison paternelle jusqu'à l'âge de quatorze ans; il ne savait encore que lire, écrire et compter, et c'était assez pour suivre les vues de sa famille; mais il obtint, à force de supplications, qu'on lui ferait faire ses études. On le mit au collége de Clermont, depuis collége Louis-le-Grand, qui dès lors était dirigé par les jésuites. Il ne tarda pas à s'y faire remarquer, et cinq années lui suffirent pour faire des études complètes, en y comprenant la philosophie. Il eut pour condisciple le prince de Conti, qui fut généralissime de l'armée de la Fronde, abbé de Saint-Germain des Prés, et finit par épouser une nièce de Mazarin; Bernier, le célèbre voyageur; Hesnault, poëte assez médiocre; Cyrano de Bergerac, auteur de comédies maintenant oubliées; et Chapelle, dont on ne lit plus les poésies, mais que ses contemporains honorèrent comme un écrivain de mérite. Chapelle avait pour précepteur Pierre Gassendi, l'illustre commentateur d'Épicure, qui permit à Molière, à Bernier et à Cyrano de Bergerac d'assister aux leçons de son élève[1]. Ce fut une grande douleur pour Molière de quitter ses con-

---

[1]. Ce milieu contribua probablement à développer ce caractère de libre esprit, si marqué chez Molière, et qui se retrouve plus ou moins chez tous les disciples du célèbre Gassendi : Chapelle est un véritable épicurien, aussi franc parleur que gai vivant. Hesnault attaque Colbert dans toute sa puissance, et traduit à plaisir ce qu'il y avait de plus hardi dans les chœurs si déclamatoires des tragédies de Sénèque; Bernier osait, en présence de Louis XIV, préférer le séjour de la Suisse à celui de la France. Cyrano se fit de nombreux ennemis par sa tragédie d'*Agrippine*. Du reste, M. Ch. Giraud (de l'Institut), dans sa *Vie de Saint-Évremond*, vient de montrer que Gassendi et son école n'est pas, comme on l'a cru, un simple accident dans

disciples, son précepteur, ses études, et de rentrer dans une carrière qu'il avait tout fait pour éviter; mais son père, en 1637, avait obtenu pour lui la survivance de son emploi; et Molière se vit obligé, en 1642, au sortir du collège, de commencer ses fonctions de valet de chambre et de suivre le roi Louis XIII à ce voyage de Narbonne, si célèbre par le supplice de Cinq-Mars et de de Thou, et que suivirent de près la mort du cardinal de Richelieu et celle du roi. Les principales fonctions d'un valet de chambre tapissier du roi consistaient à faire le lit de Sa Majesté le matin et à le découvrir le soir; cependant ces places étaient fort souhaitées, comme toutes celles de la domesticité du palais. Elles s'acquéraient moyennant finance, et presque toujours se transmettaient de père en fils. Les valets de chambre dépendaient des premiers valets de chambre, qui servaient par quartier, et dont l'emploi, recherché par la plus haute bourgeoisie, était fort supérieur en autorité, en considération et en bénéfices; mais, à leur tour, les simples valets de chambre se distinguaient des valets du serdeau, des garçons de la chambre et de la garde-robe, des bas officiers des écuries et de la bouche, et en un mot de toute la livrée. Ils mangeaient à la table du contrôleur de la bouche; il n'était pas rare de voir parmi eux des gens de mérite; Clément Marot avait été valet de chambre de François Ier.

On ne connaît pas avec certitude l'emploi des quatre années qui suivirent le voyage de Narbonne. Il paraît que Molière en passa une partie à Orléans, et qu'il y étudia le droit; ce qui est plus avéré, c'est que, de retour à Paris, il s'associa avec quelques amis pour fonder une troupe de comédiens amateurs, qui, sous le nom de l'*Illustre Théâtre*, ne tarda pas à attirer la foule; et qu'enfin, encouragé par le succès, il donna des représentations pour de l'argent, et se fit résolûment comédien (1643.) Suivant les idées du temps, c'était se mettre en dehors de la société; et le nouveau comédien, pour épargner un déshonneur à sa famille et se confor-

le dix-septième siècle, mais qu'il y eut une tradition non interrompue de libres penseurs et d'épicuriens depuis Rabelais, Charron, Montaigne, jusqu'à la Régence, Voltaire et le dix-huitième siècle. Probablement Molière rencontra chez Gassendi Saint-Évremond, qui y parut en 1639; personne n'a parlé de leurs relations. Nous demandons à MM. Fournier et Soulié d'éclairer cette curieuse question. Il semble que nul plus que l'auteur de la *Comédie des Académistes* et de *la conversation du maréchal d'Hocquencourt et du P. Canaye*, dut apprécier la verve comique de Molière. N'oublions pas que les *Académistes* sont de 1643, l'année même des débuts du jeune Poquelin.

mer à une coutume reçue au théâtre, ne se fit plus appeler que Molière[4].

Ce nom de Molière n'était pas absolument nouveau dans les lettres. François de Molière, sieur d'Essertines, avait publié, au commencement du siècle, deux romans : *Polyxène* et *la Semaine amoureuse;* et ce nom fut encore porté, du vivant de Molière, par un homme de la musique du roi et par un danseur de profession.

Ce goût pour le théâtre vint probablement à Molière par son grand-père, Louis de Cressé, qui aimait la comédie avec passion et y conduisait d'autant plus fréquemment le jeune Molière, qu'un confrère de Poquelin, Pierre Dubout, tapissier ordinaire du roi, était le doyen des *Confrères de la Passion*, et avait par suite, à sa disposition, une loge et le *Paradis* où il pouvait faire aller ses parents et amis. Ce théâtre de *l'Hôtel de Bourgogne*, situé rue Mauconseil (à la Halle aux cuirs actuelle), était dans le voisinage de la famille Poquelin. La compagnie de *l'Illustre Théâtre* ouvrit le 31 décembre 1643, dans le jeu de paume des Métayers, situé au faubourg St-Germain, près de la porte de Nesle (actuellement rue Mazarine), et obtint bientôt la protection de Gaston, duc d'Orléans, qui la fit jouer plusieurs fois au Luxembourg. Six mois s'étaient à peine écoulés que Molière est déjà le chef de cette troupe où se trouvent tous les Béjard, et son nom précède désormais ceux de ses associés, comme on le voit dans un engagement fait avec un danseur, et qui est la seule pièce connue jusqu'à présent avec le nom DE MOLIÈRE (2 juin 1644).

L'Illustre Théâtre ne fut pas heureux dans sa concurrence à *l'Hôtel de Bourgogne* et à la *troupe du marais*; à la fin de 1644, il est obligé de changer de quartier et se transporte au jeu de Paume de la Croix-Noire, rue des Barrés, ayant issue sur le quai des Ormes, au pont Saint-Paul. Molière logeait alors rue des Jardins-Saint-Paul, chez un mercier. Bientôt, pour se soutenir, on a recours aux emprunts par l'intermédiaire d'un nommé Pommier, qui semble la doublure d'un Louis Baulot, écuyer et maître d'hôtel ordinaire du roi. M. Soulié a vu dans les contrats d'emprunt des détails qui font songer à Harpagon, prêteur, « empruntant lui-même pour faire plaisir à l'emprunteur. »

1. M. Ed. Fournier a fait remarquer qu'un édit du roi (16 avril 1641) venait de relever le métier de comédien du mépris où le reléguait le commun préjugé et avait notamment déclaré qu'il ne pouvait plus être « imputé à blâme. » Cet édit ne fut peut-être pas non plus sans influence sur les jeunes gens de famille qui formèrent avec Poquelin l'*Illustre Théâtre*.

Les engagements ne sont pas remplis, les créanciers deviennent exigeants, et, le 2 août 1645, nous trouvons Molière en prison au Grand-Châtelet, à la demande d'Antoine Fausser, fournisseur des chandelles de l'*Illustre Théâtre*, pour la somme de 145 livres, et d'un linger nommé Dubourg, pour la somme de 150 livres ; d'un autre côté, Léonard Aubry, maître paveur des bâtiments du roi, se porte caution pour Molière, envers Baulot, d'une dette de 2000 livres réduite, par jugement, à 320 livres. Le 13 août, Molière sort de prison, et les comédiens, ses camarades, s'engagent tous solidairement pour Poquelin envers l'honnête et obligeant entrepreneur Aubry par un contrat où « la reconnaissance des comédiens pour celui qui les avait aidés à sortir d'un si grand embarras et leur affection pour Molière se font jour, dit M. Soulié, à travers les formules inséparables d'un acte notarié. »

L'*Illustre Théâtre* qui n'avait plus que sept de ses onze fondateurs, émigre encore peu après au jeu de paume de la Croix-Blanche, rue de Buci, où ils restèrent jusqu'à la fin de 1646 ; à cette époque la troupe quitta Paris, et des actes authentiques ne nous signalent la présence de Molière dans cette ville que le 14 avril 1651, sans qu'on sache s'il était accompagné de sa troupe. Il est probable que les grands désordres et les grandes misères qui résultaient à cette époque des luttes civiles de la Fronde [1], ne les engageaient pas à tenter la fortune dans la capitale.

Une page de Perrault explique par la simplicité primitive de la mise en scène à cette époque les déplacements successifs du théâtre de Molière : « Des tapisseries formaient tout le décor, et laissaient par conséquent beaucoup à faire à l'imagination. Ces tapisseries donnaient des entrées et des sorties aux acteurs par l'endroit où elles se joignaient l'une à l'autre. Ces entrées et ces sorties étaient fort incommodes et mettaient souvent en désordre les coiffures des comédiens, parce que, ne s'ouvrant que fort peu en haut, elles retombaient rudement sur eux quand ils entraient ou quand ils sortaient. Toute la lumière consistait en quelques chandelles dans des plaques de fer-blanc attachées presque aux tapisseries ; mais comme elles n'éclairaient les acteurs que par derrière et un peu sur les côtés, ce qui les rendait presque tout noirs, on s'avisa de faire des chandeliers avec deux lattes mises en croix, portant chacune quatre chandelles, pour mettre au-devant du théâtre. Ces chandeliers, suspendus grossièrement avec des cordes et des pou-

---

1. Voir *La Misère au temps de la Fronde*, par M. Alph. Feillet.

lies apparentes, se haussaient et se baissaient sans artifice et par main d'homme, pour les allumer et les moucher. La symphonie était d'une flûte et d'un tambour, ou de deux violons au plus. » M. Moland achèvera nos renseignements sur le théâtre vers 1640. « Telle était la scène. Figurez-vous maintenant la salle : Une galerie courant de chaque côté et formant les loges où le prix des places était de 10 sols; le parterre, debout, où l'on payait 5 sols (Scudéry dit 8 sols). Voilà à peu près dans quelles conditions on jouait alors la comédie. Les représentations, quoiqu'elles fussent éclairées par les chandelles, avaient lieu l'après-midi. La porte ouvrait à une heure; on commençait à deux, et l'on finissait entre quatre et cinq heures. » — Scarron nous a fait connaître la comédie en province dans son *Roman comique*; elle n'a rien de supérieur.

A partir de 1647, Molière se détermina à courir la province; mais ici tous les Mémoires perdent sa trace pendant plusieurs années. On sait seulement qu'il avait avec lui quelques acteurs de *l'Illustre Théâtre* : du Parc, qui se faisait appeler Gros-René, et pour lequel il a écrit plus tard le rôle de ce nom dans *le Dépit amoureux*; les deux Béjart et leur sœur Madeleine. La troupe vivait en commun; on représentait des comédies, des tragédies et des farces, suivant les nécessités du moment et le bon plaisir des spectateurs. Molière inventait des canevas à la manière italienne, qu'il développait impromptu sur la scène avec ses camarades. Il fit aussi, durant cet intervalle, une tragédie de *la Thébaïde*, dont il ne s'est conservé aucun fragment. On le retrouve avec certitude à Nantes en 1648, deux ans après son départ de Paris; puis à Bordeaux, où il joua *la Thébaïde*; à Narbonne en 1650; puis à Vienne, et enfin à Lyon en 1653; à Montélimart et à Montpellier en 1655, à Nîmes en 1657[1].

C'est à Lyon que Molière fit représenter la première de ses pièces, qui mérite véritablement le nom de comédie. *L'Étourdi* se voit encore aujourd'hui avec plaisir; mais, pour la bien apprécier, il faut songer à l'état où se trouvait notre théâtre, aux pièces sans conduite, sans caractères et sans style que l'on était forcé d'applaudir, aux intrigues compliquées et invraisemblables de Rotrou, aux lazzi orduriers de Scarron, à l'extravagance d'un Cyrano de

---

[1]. On peut croire, d'après certains passages du *Roman comique* de Scarron qui se rapportent assez bien à Molière, que sa troupe passa au Mans de 1646 à 1652; on a aussi de vagues indices d'un passage, vers 1650, à Toulouse, qui jouissait d'une paix relative au milieu des troubles de a Fronde, et à Vienne en Dauphiné.

Bergerac. La seule comédie que nous eussions alors avait été donnée à Paris onze ans auparavant, et c'était le *Menteur* du grand Corneille.

Molière eut à Lyon tout le succès qu'il pouvait souhaiter comme auteur et comme acteur. Une autre troupe qui s'y trouvait en même temps ne put tenir, et la plupart des acteurs prirent parti avec lui et le suivirent à Avignon et à Béziers. Ce fut aussi à Lyon que Molière rencontra d'Assoucy. Cet original, d'un talent contestable, d'une réputation équivoque, dont la vie fut une suite de malheurs et d'extravagances, courait alors la province avec son luth, son théorbe et ses deux petits pages ou *enfants de musique*, et s'occupait à gagner le glorieux surnom d'*empereur du burlesque*. « Je trouvai à Lyon, dit-il dans ses *Mémoires*, mes poésies dans tous les couvents de religieuses ; mais ce qui me charma le plus, ce fut la rencontre de Molière et de MM. les Béjart. Comme la comédie a des charmes, je ne pus sitôt quitter ces charmants amis : je demeurai trois mois à Lyon parmi les jeux, la comédie et les festins.... Ayant ouï dire qu'il y avait à Avignon une excellente voix de dessus, je m'embarquai avec Molière sur le Rhône, qui mène en Avignon, où, étant arrivé avec quarante pistoles..., la première chose que je fis, ce fut d'aller à l'académie : » à l'académie, c'est-à-dire au tripot, et les quarante pistoles y passèrent. « Mais comme un homme n'est jamais pauvre lorsqu'il a des amis, ayant Molière pour estimateur et toute la maison Béjart pour amie, en dépit du diable et de la fortune, je me vis plus riche et plus content que jamais ; car ces généreuses personnes ne se contentèrent pas de m'assister comme ami : elles me voulurent traiter comme parent. Étant commandés pour aller aux états, ils me menèrent avec eux à Pézenas, où je ne saurais dire combien de grâces je reçus ensuite de toute la maison. Molière et sa troupe étaient commandés pour aller aux états jouer devant la noblesse du Languedoc et devant le prince de Conti, qui la présidait. Molière devait cet honneur à la bienveillance du prince,[1] son ancien condisciple au collége des jésuites, et au succès éclatant qu'il venait d'obtenir à Lyon. Sa troupe était dès lors citée comme la meilleure troupe qui fût en province. Les mauvais jours étaient passés pour

---

1. Les *Mémoires de Daniel de Cosnac*, archevêque d'Aix, récemment publiés, ont montré que le souvenir d'une communauté d'études ne fu pour rien dans les premiers succès de Molière à Pézenas, où Conti, après la Fronde, avait été relégué dans son château et domaine de la Grange-des-Prés.

elle : l'argent lui venait avec la réputation ; et chaque soir, quand la comédie était jouée et qu'on s'était débarbouillé le visage, on se retrouvait à table autour de Madeleine Béjart pour boire et chanter et mener joyeuse vie, en vrais bohémiens. » Ce pauvre d'Assoucy, qui avait au moins le mérite d'être reconnaissant, nous donne encore de précieux détails à ce sujet dans cette même page de ses *Mémoires :* « On dit que le meilleur frère est las, au bout d'un mois, de donner à manger à son frère ; mais ceux-ci, plus généreux que tous les frères qu'on puisse avoir, ne se lassèrent point de me voir à leur table tout un hiver ; et je peux dire :

>Qu'en cette douce compagnie,
>Que je repaissais d'harmonie,
>Au milieu de sept ou huit plats,
>Exempt de soins et d'embarras,
>Je passais doucement la vie.
>Jamais plus gueux ne fut plus gras ;
>Et quoi qu'on chante et quoi qu'on die
>De ces beaux messieurs des états,
>Qui tous les jours ont six ducats,
>La musique et la comédie ;
>A cette table bien garnie,
>Parmi les plus friands muscats,
>C'est moi qui soufflais la rôtie
>Et qui buvais plus d'hypocras.

« En effet, quoique je fusse chez eux, je pouvais bien dire que j'étais chez moi. Je ne vis jamais tant de bonté, tant de franchise, ni tant d'honnêteté que parmi ces gens-là, bien dignes de représenter réellement dans le monde les princes qu'ils représentent tous les jours sur le théâtre. »

D'Assoucy passa encore « six bons mois dans cette cocagne ; » et il suivit Molière jusqu'à Narbonne.

C'est à Béziers et pendant la tenue des États, en 1654, que Molière donna le *Dépit amoureux,* excellente comédie où se trouve une scène digne de la maturité de son talent.

Le prince de Conti, dit le biographe Grimarest, ne se borna pas à appeler Molière comme comédien ; il lui offrit la place de secrétaire de ses commandements, vacante par la mort de Sarasin, et il fut refusé. La proposition, si elle fut faite, — ce dont on peut douter d'après les *Mémoires de Cosnac* — n'était pas fort séduisante.

Le frère puîné du prince de Condé n'avait qu'une fortune médiocre pour son rang : il était prince, bel esprit et mécontent de sa situation. Molière fit bien de ne pas s'attacher à lui. Le prince ne lui en garda pas rancune. Il lui procura, quelques années plus tard, l'amitié du grand Condé, et contribua à le faire venir à la cour.

D'ailleurs, Molière aimait sa profession. Il l'avait embrassée malgré sa famille, par entraînement, et il ne voulut même pas l'abandonner dans la suite, lorsque tous ses amis l'avertirent qu'elle lui devenait mortelle. Il fut célèbre comme acteur avant de s'illustrer comme poëte. Il ne réussissait pas dans la tragédie, quoiqu'il eût la faiblesse d'aimer les rôles tragiques ; mais il était supérieur dans la comédie. Il étudiait ses rôles avec un soin infini, en composait toutes les parties avec art, ne négligeait pas les détails en apparence les plus insignifiants, et avait toujours en tête quelque original dont il imitait la démarche, la prononciation et le costume, jusque-là que, pour jouer le rôle d'un pédant, il emprunta, dit-on, le chapeau du cartésien Rohault, qui était son ami. « Il était comédien depuis les pieds jusqu'à la tête, dit un de ses contemporains. Tout parlait en lui, et, d'un pas, d'un sourire, d'un clin d'œil, d'un remuement de tête, il faisait concevoir plus de choses que le plus grand parleur n'aurait pu en dire en une heure. »

Molière, après la clôture des états, parcourut pendant plusieurs années le Languedoc. Il joua la comédie à Montpellier, à Pézenas, il revint à Avignon, passa le carnaval de 1658 à Grenoble. On raconte qu'étant à Pézenas, il allait souvent s'asseoir dans la boutique d'un barbier, et y demeurait oisif en apparence, mais occupé à voir et à entendre les originaux de ses comédies, en homme que Boileau devait appeler *le contemplateur*, et dont les pièces bien lues pourraient, suivant l'expression de La Harpe, tenir lieu d'expérience. Et pourquoi n'aurait-il pas étudié dans la boutique du barbier de Pézenas, lui qui plus tard ne dédaignait pas de consulter sa servante Laforêt, et qui effaçait de ses pièces les plaisanteries qu'elle n'avait pas goûtées? La ville de Pézenas garde avec respect le fauteuil de Molière, comme on conserve à la Comédie-Française le fauteuil du *Malade imaginaire*, dans lequel il s'assit quelques heures avant de mourir.

Pendant son second séjour à Avignon, en 1657, Molière se lia avec Mignard, qui revenait de Rome. Cette liaison fut intime et durable. Molière écrivit *la Gloire du Val-de-Grâce*, Mignard fit plusieurs portraits de Molière. En se quittant, Mignard fut à Lyon, et Molière à Grenoble, puis à Rouen ; mais ils ne tardèrent pas à se retrouver à Paris et à la cour.

Cette longue et pénible odyssée de douze années à travers nos provinces fut fort utile au génie de Molière; pendant cette époque de licence où les caractères se montraient sans contrainte, l'auteur comique put recueillir une rare et abondante collection d'originaux. Il étudiait en même temps tout ce qui pouvait perfectionner et étendre son génie naturel : théâtre antique de Plaute et de Térence, répertoire comique de l'Italie et de l'Espagne, notre littérature du xv° et du xvi° siècle, Montaigne, Noël du Fail, Brantôme Rabelais et les vieux fabliaux ; il ne se perfectionne pas moins acteur, et se forme une troupe « de comédiens dont il était l'âme, et qui, disait Segrais, ne peut avoir de pareille, » enfin, la tragédie qu'il a jouée presque exclusivement, sauf quelques farces qui formaient comme de véritables intermèdes à la mode espagnole, avait préparé Molière à élever le ton de la comédie, lorsque son génie et la faveur des Parisiens la lui désignèrent comme son véritable domaine.

Molière avait son but en se rapprochant de Paris. Il y fit secrètement plusieurs voyages, pendant son séjour à Rouen, s'appuya de la protection du prince de Conti, se fit présenter à Monsieur et à la reine mère; et enfin obtint la permission de jouer au Louvre devant le jeune roi [1]. Louis XIV fit tout exprès dresser un théâtre dans la salle des Gardes du vieux Louvre, et au grand désespoir des comédiens de l'hôtel de Bourgogne, la troupe de Molière y représente la tragédie de *Nicomède*[2]. Le roi se montra satisfait de la manière dont la tragédie de Corneille avait été rendue; et Molière, s'avançant sur le théâtre, fit une harangue dans laquelle il supplia le roi « d'avoir pour agréable qu'il lui donnât un de ces petits divertissements qui lui avaient acquis quelque réputation, et dont il régalait les provinces. » Le roi y consentit de bonne grâce, et l'on joua aussitôt la farce du *Docteur amoureux*. Cette farce a péri, comme toutes les autres que Molière avait écrites durant sa vie errante, à l'exception du *Médecin volant* et de *la Jalousie du Barbouillé*. Le roi, qui ne voyait plus de petites pièces, car depuis la mort de Gros-Guillaume, Gauthier-Garguille et Turlupin, la dignité de messieurs de l'hôtel de Bourgogne ne s'abaissait plus jusqu'à la

---

1. Molière fut probablement aidé à cette époque par Mignard, le prince de Conti et Cosnac, alors évêque de Valence et premier aumônier de Monsieur.
2. Aujourd'hui la salle des Caryatides (Musée des Antiques).

farce, fut charmé de cette nouveauté, et permit aussitôt à Molière de jouer sur le théâtre du Petit-Bourbon, alternativement avec la troupe italienne. Cette mémorable représentation avait eu lieu le 24 octobre 1658, et dès le 3 novembre, Molière inaugurait son nouveau théâtre par *l'Étourdi* et *le Dépit amoureux*.

Assuré désormais de la protection du roi, et par elle, de la faveur des courtisans, Molière ne craignit pas d'attaquer de front une secte de beaux esprits qui avait eu, peut-être, une influence heureuse pour rétablir le goût des lettres, mais qui avait dégénéré en pédantisme et en afféterie et menaçait de corrompre le goût national. Il donna en 1659 *les Précieuses ridicules*; ce fut sa troisième comédie, et la première qu'il eût composée pour Paris et pour la cour. Il prouva ce jour-là qu'il avait au plus haut degré deux qualités sans lesquelles il n'y a pas de grand auteur comique : la fermeté du jugement et l'énergie du caractère. Le jargon des précieuses ne nous paraît plus aujourd'hui qu'un travers; mais quand ce comédien et ce poëte, deux fois vulnérable comme auteur et comme acteur, en fit une si sanglante justice, elles étaient les maîtresses de l'esprit public; elles tenaient des bureaux d'esprit dont les arrêts étaient reçus comme des oracles, et les plus beaux génies du temps, le grand Corneille lui-même, en reconnaissaient l'autorité et en subissaient l'influence. Molière, en frappant ce grand coup pour son début, annonçait l'homme qui, grandissant avec le succès, et flétrissant le crime après avoir corrigé les ridicules, oserait écrire *le Tartuffe*.

Les Précieuses ridicules allèrent aux nues dès le premier jour. Un vieillard s'écria du milieu du parterre : « Courage, Molière! voilà de la bonne comédie! » Ce fut un des plus grands et en même temps des plus faciles triomphes que le bon sens ait jamais remportés; et la preuve, c'est que Ménage, un des oracles des *Précieuses*, se déclara vaincu et détrompé séance tenante. « Au sortir de la pièce, prenant M. Chapelain par la main : « Monsieur, lui
« dis-je, nous approuvions, vous et moi, toutes les sottises qui
« viennent d'être critiquées si finement et avec tant de bons sens;
« mais croyez-moi, pour me servir de ce que saint Remy dit à
« Clovis, il nous faudra brûler ce que nous avons adoré et adorer
« ce que nous avons brûlé. » Cela arriva comme je l'avais prédit, et, dès cette première représentation, l'on revint du style forcé et du galimatias. »

Après ce grand et important succès, Molière donna *Sganarelle* qui n'est, à la vérité, qu'une farce, mais une farce où l'homme de génie se reconnaît ; puis, pour obéir au roi qui commença à ne plus employer que lui dans les fêtes de la cour, *Don Garcie de Navarre*, et *l'École des Maris*, comédie de mœurs où la nature est prise sur le fait, et où le poëte comique, disparaissant derrière ses personnages, provoque à la fois la réflexion et le rire ; puis *les Fâcheux*, la première de nos comédies à tiroir, une satire plutôt qu'une comédie, mais une satire vive, animée, hardie, et par-dessus tout divertissante. Les *Fâcheux* rappelèrent et dépassèrent même le succès des *Précieuses ridicules*. Il fallut la mettre au double, c'est-à-dire la jouer deux fois par jour, pour suffire à l'affluence des spectateurs. La cour se donnait, pour ainsi dire, ce spectacle à elle-même, chacun y reconnaissait son voisin, et Molière que le roi soutenait, et qui, en attaquant tous les ridicules, pouvait dire hardiment : « Je prends mon bien où je le trouve, » devenait une véritable puissance.

Les *Fâcheux* furent joués en 1661. Molière se maria l'année suivante. Il épousa Armande Béjart, une des plus jeunes actrices de sa troupe, et des plus séduisantes sinon des plus belles. Tous les contemporains tombent d'accord qu'il a voulu la peindre dans le portrait de Lucile *Bourgeois gentilhomme :* (Acte III, sc. IX, t. II, p. 122.)

Armande Béjart, dit Grimarest, crut être parvenue au rang de duchesse en épousant Molière. Et quel plus beau nom aurait-elle pu porter ? Les lettres n'en avaient point alors et n'en auront probablement jamais de plus grand. Molière lui apportait la fortune et la gloire, qui ne vont pas toujours de compagnie ; il était beaucoup plus âgé qu'elle, mais pas assez cependant pour ne pas lui plaire ; sans avoir cette beauté fade d'une figure régulière, on trouvait dans ses traits fortement prononcés et dans toute sa personne le reflet de son génie ; il n'y avait qu'une voix sur sa probité, sur sa délicatesse, sur sa générosité ; enfin il aimait sa femme avec idolâtrie. Cependant Molière fut malheureux, il fut jaloux, et il eut lieu de l'être. Il ne trouva dans sa femme ni fidélité, ni soumission, ni tendresse, ni égards. Il lui fallut vivre uniquement par le travail et par la pensée, lui qui avait un cœur digne de son génie. Il éprouva par lui-même toutes les angoisses de la jalousie et de l'amour malheureux, dont il a été le plus grand peintre. Son nom ne fut pas même respecté après sa mort, et sa veuve épousa un comédien obscur, nommé Guérin d'Estriché.

Le mariage de Molière donna lieu à d'atroces calomnies. Un comédien de l'hôtel de Bourgogne porta ces accusations jusqu'au roi ; mais ce qui prouve que l'esprit de Louis XIV n'en fut pas effleuré, c'est qu'il nomma lui-même, quelque temps après, avec Henriette d'Angleterre, le premier enfant de Molière et d'Armande Béjart.

La vérité est qu'Armande était la sœur et non pas la fille de Madeleine; et ce qui le prouve avec évidence, c'est l'acte authentique du mariage de Molière, retrouvé par M. Beffara dans les registres de la paroisse de Saint-Germain l'Auxerrois, à la date du 20 février 1662.

Outre le fils qui eut pour parrain Louis XIV, Molière eut encore un autre fils, qui ne vécut que deux mois, et une fille, que Madeleine Béjart tint sur les fonts avec le comte de Modène, et qui seule survécut à son père. Elle épousa Montalant, organiste de Saint-André des Arcs, et mourut à Argenteuil sans postérité.

La troupe de Molière n'avait joué sur le théâtre du Petit-Bourbon que pendant deux années. Lorsque Louis XIV fit abattre l'hôtel du Petit-Bourbon pour achever la colonnade du Louvre, il donna à Molière la salle que Richelieu avait fait construire à grands frais au Palais-Royal pour les représentations de *Mirame*[1]. Molière y joua pour la première fois le 4 novembre 1660; et à partir de *Don Garcie de Navarre*, toutes ses pièces furent représentées sur ce théâtre. Après sa mort, sa troupe fut reléguée dans la rue Guénégaud, et le roi donna la salle du Palais-Royal à Lully, pour y installer l'*Académie royale de musique*.

La première pièce que Molière donna après son mariage fut *l'École des Femmes*, dont le succès ne fut ni moins grand, ni moins mérité que celui de *l'École des Maris*. Arnolphe amoureux et par conséquent jaloux, mais jaloux en vieillard, c'est-à-dire avec frénésie et avec réflexion, employant toute sa pénétration et toute son expérience à élever une femme dont la tendresse lui soit assurée, s'apercevant tout à coup, après tant d'années de soins, de surveillance, de tyrannie, que ce cœur lui échappe, furieux de sa découverte, puis navré, passant en un moment du despotisme à la soumission, pleurant aux genoux de cette enfant qui ne le trouve que ridicule, se relevant pour exiger de son obéissance ce qu'il ne peut attendre de son cœur, et la voyant enfin épouser un autre, c'était une de ces peintures à la fois terribles et vraies où l'homme se retrouve avec effroi, et qui nous font voir l'agonie de la volonté luttant contre la passion, et les misères de la passion survivant à la jeunesse. Molière, par la force comique des situations, par

---

1. Cette salle était dans l'aile droite du Palais-Royal, en face du passage Radziwill.

la verve de son style, par mille détails plaisants, sauvait à la représentation la tristesse du sujet, et restait fidèle à la devise de la comédie qui ne corrige qu'en riant. On riait dans la salle ; mais on gardait au fond de l'âme une impression grave. Molière était là tout entier et l'idéal de la comédie était trouvé.

La critique se déchaîna contre *l'École des Femmes;* pauvre critique, qui passait à côté de la question, et, dans une œuvre de cette force, ne s'attaquait qu'aux détails du style ou de l'intrigue. Molière fut blessé, il répondit, non par des dissertations, mais par une pièce. Il écrivit *la Critique de l'École des Femmes.* Disons, il est vrai, que cet acte-feuilleton, cette conversation littéraire dans un salon est une des plus charmantes et des plus instructives productions de Molière ; il dédia à la reine mère et put jouer devant le roi une pièce toute remplie de lui-même. C'était agir en poëte tout-puissant. Il ne s'en tint pas là; il osa plus. Dans *l'Impromptu de Versailles,* il se mit lui-même en scène sous son nom, et fit comparaître toute sa troupe, en quelque sorte à visage découvert, devant Louis XIV. *Le Mariage forcé* et *la Princesse d'Élide,* une farce et un ballet, ne sont que deux flatteries pour ses deux souverains, le peuple et le roi. Il se releva glorieusement dans *Don Juan ou le Festin de pierre.* C'est sa première comédie de caractère. Elle n'a pas la perfection du *Misanthrope* et du *Tartuffe;* mais le caractère du libertin y est tracé avec une telle vigueur, qu'on peut dire à bon droit que l'apparition de ce chef d'œuvre marque une ère nouvelle dans la scène française. Il faut, pour comprendre Molière, songer aux spectateurs pour lesquels *Don Juan* fut écrit ; il faut penser à la royauté majestueuse et solennelle de Louis XIV, à cette cour polie, raffinée, mais routinière, à ces beaux esprits tout remplis de préjugés contre les innovations, à ces règles d'Aristote, dont on faisait les règles mêmes du goût. D'une légende du moyen âge propre à frapper de terreur l'imagination du peuple, il tirait, comme le dit bien M. Moland, le drame le plus audacieux du XVIIe siècle. On a été si longtemps à comprendre l'idée qui domine la pièce, « Un grand seigneur, méchant homme, est une terrible chose, » et qui fait mouvoir autour de Don Juan toutes les classes de la société, tour à tour ses victimes. Ce drame, sous l'accusation d'impiété, disparut de l'affiche au bout de quinze jours.

L'Amour médecin n'est qu'un agréable intermède, fait, appris et représenté en cinq jours. Puis vint *le Misanthrope,* qui serait la plus belle des comédies, si Molière n'avait pas fait *le Tartuffe.*

Le Misanthrope est bien plus hardi que *Don Juan;* car l'insurrection de don Juan contre la société n'est que la rage d'un scélérat, et l'insurrection d'Alceste est la protestation d'un honnête homme. On a eu beau dire que Philinte était l'honnête homme de la pièce, et qu'Alceste, avec son exagération, n'était qu'un ridicule. Le ridicule ne porte que sur l'exagération d'Alceste; mais, dans le fond, il a raison partout. Il a raison contre ses juges dans son procès, contre Philinte dans son horreur des hypocrisies du monde, contre Oronte dans son jugement sur le sonnet, contre Célimène dans son mépris de la coquetterie. Il est vaincu partout, il est vrai, et c'est par là que Molière triomphe; et quand Célimène l'abandonne aussi, ce dernier trait, le plus cruel de tous, ne fait qu'ajouter à la grandeur et à la vérité du tableau. On voulut persuader au duc de Montausier, l'ami de Fénelon, que Molière avait voulu le peindre dans Alceste; le duc alla voir *le Misanthrope*, et, loin de se plaindre, il en sortit ravi : mais on se trompait, et l'original du *Misanthrope*, c'est Molière lui-même.

Hélas! quand il montrait sur la scène cette âme si noble, si courageuse, si héroïque malgré ses travers, aux prises avec la légèreté et la perfidie d'une coquette, il racontait son histoire en même temps que son cœur. Il était alors brouillé avec Armande, qu'il adorait toujours, et il ne la voyait plus qu'au théâtre. Elle jouait le rôle de Célimène, et lui le rôle d'Alceste. Et quand Célimène dit à Alceste :

Vous avez sujet de me haïr;
Faites-le ; j'y consens.

c'est à Armande, c'est à elle-même que Molière répondait :

Hé! le puis-je, traîtresse?
Puis-je ainsi triompher de toute ma tendresse?
Et quoique avec ardeur je veuille vous haïr,
Trouvé-je un cœur en moi tout prêt à m'obéir?

Lorsque *le Misanthrope* fut joué pour la première fois, le 4 juin 1666, sur le théâtre du Palais-Royal, le public resta froid; cette admirable causerie demandait trop des spectateurs ordinaires. Molière en fut consterné. C'était son œuvre de prédilection. Il y avait mis plus de lui-même que dans ses autres ouvrages. « Attendez, » lui dit Boileau. » En effet, les connaisseurs ramenèrent le public et bientôt les contemporains jugèrent comme devait juger la postérité.

Molière donna, après *le Misanthrope*, *le Médecin malgré lui*, une de ses plus excellentes farces, *Mélicerte*, pastorale au-dessous médiocre, écrite pour une fête de la cour ; *le Sicilien ou l'Amour peintre*, comédie de genre fort agréable, et enfin son œuvre capitale, égale ou supérieure au *Misanthrope*, *le Tartuffe*.

Le Tartuffe était composé avant *le Misanthrope*. Le 12 mai 1664, pendant les fêtes de Versailles, le roi en entendit les trois premiers actes. Ils firent sur les courtisans une sensation profonde. Ce n'était plus ici une attaque générale contre les vices de la société, comme dans *le Misanthrope*, ou contre ses ridicules, comme dans *les Fâcheux* ; ce n'était pas non plus, comme dans *les Précieuses*, une charge à fond contre le mauvais goût. Le poëte prenait corps à corps les faux dévots, hommes d'autant plus redoutables qu'ils revêtent les apparences de la vertu, et que leur industrie consiste à compromettre sans cesse la religion dans leurs intérêts. Le coup était terrible ; la réponse fut immédiate. Le roi approuva la pièce et les intentions de Molière ; mais le faux dévot, dit-il, ressemblait trop au véritable, pour qu'il n'y eût pas péril à laisser jouer cette comédie. Elle fut interdite. Le 24 septembre suivant, le roi entendit encore ces trois premiers actes chez Monsieur, à Villers-Coterets, et la pièce entière fut représentée le 29 novembre, au Raincy, chez le prince de Condé, mais à huis clos ; ni le grand Condé, ni le frère du roi, ne purent obtenir que l'interdiction fût levée.

Molière ne se découragea pas. C'était à qui, parmi les courtisans, obtiendrait de lui une lecture de sa pièce. Il alla la lire au légat du pape et à ceux des évêques auprès desquels il put trouver accès. Le légat et les évêques approuvèrent *le Tartuffe*, et ne crurent pas le ciel intéressé dans la cause des hypocrites. Molière était d'ailleurs personnellement en faveur auprès du roi. Il était rentré à son service comme valet de chambre tapissier, en 1661, après un intervalle de plusieurs années, à la mort d'un de ses frères qui l'avait d'abord remplacé. Le roi le voyait fréquemment, s'entretenait avec lui, et lui accordait des grâces extraordinaires. Il l'avait fait mettre, en sa qualité de poëte, sur la liste de ses pensionnaires. Il avait, en quelque sorte, adopté sa troupe. Il s'occupait lui-même des affaires du théâtre, recevait les débutants ou les rejetait, indiquait à Molière des sujets de pièce, se faisait lire des fragments des pièces à l'étude, donnait son opinion sur chaque comédie nouvelle, et répondait aux calomnies de Montfleury en servant de parrain au premier enfant de Molière. Cependant *le*

Tartuffe ne pouvait être ni joué ni imprimé, tandis qu'on représentait impunément une pièce impie, intitulée *Scaramouche ermite*. « Je voudrais bien savoir, disait le roi, pourquoi les gens qui se scandalisent si fort de la comédie de Molière, ne disent mot de celle de *Scaramouche ?* » Et le grand Condé lui répondait : « C'est que la comédie de *Scaramouche* joue le ciel et la religion, dont ces messieurs-là ne se soucient point ; mais celle de Molière les joue eux-mêmes, et c'est ce qu'ils ne peuvent souffrir. »

Enfin le roi, étant à l'armée de Flandre, permit à Molière de représenter *le Tartuffe*. Cette première représentation eut lieu le 5 août 1667, trois ans après la représentation incomplète qui avait eu lieu à Versailles, Molière, malgré la permission du roi, se crut obligé aux plus grands ménagements. Il changea le titre de la pièce, et l'appela *l'Imposteur*. Il donna une épée et des dentelles à Tartuffe; c'est-à-dire que d'un homme d'église, il fit un homme du monde. Ni ces précautions, ni l'aveu du roi ne le sauvèrent d'un second malheur. Un huissier du parlement vint, dès le lendemain, défendre la seconde représentation de la part du premier président Lamoignon[1]. Cinq jours après, paraissait un mandement de l'archevêque de Paris, portant interdiction « à toutes personnes de voir représenter, lire ou entendre réciter la comédie nouvellement nommée *l'Imposteur*, soit publiquement, soit en particulier, sous peine d'excommunication. » Dès le 7, Molière avait fait partir La Grange et La Thorillière pour présenter un placet au roi, qui était au siège de Lille. Le roi promit de faire examiner la pièce à son retour. Pendant le voyage des deux comédiens, la troupe ne joua pas. Cette interruption dura cinquante jours.

Enfin, la seconde représentation du *Tartuffe* eut lieu le 5 février 1669. Ce jour-là, on s'écrasa littéralement pour entrer

---

1. Cette intervention de Lamoignon et l'abstention de La Reynie, qui par la nature de ses fonctions, s'occupait des affaires théâtrales, nous portent à croire que le lieutenant de police favorisait comédie « la plus réformatrice qui ait jamais été jouée, celle qui a le plus intimidé le vice honteux auquel elle s'attaque. » M. P. Clément n'a rien trouvé à ce sujet dans la correspondance de La Reynie (*la police sous Louis XIV*). Quoi qu'il en soit, n'oublions pas que c'est à cet amateur éclairé, ami de Bayle, que nous devons de posséder dans leur pureté native les œuvres du plus grand peintre de l'humanité. Tout en exigeant du poëte certaines corrections pour la scène, La Reynie garda pour lui-même le texte original qui appartient aujourd'hui à M. de Montalivet.

au théâtre. On a dit, et il est vrai, que c'est une gloire pour Louis XIV d'avoir enfin accordé cette permission, puisque sous les règnes suivants, les comédiens n'ont pas toujours été libres de remettre *le Tartuffe*; M. Em. Deschanel a parfaitement appelé cette époque de la vie de Molière, la *bataille du Tartuffe*.

Le plan du *Tartuffe* est fort simple. C'est un homme qui, par des grimaces hypocrites, séduit Orgon, s'en fait admirer et aimer, et le met au point de lui donner tout son bien et de lui sacrifier sa fille; et qui, dans le même temps, veut corrompre la femme de son bienfaiteur. On parvient à éclairer Orgon, et Tartuffe, démasqué, se vengerait en réduisant à la misère et au désespoir ceux dont il a mangé le pain si longtemps, si le roi n'intervenait pour punir son ingratitude et remettre toutes choses en leur place. Le plan est parfait de tous points; le caractère de Tartuffe s'y développe à l'aise sous ces deux faces : rampant et hypocrite, tant qu'il espère tromper; insolent et féroce, dès que la ruse devient impossible. L'auteur ne fait paraître Tartuffe qu'au troisième acte; mais quoique absent, il remplit les deux premiers. On le connaît tout entier jusque dans son fond avant de le voir; et dès qu'il paraît, au premier mot qu'il prononce, tout le monde se dit involontairement : Le voilà! il nous oppresse, tant qu'il est en scène; soit qu'il fasse étalage de sa fausse vertu, ou qu'il s'efforce de corrompre Elmire; ou que, pour répondre à une accusation qui n'est que trop méritée, il s'avoue audacieusement coupable, en se donnant l'apparence d'un saint qui savoure l'occasion de s'humilier. Nous sommes de moitié dans l'indignation d'Elmire, quand Orgon refuse de la croire; et plus tard nous jouissons de voir le traître s'accuser lui-même devant un invisible témoin; nous disons avec Orgon, sortant de sa cachette :

Voilà, je vous l'avoue, un abominable homme!

Mais dès que le scélérat, démasqué, à bout de ruses, met son chapeau sur la tête, et s'écrie insolemment, en parlant à son bienfaiteur,

C'est à vous d'en sortir!...

la colère s'empare de nous, comme si cette injure était la nôtre. Nous arracherions les yeux à Mme Pernelle, qui persiste à défendre le bourreau de sa famille; et nous ne commençons à respirer enfin que quand l'exempt prend la parole pour annoncer le châtiment du coupable.

Ce serait se tromper que de voir dans Tartuffe un athée, un sceptique, qui se sert de la religion sans y croire, et qui joue perpétuellement une comédie pour faire des dupes. Ce Tartuffe-là n'est que celui du cinquième acte de don Juan. La conception de Molière est ici bien plus forte. Tartuffe croit; mais ses honteuses passions dominant sa croyance, il s'abandonne au crime les yeux ouverts, et les sophismes dont il essaye d'aveugler Elmire, lui ont servi d'abord à s'étourdir lui-même.

Après *le Tartuffe*, Molière donna encore plus d'un chef-d'œuvre. *L'Amphitryon* est une imitation de Plaute, où il laisse son modèle loin derrière lui. *L'Aululuria* ne saurait être comparée à *l'Avare*. *L'Avare* était le premier exemple d'une comédie en prose; le public hésita d'abord, puis il fut entraîné par cette peinture si vraie et si terrible et cependant si gaie. *George Dandin*, *Monsieur de Pourceaugnac*, et *les Amants magnifiques*, précédèrent *le Bourgeois gentilhomme*, dont les trois premiers actes sont une excellente comédie, et les deux derniers une farce amusante. *Psyché* appartient à peine à Molière. Il en fit le plan; mais ce plan était déjà dans Apulée et dans La Fontaine. Il en écrivit une partie; mais Corneille et Quinault peuvent en réclamer plus de la moitié. Boileau a été bien sévère pour *les Fourberies de Scapin*. Assurément, cette pièce est bien loin des grandes comédies de Molière; mais elle a de la vivacité, de la gaieté; et on y trouve deux scènes du premier ordre. Parce que *les Fourberies de Scapin*, et quelques autres pièces de Molière ne sont qu'amusantes, cela n'empêche pas *le Misanthrope* et *le Tartuffe* d'être des chefs-d'œuvre. Pour *la Comtesse d'Escarbagnas*, ce n'est qu'une ébauche sans valeur. Mais Molière se retrouve dans *les Femmes savantes*. C'est le sujet des *Précieuses*, traité avec une ampleur, une verve, une abondance, qui annoncent la pleine maturité du génie. Enfin, la dernière production du poëte, *le Malade imaginaire* est, avec les apparences d'une farce, une grande comédie. La scène des deux amants est charmante, le caractère de Bélise est achevé, le rôle d'Argan est admirable d'un bout à l'autre, la consultation des médecins est une satire que Juvénal aurait enviée; il n'existe pas de caricature mieux réussie que Thomas Diafoirus, ni de caractère plus vrai et plus plaisant que M. Purgon. Molière n'avait guère que cinquante ans lorsqu'il écrivit *le Malade imaginaire*. Il avait la tête remplie de projets. Il est mort dans sa gloire et dans sa force.

Molière avait été l'ami de la plupart des écrivains de son temps. Il ne fut haï et calomnié que par les Boursault et les Montfleury;

comme on l'a dit, ses relations avec ses amis font le plus grand honneur à son caractère et le montrent parfaitement *honnête*, dans l'acception étendue qu'avait alors ce mot, qui comprenait l'ensemble des qualités de l'homme du monde. Boileau fut un des premiers à reconnaître sa supériorité. On connaît sa réponse à Louis XIV. « Quel est, suivant vous, lui demanda le roi, l'écrivain qui honore le plus mon règne? — Sire, c'est Molière! — Je ne le croyais pas, répondit Louis XIV; mais vous vous y connaissez mieux que moi. » Boileau admirait Molière comme il n'admirait personne, presque en dépit de lui-même et par entraînement. Depuis l'*École des Femmes* il fit cause commune avec lui, envers et contre tous. Il n'eut qu'une seule défaillance, dans l'*art poétique* : théoricien littéraire, trop préoccupé de donner des lois au Parnasse, il a malheureusement laissé fléchir sa conviction; et on peut dire avec Lemercier : « Tant mieux, si dans le sac de *Scapin*, on ne reconnaît plus l'auteur du *Misanthrope?* Molière eût-il usé de toutes les ressources de son art, s'il n'avait eu le secret de se varier ainsi. » — Cette critique de Boileau, ajoute M. Geruzez, aurait quelque fondement si Molière eût mêlé dans ses chefs-d'œuvre le bouffon au comique noble, mais par quelle sorte de contagion les *Fourberies de Scapin* pourraient-elles aller corrompre la beauté dans la pièce où elle se trouve sans alliage, et enlever ainsi à Molière la palme qu'aucun poète comique n'osera lui disputer. »

Molière, qui avait dix-huit ans de plus que Racine, l'avait protégé à ses débuts. On prétend qu'il lui avait donné le sujet et le plan de *la Thébaïde*, en y joignant une bourse de cent louis. Cependant Racine ne parle pas de Molière dans la défense des *Frères ennemis*. Il fit jouer *Alexandre*, le même jour, par les deux théâtres français, donna *Andromaque* aux comédiens de l'hôtel de Bourgogne, et en même temps enrôla pour eux Mlle du Parc, la meilleure actrice du Palais-Royal. Molière ne put lui pardonner cette conduite. Ils demeurèrent brouillés sans être ennemis, et continuèrent à se rendre justice. Molière défendit *les Plaideurs* contre les ennemis de Racine; et comme on disait à Racine que *le Misanthrope* était tombé à la première représentation : « Je n'y étais pas, et vous y étiez, répondit-il; cependant j'affirme que vous vous trompez; car il est impossible que Molière ait fait une mauvaise pièce. »

La Fontaine était un hôte assidu de la maison de Molière à Auteuil. Ces deux génies étaient faits pour se comprendre. Ils travaillaient sur le même fond, et celui qu'on appelle le peintre des animaux ne changeait guère que le nom des personnages. Un jour que les beaux esprits du temps raillaient La Fontaine, qui ne daignait pas y prendre garde : « Ils ont beau faire, dit Molière; le Bonhomme vivra plus longtemps que nous tous. »

Chapelle n'est plus rien, ou presque rien pour la postérité ; mais il était compté par ses contemporains parmi les plus grands poëtes. Molière l'aimait par souvenir d'enfance : ils avaient été condisciples chez les jésuites; et Chapelle avait assez de discernement pour savoir ce que valait un tel ami. On a dit que Chapelle était l'original de Philinte : il y a quelque différence pourtant ; et le sage Philinte ne paraît pas fait pour aimer la bouteille, et pour laisser couler la vie sans s'en mêler. Chapelle avait pris l'habitude de recevoir ses amis chez Molière; il y arrivait toujours avec deux ou trois beaux esprits; on servait un bon dîner qu'on arrosait largement, puis on causait de littérature et on finissait par dire des folies. Molière, sur les derniers temps, n'assistait qu'au commencement de ces festins. Il prenait son lait, seule nourriture qui lui fût permise, ne disait mot pour ménager sa voix, et se retirait de bonne heure. Un soir qu'on menait grand train dans la salle à manger, et que Molière s'était couché, un valet vint le réveiller en sursaut. Il n'y avait pas une minute à perdre. C'était Chapelle qui entraînait gaiement tous les convives à la rivière, pour s'y noyer de compagnie. Molière accourt, et trouve tous ces ivrognes entêtés de leur projet. « Comment, sans moi? leur dit-il. — Eh! il a raison, s'écria Chapelle. Nous lui faisions injure d'aller nous noyer sans lui. — Mais, reprit Molière, ce n'est pas la nuit qu'il faut exécuter un si beau dessein, nous passerions pour des imprudents ou des étourdis. C'est à la lumière du soleil que nous dirons adieu aux sottises de ce bas monde; attendons le jour; allons nous coucher. » Et ils y allèrent.

Molière avait beau être dans l'intimité des plus beaux esprits de son temps, et dans la faveur du roi, il était comédien, et le préjugé contre les gens de théâtre était encore dans toute sa force. Un jour qu'il se présentait pour faire le lit du roi, un de ses confrères refusa de partager le service avec lui; il fallut que le poëte Bellocq, qui était aussi valet de chambre tapissier du roi, s'offrît « pour avoir l'honneur de faire le lit du roi avec M. de Molière. » Une autre fois, comme il s'asseyait, suivant son droit, à la table du contrôleur de la bouche, plusieurs officiers de la chambre affectèrent de se retirer. Le roi le sut, et se chargea de le venger. « paraît que vous faites maigre chère ici, Molière, lui dit-il, et que les officiers de ma chambre ne vous trouvent pas fait pour manger avec eux. Vous avez peut-être faim : moi-même je m'éveille avec un assez bon appétit. Mettez-vous à cette table, et qu'on me serve mon en-cas de nuit. » L'*en-cas de nuit* était une volaille froide que l'on tenait toujours prête; le roi en prit une aile, servit l'autre à Molière, et fit introduire les petites entrées : « Vous me voyez occupé, leur dit-il, à faire manger Molière, que mes valets de chambre ne trouvent pas assez bonne compagnie pour eux[1]. »

Les comédiens dont il était la gloire, le maître, le soutien, et qui perdirent tout en le perdant, le tourmentaient par leurs querelles intestines et par leur ingratitude. Lorsque les Italiens reprirent faveur, son théâtre fut abandonné pendant quelques temps; peu s'en fallut que sa troupe ne s'en prît à lui. Les femmes surtout lui faisaient la vie dure, et parmi elles Madeleine Béjart et la du Parc, Mlle de Brie était la seule qui lui donnait des consolations. Ce mot lui échappa dans *l'Impromptu de Versailles :* « Les étranges animaux à conduire que des comédiens! » Les comédiens ne se lassaient pas d'être ingrats, ni lui d'être généreux. Son temps, sa bourse, ses conseils, tout était, sans réserve, à leur service. Le jeune Baron, son élève, dont il eut à souffrir, lui présente un jour un vieux comédien, qui avait joué avec Molière dans le Languedoc, et qui était sans engagement, et mourant de faim. « Que lui donnerai-je, » dit Molière? Baron répondit en hésitant : « Quatre pistoles. — Donnez-les-lui pour moi, lui dit Molière; et ajoutez-y ces vingt pistoles en votre nom. » Il y joignit encore un habit de théâtre qui valait plus de deux mille livres. Sa bienfaisance était inépuisable. Sur la fin de sa vie, réduit à se nourrir de lait et à garder le silence, il s'obstinait à jouer les rôles les plus fatigants. L'Académie lui offrait la première place vacante, à condition qu'il renoncerait au théâtre. Tous ses amis le pressaient de prendre sa retraite. « Vous vous tuerez, disait Boileau, et Molière répondait : « Mon honneur exige que je ne quitte point. » Boileau le comprenait mal. « Singulier point d'honneur, disait-il plus tard en racontant cette conversation, que de se noircir le visage chaque soir, et de tendre le dos à toutes les bastonnades! » Mais la pensée de Molière était bien différente. Il pensait à tant de familles, à tant d'ouvriers qui attendaient leur pain de la représentation du jour[2].

---

1. Cette anecdote, racontée plus d'un siècle après, par Mme Campan, n'a rien de bien authentique ; M. Ingres l'a immortalisée de son pinceau dans un tableau qui orne le foyer des acteurs au Théâtre-Français.

M. Ed. Fournier a donné, d'après les registres du comédien Lagrange

Le vendredi 17 février 1673, il était plus malade que de coutume. On donnait ce soir-là la quatrième représentation du *Malade imaginaire*. On voulut lui persuader de ne pas jouer. « C'est impossible, dit-il; il y a cinquante pauvres ouvriers qui n'ont que leur journée pour vivre : que feront-ils si je ne joue pas? Je me reprocherais d'avoir négligé de leur donner du pain un seul jour, le pouvant faire absolument... Mais, ajouta-t-il un instant après, qu'on soit prêt à quatre heures précises, car je ne pourrais pas répondre de moi si l'on jouait plus tard. » Il joua; mais il était à bout de ses forces. En prononçant le mot : *Juro*, dans la cérémonie, il lui prit une convulsion, qu'il essaya de cacher sous un sourire. On le porta chez lui après la pièce. Il eut une quinte de toux qui effraya sa femme et Baron; ils coururent chercher le médecin et un vicaire de Saint-Eustache, qui arrivèrent trop tard. Molière avait près de lui deux sœurs quêteuses, qu'il avait retirées dans sa maison[1]; il mourut entouré d'elles à cinq heures du soir, une heure environ après avoir quitté le théâtre. Il était âgé de cinquante et un ans, un mois et deux ou trois jours.

On lui refusa d'abord la sépulture religieuse; il fallut que sa veuve allât se jeter aux pieds du roi. L'archevêque se rendit enfin, à condition que l'enterrement aurait lieu la nuit, et sans pompe. Ses amis vinrent en foule faire un cortége d'honneur à ce cercueil proscrit, et verser des larmes sur

.... Ce peu de terre, obtenu par prière.

La populace accourut aussi, on ne sut dans quelle intention. La veuve lui jeta de l'argent par la fenêtre. L'hiver suivant, par un

---

camarade de Molière, de nombreuses preuves de la charité de Molière, et en particulier dans la terrible année de famine 1661-1662; on pourrait même dire que le droit des pauvres sur les recettes du théâtre est né d'une pensée de Molière. M. Eud. Soulié a, de son côté, prouvé la bonté de Molière par des prêts faits à Lulli pour achever sa maison au coin de la rue Ste-Anne et de la rue neuve des Petits-Champs, et surtout a bien mis en relief son procédé délicat pour aider son père embarrassé dans ses affaires, à propos de la fameuse maison du pilier des Halles.

1. Il demeurait alors rue Richelieu n° 42 actuel, en face de l'hôtel de Crussol. M. Eud. Soulié a pensé que l'une de ces deux religieuses était peut-être une des sœurs de Molière entrée au couvent (on a appris ce fait par un contrat de famille), ou du moins des religieuses du même couvent; sans cette circonstance, on s'expliquerait peu leur présence chez le comédien.

froid rigoureux, elle fit allumer un bûcher sur l'humble pierre du cimetière Saint-Joseph qui couvrait la cendre de son mari[1].

La Fontaine fit l'épitaphe suivante :

> Sous ce tombeau gisent Plaute et Térence,
> Et cependant le seul Molière y gît.
> Leurs trois talents ne formaient qu'un esprit,
> Dont le bel art réjouissait la France.
> Ils sont partis, et j'ai peu d'espérance
> De les revoir. Malgré tous nos efforts,
> Pour un long temps, selon toute apparence,
> Térence et Plaute et Molière sont morts.

Sept jours après la mort du grand comique, le comte de Bussy-Rabutin écrivait au jésuite Rapin : « Voilà Molière mort en un moment; j'en suis fâché. De nos jours nous ne verrons personne prendre sa place, et peut-être le siècle suivant n'en verra-t-il pas un de sa façon. » — « Deux siècles sont bientôt passés, remarque M. Bazin, et nous attendons encore. » Molière, en effet, est un des cinq ou six grands génies hors ligne, comme Homère, Dante, Cervantes, Shakespeare qui dominent tous les autres, et que Dieu n'accorde au monde qu'à de longs intervalles.

---

1. Selon M. Ed. Fournier, le cimetière de Saint-Joseph était celui des enfants mort-nés, sans baptême par conséquent, et des suicidés ; Molière eut dû être porté au cimetière de Saint-Eustache, sa paroisse. M. Beffara a fait remarquer aussi que, sur l'acte de mort de Molière, il n'y a pas de signature de témoins. Un autre document dit que la bière de Molière était recouverte du poêle des tapissiers. « On cachait le comédien sous le tapissier. » — Ed. Fournier, *Roman de Molière*, p. 85. Ajoutons, comme compensation à ces faits regrettables, que ses amis firent frapper une médaille en bronze, comme un sou, représentant d'un côté son buste et son nom, de l'autre, un tombeau sur lequel on lit : Poëte et comédien, mort en 1673 ; une renommée est au pied de ce tombeau, p. 173.

LES
PRÉCIEUSES RIDICULES

COMÉDIE

1659

PERSONNAGES ET ACTEURS.

LAGRANGE, } amants rebutés.
DU CROISY,

GORGIBUS, bon bourgeois.

MADELON, fille de Gorgibus, } précieuses ridicules.
CATHOS, nièce de Gorgibus,

MAROTTE, servante des précieuses ridicules.

ALMANZOR, laquais des précieuses ridicules.

Le Marquis de MASCARILLE, valet de La Grange (Molière).

Le Vicomte de JODELET, valet de du Croisy.

DEUX PORTEURS DE CHAISE.

VOISINES.

VIOLONS.

LES
PRÉCIEUSES RIDICULES.

COMÉDIE[1].

SCÈNE I. — LA GRANGE, DU CROISY.

DU CROISY. — Seigneur La Grange.

LA GRANGE. — Quoi ?

DU CROISY. — Regardez-moi un peu sans rire.

LA GRANGE. — Hé bien ?

DU CROISY. — Que dites-vous de notre visite ? En êtes-vous fort satisfait ?

LA GRANGE. — A votre avis, avons-nous sujet de l'être tous deux ?

DU CROISY. — Pas tout à fait, à dire vrai.

LA GRANGE. — Pour moi, je vous avoue que j'en suis tout scandalisé. A-t-on jamais vu, dites-moi, deux pecques provinciales faire plus les renchéries que celles-

---

1. Cette comédie commence vraiment le théâtre de Molière ; il cesse d'imiter les Italiens et les Espagnols et crée lui-même en mettant sur la scène le tableau d'un ridicule réel et la critique de la société. On y trouve le germe d'une de ses meilleures comédies les *Femmes savantes* ; il y commence aussi sa guerre contre les marquis qu'il fustige sur le dos de leurs valets.

là, et deux hommes traités avec plus de mépris que nous? A peine ont-elles pu se résoudre à nous faire donner des siéges. Je n'ai jamais vu tant parler à l'oreille qu'elles ont fait entre elles, tant bâiller, tant se frotter les yeux, et demander tant de fois : Quelle heure est-il? Ont-elles répondu que oui et non à tout ce que nous avons pu leur dire? Et ne m'avouerez-vous pas enfin que, quand nous aurions été les dernières personnes du monde, on ne pouvoit nous faire pis qu'elles ont fait?

DU CROISY. — Il me semble que vous prenez la chose fort à cœur.

LA GRANGE. — Sans doute, je l'y prends, et de telle façon, que je me veux venger de cette impertinence. Je connois ce qui nous a fait mépriser. L'air précieux n'a pas seulement infecté Paris, il s'est aussi répandu dans les provinces, et nos donzelles ridicules en ont humé leur bonne part. En un mot, c'est un ambigu de précieuse et de coquette que leur personne. Je vois ce qu'il faut être pour en être bien reçu; et, si vous m'en croyez, nous leur jouerons tous deux une pièce qui leur fera voir leur sottise, et pourra leur apprendre à connoître un peu mieux leur monde.

DU CROISY. — Et comment, encore?

LA GRANGE. — J'ai un certain valet, nommé Mascarille, qui passe, au sentiment de beaucoup de gens, pour une manière de bel esprit; car il n'y a rien à meilleur marché que le bel esprit maintenant. C'est un extravagant qui s'est mis dans la tête de vouloir faire l'homme de condition. Il se pique ordinairement de galanterie et de vers, et dédaigne les autres valets, jusqu'à les appeler brutaux.

DU CROISY. — Hé bien! qu'en prétendez-vous faire?

LA GRANGE. — Ce que j'en prétends faire? Il faut.... Mais sortons d'ici auparavant.

SCÈNE II. — GORGIBUS, DU CROISY, LA GRANGE.

GORGIBUS. — Hé bien! vous avez vu ma nièce et ma fille? Les affaires iront-elles bien? Quel est le résultat de cette visite?

LA GRANGE. — C'est une chose que vous pourrez mieux apprendre d'elles que de nous. Tout ce que nous pouvons vous dire, c'est que nous vous rendons grâce de la faveur que vous nous avez faite, et demeurons vos très-humbles serviteurs.

DU CROISY. — Vos très-humbles serviteurs.

GORGIBUS, seul. — Ouais! il semble qu'ils sortent mal satisfaits d'ici. D'où pourroit venir leur mécontentement? Il faut savoir un peu ce que c'est. Holà!

SCÈNE III. — GORGIBUS, MAROTTE.

MAROTTE. — Que désirez-vous, monsieur?

GORGIBUS. — Où sont vos maîtresses?

MAROTTE. — Dans leur cabinet.

GORGIBUS. — Que font-elles?

MAROTTE. — De la pommade pour les lèvres.

GORGIBUS. — C'est trop pommadé : dites-leur qu'elles descendent.

SCÈNE IV. — GORGIBUS, seul.

Ces pendardes-là, avec leur pommade, ont, je pense, envie de me ruiner. Je ne vois partout que blancs d'œufs, lait virginal, et mille autres brimborions que je ne connois point. Elles ont usé, depuis que nous sommes ici, le lard d'une douzaine de cochons, pour le moins, et quatre valets vivroient tous les jours des pieds de mouton qu'elles emploient [1].

SCÈNE V. — MADELON, CATHOS, GORGIBUS.

GORGIBUS. — Il est bien nécessaire, vraiment, de faire tant de dépenses pour vous graisser le museau ! Dites-moi un peu ce que vous avez fait à ces messieurs, que je les vois sortir avec tant de froideur ? Vous avois-je pas commandé de les recevoir comme des personnes que je voulois vous donner comme maris ?

MADELON. — Et quelle estime, mon père, voulez-vous que nous fassions du procédé irrégulier de ces gens-là ?

CATHOS. — Le moyen, mon oncle, qu'une fille un peu raisonnable se pût accommoder de leur personne ?

GORGIBUS. — Et qu'y trouvez-vous à redire ?

---

1. Ce langage naturel et peu délicat de Gorgibus fera contraste avec celui des *Précieuses* et des laquais, et sera des plus comiques dans la scène suivante.

MADELON. — La belle galanterie que la leur! Quoi! débuter d'abord par le mariage?

GORGIBUS. — Et par où veux-tu donc qu'ils débutent? N'est-ce pas un procédé dont vous avez sujet de vous louer toutes deux aussi bien que moi? Est-il rien de plus obligeant que cela? Et ce lien sacré où ils aspirent, n'est-il pas un témoignage de l'honnêteté de leurs intentions[1]?

MADELON. — Ah! mon père, ce que vous dites là est du dernier bourgeois! Cela me fait honte de vous ouïr parler de la sorte, et vous devriez un peu vous faire apprendre le bel air des choses.

GORGIBUS. — Je n'ai que faire ni d'air, ni de chanson. Je te dis que le mariage est une chose sainte et sacrée, et que c'est faire en honnêtes gens, que de débuter par là.

MADELON. — Mon Dieu! que si tout le monde vous ressembloit, un roman seroit bientôt fini! La belle chose que ce seroit, si d'abord Cyrus épousoit Mandane, et qu'Aronce de plain-pied fût marié à Clélie[2]!

GORGIBUS. — Que me vient conter celle-ci?

MADELON. — Mon père, voilà ma cousine qui vous dira aussi bien que moi, que le mariage ne doit jamais arriver qu'après les autres aventures. Il faut qu'un amant, pour être agréable, sache débiter les beaux sentimens, pousser le doux, le tendre et le passionné,

---

1. On ne peut condamner plus fortement et d'une manière plus comique les fausses délicatesses qui accompagnent souvent chez les jeunes filles une imagination trop exercée, une culture d'esprit trop raffinée.

2. *Cyrus* et *Mandane*, personnages du roman d'*Artamène* ou *le Grand Cyrus*, par Mlle de Scudéri. *Clélie* et *Aronce*, personnages du roman de *Clélie*, par le même auteur.

et que sa recherche soit dans les formes. Premièrement, il doit voir au temple, à la promenade, ou dans quelque cérémonie publique, la personne dont il devient amoureux : ou bien être conduit fatalement chez elle par un parent ou un ami, et sortir de là tout rêveur et mélancolique. Il cache un temps sa passion à l'objet aimé, et cependant lui rend plusieurs visites, où l'on ne manque jamais de mettre sur le tapis une question galante qui exerce les esprits de l'assemblée. Le jour de la déclaration arrive, qui se doit faire ordinairement dans une allée de quelque jardin, tandis que la compagnie s'est un peu éloignée : et cette déclaration est suivie d'un prompt courroux qui paroît à notre rougeur, et qui, pour un temps, bannit l'amant de notre présence. Ensuite il trouve moyen de nous apaiser, de nous accoutumer insensiblement au discours de sa passion, et de tirer de nous cet aveu qui fait tant de peine. Après cela viennent les aventures, les rivaux qui se jettent à la traverse d'une inclination établie, les persécutions des pères, les jalousies conçues sur de fausses apparences, les plaintes, les désespoirs, les enlèvemens, et ce qui s'ensuit. Voilà comme les choses se traitent dans les belles manières, et ce sont des règles dont, en bonne galanterie, on ne sauroit se dispenser. Mais en venir de but en blanc à l'union conjugale, ne faire l'amour qu'en faisant le contrat du mariage, et prendre justement le roman par la queue ; encore un peu, mon père, il ne se peut rien de plus marchand que ce procédé ; et j'ai mal au cœur de la seule vision que cela me fait[1].

---

1. Cette tirade est l'analyse de tous les romans à la mode, dont la lecture funeste avait gâté le cœur et faussé l'esprit des deux Précieuses.

GORGIBUS. — Quel diable de jargon entends-je ici? Voici bien du haut style.

CATHOS. — En effet, mon oncle, ma cousine donne dans le vrai de la chose[1]. Le moyen de bien recevoir des gens qui sont tout à fait incongrus en galanterie! Je m'en vais gager qu'ils n'ont jamais vu la carte de Tendre, et que Billets-doux, Petits-soins, Billets-galans et Jolis-vers, sont des terres inconnues pour eux. Ne voyez-vous pas que toute leur personne marque cela, et qu'ils n'ont point cet air qui donne d'abord bonne opinion des gens? Venir en visite amoureuse avec une jambe tout unie, un chapeau désarmé de plumes, une tête irrégulière en cheveux, et un habit qui souffre une indigence de rubans; mon Dieu! quels amans sont-ce là! Quelle frugalité d'ajustement et quelle sécheresse de conversation! On n'y dure point, on n'y tient pas. J'ai remarqué encore que leurs rabats ne sont pas de la bonne faiseuse, et qu'il s'en faut plus d'un demi-pied, que leurs hauts-de-chausses ne soient assez larges.

GORGIBUS. — Je pense qu'elles sont folles toutes deux, et je ne puis rien comprendre à ce baragouin. Cathos, et vous, Madelon....

MADELON. — Hé! de grâce, mon père, défaites-vous de ces noms étranges, et nous appelez autrement.

GORGIBUS. — Comment, ces noms étranges! Ne sont-ce pas vos noms de baptême?

MADELON. — Mon Dieu! que vous êtes vulgaire! Pour

---

1. Tournure de phrase propre aux Précieuses. La *Carte de Tendre* est une fiction allégorique du roman de *Clélie*; elle eut un tel succès que tous les autres romans eurent aussi leur carte allégorique: *Description du royaume de coquetterie*; on eut même la *Carte du jansénisme*.

moi un de mes étonnemens, c'est que vous ayez une fille si spirituelle que moi. A-t-on jamais parlé dans le beau style de Cathos ni de Madelon, et ne m'avouerez-vous pas que ce seroit assez d'un de ces noms pour décrier le plus beau roman du monde?

CATHOS. — Il est vrai, mon oncle, qu'une oreille un peu délicate pâtit furieusement à entendre prononcer ces noms-là; et le nom de Polixène que ma cousine a choisi, et celui d'Aminte que je me suis donné, ont une grâce dont il faut que vous demeuriez d'accord[1].

GORGIBUS. — Écoutez : il n'y a qu'un mot qui serve. Je n'entends point que vous ayez d'autres noms que ceux qui vous ont été donnés par vos parrains et marraines; et pour ces messieurs dont il est question, je connois leurs familles et leurs biens, et je veux résolûment que vous vous disposiez à les recevoir pour maris. Je me lasse de vous avoir sur les bras, et la garde de deux filles est une charge un peu trop pesante pour un homme de mon âge.

CATHOS. — Pour moi, mon oncle, tout ce que je puis vous dire, c'est que je trouve le mariage une chose tout à fait choquante.

MADELON. — Souffrez que nous prenions un peu haleine parmi le beau monde de Paris, où nous ne faisons que d'arriver. Laissez-nous faire à loisir le tissu de notre roman, et n'en pressez point tant la conclusion.

GORGIBUS, à part. — Il n'en faut point douter, elles sont achevées. (Haut.) Encore un coup, je n'entends rien à toutes ces balivernes : je veux être maître absolu; et,

---

1. On sait que la marquise de Rambouillet avait changé son nom de Catherine en Arthénice.

pour trancher toutes sortes de discours, ou vous serez mariées toutes deux avant qu'il soit peu, ou, ma foi! vous serez religieuses; j'en fais un bon serment.

SCÈNE VI. — CATHOS, MADELON.

CATHOS. — Mon Dieu! ma chère, que ton père a la forme enfoncée dans la matière! que son intelligence est épaisse, et qu'il fait sombre dans son âme!

MADELON. — Que veux-tu? j'en suis en confusion pour lui.

SCÈNE VII. — CATHOS, MADELON, MAROTTE.

MAROTTE. — Voilà un laquais qui demande si vous êtes au logis, et dit que son maître vous veut venir voir.

MADELON. — Apprenez, sotte, à vous énoncer moins vulgairement. Dites : Voilà un nécessaire qui demande si vous êtes en commodité d'être visibles[1].

MAROTTE. — Dame! je n'entends point le latin, et je n'ai pas appris, comme vous, la filophie dans le grand Cyre.

MADELON. — L'impertinente! Le moyen de souffrir cela! Et qui est-il, le maître de ce laquais?

MAROTTE. — Il me l'a nommé le marquis de Mascarille.

MADELON. — Ah! ma chère! un marquis! Oui, allez

---

1. L'histoire de l'Hôtel de Rambouillet, théâtre le plus célèbre des *Précieuses*, fait connaître que Molière n'avait pas exagéré ce langage bizarre.

dire qu'on nous peut voir. C'est sans doute un bel esprit qui aura ouï parler de nous.

CATHOS. — Assurément, ma chère.

MADELON. — Il faut le recevoir dans cette salle basse, plutôt qu'en notre chambre. Ajustons un peu nos cheveux au moins, et soutenons notre réputation. Vite, venez nous tendre ici dedans le conseiller des grâces.

MAROTTE. — Par ma foi! je ne sais point quelle bête c'est là; il faut parler chrétien, si vous voulez que je vous entende.

CATHOS. — Apportez-nous le miroir, ignorante que vous êtes, et gardez-vous bien d'en salir la glace par la communication de votre image. (Elles sortent.)[1]

SCÈNE VIII. — MASCARILLE, DEUX PORTEURS.

MASCARILLE. — Holà! porteurs, holà! Là, là, là, là, Je pense que ces marauds-là ont dessein de me briser à force de heurter contre les murailles et les pavés.

PREMIER PORTEUR. — Dame! c'est que la porte est étroite. Vous avez voulu aussi que nous soyons entrés jusqu'ici.

MASCARILLE. — Je le crois bien. Voudriez-vous, faquins, que j'exposasse l'embonpoint de mes plumes aux inclémences de la saison pluvieuse, et que j'allasse imprimer mes souliers en boue? Allez, ôtez votre chaise d'ici.

DEUXIÈME PORTEUR. — Payez-nous donc, s'il vous plaît, monsieur.

1. Il y a ici un défaut de composition: le théâtre ne doit jamais rester vide.

Je dis, monsieur, que vous nous donniez de l'argent. (Page 43.)

SCÈNE VIII.

MASCARILLE. — Hein ?

DEUXIÈME PORTEUR. — Je dis, monsieur, que vous nous donniez de l'argent, s'il vous plaît.

MASCARILLE, lui donnant un soufflet. — Comment, coquin ! demander de l'argent à une personne de ma qualité !

DEUXIÈME PORTEUR. — Est-ce ainsi qu'on paye les pauvres gens ? Et votre qualité nous donne-t-elle à dîner ?

MASCARILLE. — Ah ! ah ! je vous apprendrai à vous connoître ! Ces canailles-là s'osent jouer à moi !

PREMIER PORTEUR, prenant un des bâtons de sa chaise. — Çà, payez-nous vitement.

MASCARILLE. — Quoi ?

PREMIER PORTEUR. — Je dis que je veux avoir de l'argent tout à l'heure.

MASCARILLE. — Il est raisonnable.

PREMIER PORTEUR. — Vite donc.

MASCARILLE. — Oui-da ! tu parles comme il faut, toi ; mais l'autre est un coquin qui ne sait ce qu'il dit. Tiens, es-tu content ?

PREMIER PORTEUR. — Non, je ne suis pas content ; vous avez donné un soufflet à mon camarade, et.... (Levant son bâton.)

MASCARILLE. — Doucement ; tiens, voilà pour le soufflet. On obtient tout de moi quand on s'y prend de la bonne façon. Allez, venez me reprendre tantôt pour aller au Louvre, au petit coucher.

SCÈNE. IX. — MAROTTE, MASCARILLE.

MAROTTE. — Monsieur, voilà mes maîtresses qui vont venir tout à l'heure.

MASCARILLE. — Qu'elles ne se pressent point ; je suis ici posté commodément pour attendre.

MAROTTE. — Les voici.

SCÈNE X. — MADELON, CATHOS, MASCARILLE, ALMANZOR.

MASCARILLE, après avoir salué. — Mesdames, vous serez surprises, sans doute, de l'audace de ma visite ; mais votre réputation vous attire cette méchante affaire, et le mérite a pour moi des charmes si puissans, que je cours partout après lui.

MADELON. — Si vous poursuivez le mérite, ce n'est pas sur nos terres que vous devez chasser.

CATHOS. — Pour voir chez nous le mérite, il a fallu que vous l'y ayez amené.

MASCARILLE. — Ah ! je m'inscris en faux contre vos paroles. La renommée accuse juste en contant ce que vous valez ; et vous allez faire pic, repic et capot tout ce qu'il y a de galant dans Paris.

MADELON. — Votre complaisance pousse un peu trop avant la libéralité de ses louanges ; et nous n'avons garde, ma cousine et moi, de donner de notre sérieux dans le doux de votre flatterie.

CATHOS. — Ma chère, il faudroit donner des siéges.

MADELON. — Holà! Almanzor.

ALMANZOR. — Madame.

MADELON. Vite, voiturez-nous ici les commodités de la conversation.

MASCARILLE. — Mais, au moins y a-t-il sûreté ici pour moi? (Almanzor sort.)

CATHOS. — Que craignez-vous?

MASCARILLE. — Quelque vol de mon cœur, quelque assassinat de ma franchise. Je vois ici des yeux qui ont la mine d'être de fort mauvais garçons, de faire insulte aux libertés, et de traiter une âme de Turc à More. Comment, diable! D'abord qu'on les approche, ils se mettent sur leur garde meurtrière. Ah! par ma foi, je m'en défie! et je m'en vais gagner au pied, ou je veux caution bourgeoise qu'ils ne me feront point de mal[1].

MADELON. — Ma chère, c'est le caractère enjoué.

CATHOS. — Je vois bien que c'est un Amilcar[2].

MADELON. — Ne craignez rien : nos yeux n'ont point de mauvais desseins, et votre cœur peut dormir en assurance sur leur prud'homie.

CATHOS. — Mais, de grâce, monsieur, ne soyez pas inexorable à ce fauteuil qui vous tend les bras il y a un quart d'heure; contentez un peu l'envie qu'il a de vous embrasser.

---

1. Caution bourgeoise signifie une garantie sérieuse, valable. Il est impossible d'être plus impertinent avec des femmes qu'on aborde pour la première fois, et les précieuses prennent cela pour de l'enjouement! Il en sera de même pendant toute la scène, ou pour mieux dire toute la pièce.

2. Personnage du roman de *Clélie* que l'auteur a voulu rendre enjoué, mais qui n'est que prétentieux.

MASCARILLE, *après s'être peigné et avoir ajusté ses canons*[1]. — Hé bien! mesdames, que dites-vous de Paris?

MADELON. — Hélas! qu'en pourrions-nous dire? Il faudroit être l'antipode de la raison, pour ne pas confesser que Paris est le grand bureau des merveilles, le centre du bon goût, du bel esprit et de la galanterie.

MASCARILLE. — Pour moi, je tiens que hors de Paris, il n'y a point de salut pour les honnêtes gens.

CATHOS. — C'est une vérité incontestable.

MASCARILLE. — Il y fait un peu crotté; mais nous avons la chaise[2].

MADELON. — Il est vrai que la chaise est un retranchement merveilleux contre les insultes de la boue et du mauvais temps.

MASCARILLE. — Vous recevez beaucoup de visites? Quel bel esprit est des vôtres?

MADELON. — Hélas! nous ne sommes pas encore connues; mais nous sommes en passe de l'être, et nous avons une amie particulière qui nous a promis d'amener ici tous ces messieurs du *Recueil des pièces choisies*[3].

CATHOS. — Et certains autres qu'on nous a nommés aussi pour être les arbitres souverains des belles choses.

MASCARILLE. — C'est moi qui ferai votre affaire mieux que personne; ils me rendent tous visite; et je puis dire que je ne me lève jamais sans une demi-douzaine de beaux esprits.

MADELON. — Hé! mon Dieu! nous vous serons obli-

---

1. Les deux parties d'un haut-de-chausses. Les canons étaient ordinairement ornés de rubans et de dentelles.

2. Les chaises à porteurs étaient du meilleur ton alors.

3. Recueil de poésies alors fort goûté, composé par divers auteurs. Paris, chez de Sercy.

gées de la dernière obligation, si vous nous faites cette amitié; car enfin il faut avoir la connoissance de tous ces messieurs-là, si l'on veut être du beau monde. Ce sont eux qui donnent le branle à la réputation dans Paris, et vous savez qu'il y en a tel dont il ne faut que la seule fréquentation pour vous donner bruit de connoisseuse, quand il n'y auroit rien autre chose que cela. Mais, pour moi, ce que je considère particulièrement, c'est que, par le moyen de ces visites spirituelles, on est instruite de cent choses qu'il faut savoir de nécessité, et qui sont de l'essence d'un bel esprit. On apprend par là chaque jour les petites nouvelles galantes, les jolis commerces de prose et de vers. On sait à point nommé : un tel a composé la plus jolie pièce du monde sur un tel sujet; une telle a fait des paroles sur un tel air : celui-ci a fait un madrigal sur une jouissance; celui-là a composé des stances sur une infidélité : monsieur un tel écrivit hier au soir un sixain à mademoiselle une telle, dont elle lui a renvoyé la réponse ce matin sur les huit heures; un tel auteur a fait un tel dessein; celui-là en est à la troisième partie de son roman; cet autre met ses ouvrages sous la presse. C'est là ce qui vous fait valoir dans les compagnies; et si l'on ignore ces choses, je ne donnerois pas un clou de tout l'esprit qu'on peut avoir.

CATHOS. — En effet, je trouve que c'est renchérir sur le ridicule, qu'une personne se pique d'esprit, et ne sache pas jusqu'au moindre petit quatrain qui se fait chaque jour; et pour moi, j'aurois toutes les hontes du monde, s'il falloit qu'on vînt à me demander si j'aurois vu quelque chose de nouveau que je n'aurois pas vu.

MASCARILLE. — Il est vrai qu'il est honteux de n'avoir pas des premiers tout ce qui se fait; mais ne vous mettez pas en peine : je veux établir chez vous une académie de beaux esprits, et je vous promets qu'il ne se fera pas un bout de vers dans Paris, que vous ne sachiez par cœur avant tous les autres. Pour moi, tel que vous me voyez, je m'en escrime un peu quand je veux; et vous verrez courir de ma façon, dans les belles ruelles de Paris[1], deux cents chansons, autant de sonnets, quatre cents épigrammes et plus de mille madrigaux, sans compter les énigmes et les portraits.

MADELON. — Je vous avoue que je suis furieusement pour les portraits; je ne vois rien de si galant que cela.

MASCARILLE. — Les portraits sont difficiles, et demandent un esprit profond : vous en verrez de ma manière qui ne vous déplairont pas[2].

CATHOS. — Pour moi, j'aime terriblement les énigmes.

MASCARILLE. — Cela exerce l'esprit, et j'en ai fait quatre encore ce matin, que je vous donnerai à deviner.

MADELON. — Les madrigaux sont agréables, quand ils sont bien tournés.

MASCARILLE. — C'est mon talent particulier, et je travaille à mettre en madrigaux toute l'histoire romaine[3].

---

1. On appelait *ruelles* les réunions de cette époque. L'alcôve servait de salon, et la société s'y réunissait autour du lit de la précieuse qui se couchait pour recevoir. La *ruelle* où se tenaient surtout les intimes était parée avec beaucoup d'élégance, et les hommes qui en faisaient les honneurs portaient le nom d'*alcôvistes*. Le salon de l'hôtel de Rambouillet était célèbre sous le nom de *Chambre bleue*.

2. Les portraits étaient un genre alors très-cultivé. On cite surtout ceux de Mlle de Montpensier. Dans ses *Mémoires*, le cardinal de Retz en a fait aussi un grand nombre pour obéir à la mode. Voir l'édition abrégée, *Bibliothèque rose illustrée*, p. 198 et suiv.

3. Allusion aux fades compliments que Mlle Scudéry et Quinault

MADELON. — Ah! certes, cela sera du dernier beau; j'en retiens un exemplaire au moins, si vous le faites imprimer.

MASCARILLE. — Je vous en promets à chacune un, et des mieux reliés. Cela est au-dessous de ma condition, mais je le fais seulement pour donner à gagner aux libraires qui me persécutent.

MADELON. — Je m'imagine que le plaisir est grand de se voir imprimé!

MASCARILLE. — Sans doute. Mais, à propos, il faut que je vous dise un impromptu que je fis hier chez une duchesse de mes amies que je fus visiter; car je suis diablement fort sur les impromptus.

CATHOS. — L'impromptu est justement la pierre de touche de l'esprit.

MASCARILLE. — Écoutez donc.

MADELON. — Nous y sommes de toutes nos oreilles.

MASCARILLE.

Oh! oh! je n'y prenois pas garde :
Tandis que sans songer à mal, je vous regarde,
Votre œil en tapinois me dérobe mon cœur.
Au voleur! au voleur! au voleur! au voleur!

CATHOS. — Ah! mon Dieu! voilà qui est poussé dans le dernier galant.

MASCARILLE. — Tout ce que je fais a l'air cavalier; cela ne sent point le pédant.

MADELON. — Il en est éloigné de plus de deux mille lieues.

MASCARILLE. — Avez-vous remarqué ce commencement? *oh! oh!* voilà qui est extraordinaire, *oh! oh!*

prêtaient à leurs héros antiques. Ceci n'empêcha pas Benserade, dix-sept ans après, de mettre les *Métamorphoses* d'Ovide en rondeaux comme un homme qui s'avise tout d'un coup, *oh! oh!* La surprise, *oh! oh*[1]*!*

MADELON. — Oui, je trouve ce *oh! oh!* admirable.

MASCARILLE. — Il semble que cela ne soit rien.

CATHOS. — Ah! mon Dieu! que dites-vous? Ce sont là de ces sortes de choses qui ne se peuvent payer.

MADELON. — Sans doute; et j'aimerois mieux avoir fait ce *oh! oh!* qu'un poëme épique.

MASCARILLE. Tudieu! vous avez le goût bon.

MADELON. — Hé! je ne l'ai pas tout à fait mauvais.

MASCARILLE. — Mais n'admirez-vous pas aussi *je n'y prenois pas garde? Je n'y prenois pas garde*, je ne m'apercevois pas de cela; façon de parler naturelle, *je n'y prenois pas garde. Tandis que, sans songer à mal*, tandis qu'innocemment, sans malice, comme un pauvre mouton, *je vous regarde*, c'est-à-dire, je m'amuse à vous considérer, je vous observe, je vous contemple; *votre œil en tapinois.* ... Que vous semble ce mot *tapinois?* N'est-il pas bien choisi?

CATHOS. Tout à fait bien.

MASCARILLE. — *Tapinois*, en cachette; il semble que ce soit un chat qui vienne de prendre une souris, *tapinois*.

MADELON. — Il ne se peut rien de mieux.

MASCARILLE. — *Me dérobe mon cœur*, me l'emporte, me le ravit. *Au voleur! au voleur! au voleur! au voleur!* Ne diriez-vous pas que c'est un homme qui crie et court après un voleur pour le faire arrêter? *Au voleur! au voleur! au voleur! au voleur!*

---

[1]. Plaisanteries contre les commentateurs,

MADELON. — Il faut avouer que cela a un tour spirituel et galant.

MASCARILLE. — Je veux vous dire l'air que j'ai fait dessus.

CATHOS. — Vous avez appris la musique.

MASCARILLE. — Moi? Point du tout.

CATHOS. — Et comment cela se peut-il?

MASCARILLE. — Les gens de qualité savent tout sans avoir jamais rien appris.

MADELON. — Assurément, ma chère.

MASCARILLE. — Écoutez si vous trouvez l'air à votre goût : *hem, hem, la, la, la, la, la*. La brutalité de la saison a furieusement outragé la délicatesse de ma voix; mais il n'importe, c'est à la cavalière. (Il chante.)

Oh! oh! je n'y prenois pas garde, etc.

CATHOS. — Ah! que voilà un air qui est passionné! Est-ce qu'on n'en meurt point?

MADELON. — Il y a de la chromatique là-dedans[1].

MASCARILLE. — Ne trouvez-vous pas la pensée bien exprimée dans le chant? *Au voleur!...* Et puis, comme si l'on crioit bien fort, *au, au, au, au, au voleur!* Et tout d'un coup, comme une personne essouflée, *au voleur!*

MADELON. — C'est là savoir le fin des choses, le grand fin, le fin du fin. Tout est merveilleux, je vous assure ; je suis enthousiasmée de l'air et des paroles.

CATHOS. — Je n'ai encore rien vu de cette force-là.

MASCARILLE. — Tout ce que je fais me vient naturellement, c'est sans étude.

---

1. Terme de musique : signifie qui procède par plusieurs demi-tons de suite.

MADELON. — La nature vous a traité en vraie mère passionnée, et vous en êtes l'enfant gâté.

MASCARILLE. — A quoi donc passez-vous le temps?

CATHOS. — A rien du tout.

MADELON. — Nous avons été jusqu'ici dans un jeûne effroyable de divertissements.

MASCARILLE. — Je m'offre à vous mener l'un de ces jours à la comédie, si vous voulez; aussi bien on en doit jouer une nouvelle que je serai bien aise que nous voyions ensemble.

MADELON. — Cela n'est pas de refus.

MASCARILLE. — Mais je vous demande d'applaudir comme il faut, quand nous serons là; car je me suis engagé de faire valoir la pièce, et l'auteur m'en est venu prier encore ce matin. C'est la coutume ici, qu'à nous autres gens de condition, les auteurs viennent lire leurs pièces nouvelles, pour nous engager à les trouver belles, et leur donner de la réputation : et je vous laisse à penser, si, quand nous disons quelque chose, le parterre ose contredire! Pour moi, j'y suis fort exact; et quand j'ai promis à quelque poëte, je crie toujours : Voilà qui est beau! devant que les chandelles soient allumées.

MADELON. — Ne m'en parlez point : c'est un admirable lieu que Paris; il s'y passe cent choses tous les jours, qu'on ignore dans les provinces, quelque spirituel qu'on puisse être.

CATHOS. — C'est assez : puisque nous sommes instruites, nous ferons notre devoir de nous écrier comme il faut sur tout ce qu'on dira.

MASCARILLE. — Je ne sais si je me trompe; mais vous avez toute la mine d'avoir fait quelque comédie.

MADELON. — Hé! il pourroit être quelque chose de ce que vous dites.

MASCARILLE. — Ah! ma foi! il faudra que nous la voyions. Entre nous, j'en ai composé une que je veux faire représenter.

CATHOS. — Eh! à quels comédiens la donnerez-vous?

MASCARILLE. — Belle demande! Aux grands comédiens[1]; il n'y a qu'eux qui soient capables de faire valoir les choses; les autres sont des ignorants qui récitent comme l'on parle; ils ne savent pas faire ronfler les vers, et s'arrêter au bel endroit : et le moyen de connoître où est le beau vers, si le comédien ne s'y arrête, et ne vous avertit par là qu'il faut faire le brouhaha?

CATHOS. — En effet, il y a manière de faire sentir aux auditeurs les beautés d'un ouvrage; et les choses ne valent que ce qu'on les fait valoir.

MASCARILLE. — Que vous semble de ma petite oie[2]? La trouvez-vous congruente à l'habit?

CATHOS. — Tout à fait.

MASCARILLE. — Le ruban est bien choisi.

MADELON. — Furieusement bien. C'est Perdrigeon tout pur[3].

MASCARILLE. — Que dites-vous de mes canons?

MADELON. — Ils ont tout à fait bon air.

MASCARILLE. — Je puis me vanter au moins qu'ils ont un grand quartier plus que tous ceux qu'on fait.

1. C'est-à-dire à la troupe rivale de celle de Molière, aux comédiens de l'hôtel de Bourgogne.
2. On appelait *petite oie* les rubans, les plumes, les dentelles, les bas, les gants, enfin toutes les garnitures et toutes les menues parties de l'habillement.
3. *Perdrigeon*, le mercier à la mode.

MADELON. — Il faut avouer que je n'ai jamais vu porter si haut l'élégance de l'ajustement.

MASCARILLE. — Attachez un peu sur ces gants la réflexion de votre odorat.

MADELON. — Ils sentent terriblement bon.

CATHOS. — Je n'ai jamais respiré une odeur mieux conditionnée.

MASCARILLE. — Et celle-là? (Il donne à sentir les cheveux poudrés de sa perruque.)

MADELON. — Elle est tout à fait de qualité; le sublime en est touché délicieusement.

MASCARILLE. —Vous ne me dites rien de mes plumes! Comment les trouvez-vous?

CATHOS. — Effroyablement belles.

MASCARILLE. — Savez-vous que le brin me coûte un louis d'or? Pour moi, j'ai cette manie de vouloir donner généralement sur tout ce qu'il y a de plus beau.

MADELON. — Je vous assure que nous sympathisons vous et moi. J'ai une délicatesse furieuse pour tout ce que je porte; et, jusqu'à mes chaussettes, je ne puis rien souffrir qui ne soit de la bonne ouvrière.

MASCARILLE, s'écriant brusquement. — Ah! ah! ah! doucement. Dieu me damne! mesdames, c'est fort mal en user; j'ai à me plaindre de votre procédé; cela n'est pas honnête.

CATHOS. — Qu'est-ce donc? Qu'avez-vous?

MASCARILLE. — Quoi! toutes deux contre mon cœur, en même temps! M'attaquer à droite et à gauche! Ah! c'est contre le droit des gens: la partie n'est pas égale; et je m'en vais crier au meurtre.

CATHOS. — Il faut avouer qu'il dit les choses d'une manière particulière.

MADELON. — Il a un tour admirable dans l'esprit.

CATHOS. — Vous avez plus de peur que de mal, et votre cœur crie avant qu'on l'écorche.

MASCARILLE. — Comment, diable! il est écorché depuis la tête jusqu'aux pieds.

SCÈNE XI. — CATHOS, MADELON, MASCARILLE, MAROTTE.

MAROTTE. — Madame, on demande à vous voir.
MADELON. — Qui?
MAROTTE. — Le vicomte de Jodelet.
MASCARILLE. — Le vicomte de Jodelet?
MAROTTE. — Oui, monsieur.
CATHOS. — Le connoissez-vous?
MASCARILLE. — C'est mon meilleur ami.
MADELON. — Faites entrer vivement.
MASCARILLE. — Il y a quelque temps que nous ne nous sommes vus, et je suis ravi de cette aventure.
CATHOS. — Le voici.

SCÈNE XII. — CATHOS, MADELON, JODELET, MASCARILLE, MAROTTE, ALMANZOR.

MASCARILLE. — Ah! vicomte!
JODELET, s'embrassant l'un l'autre. — Ah! marquis!
MASCARILLE. — Que je suis aise de te rencontrer!
JODELET. — Que j'ai de joie de te voir ici!

MASCARILLE. — Baise-moi donc encore un peu, je te prie[1].

MADELON, à Cathos. — Ma toute bonne, nous commençons d'être connues ; voilà le beau monde qui prend le chemin de nous venir voir.

MASCARILLE. — Mesdames, agréez que je vous présente ce gentilhomme-ci : sur ma parole, il est digne d'être connu de vous [2].

JODELET. — Il est juste de venir vous rendre ce qu'on vous doit ; et vos attraits exigent leurs droits seigneuriaux sur toutes sortes de personnes.

MADELON. — C'est pousser vos civilités jusqu'aux derniers confins de la flatterie.

CATHOS. — Cette journée doit être marquée dans notre almanach comme une journée bien heureuse.

MADELON, à Almanzor. — Allons, petit garçon, faut-il toujours vous répéter les choses ? Voyez-vous pas qu'il faut le surcroît d'un fauteuil ?

MASCARILLE. — Ne vous étonnez pas de voir le vicomte de la sorte ; il ne fait que sortir d'une maladie qui lui a rendu le visage pâle comme vous le voyez.

JODELET. — Ce sont fruits des veilles de la cour et des fatigues de la guerre.

MASCARILLE. — Savez-vous, mesdames, que vous voyez dans le vicomte un des vaillants hommes du siècle ; c'est un brave à trois poils.

---

1. Molière se moquera encore de cette manie ridicule des hommes à la mode dans le Misanthrope : « *la fureur de leurs embrassements.* »

2. Qui a présenté Mascarille pour qu'il ose présenter Jodelet. On ne peut traiter personne avec plus de sans-façon que Mascarille ne le fait dans la scène précédente et dans celle-ci.

SCÈNE XII. 57

JODELET. — Vous ne m'en devez rien, marquis; et nous savons ce que vous savez faire aussi.

MASCARILLE. — Il est vrai que nous nous sommes vus tous deux dans l'occasion.

JODELET. — Et dans des lieux où il faisait fort chaud.

MASCARILLE, regardant Cathos et Madelon. — Oui; mais non pas si chaud qu'ici. Hai, hai, hai.

JODELET. — Notre connoissance s'est faite à l'armée; et la première fois que nous nous vîmes, il commandoit un régiment de cavalerie sur la galère de Malte.

MASCARILLE. — Il est vrai; mais vous étiez pourtant dans l'emploi avant que j'y fusse; et je me souviens que je n'étois que petit officier encore, que vous commandiez deux mille chevaux.

JODELET. — La guerre est une belle chose; mais, ma foi, la cour récompense bien mal aujourd'hui les gens de service comme nous.

MASCARILLE. — C'est ce qui fait que je veux pendre l'épée au croc.

CATHOS. — Pour moi, j'ai un furieux tendre pour les hommes d'épée.

MADELON. — Je les aime aussi; mais je veux que l'esprit assaisonne la bravoure.

MASCARILLE. — Te souvient-il, vicomte, de cette demi-lune que nous emportâmes sur les ennemis au siége d'Arras?

JODELET. — Que veux-tu dire, avec ta demi-lune? C'était bien une lune tout entière.

MASCARILLE. — Je pense que tu as raison.

JODELET. — Il m'en doit bien souvenir, ma foi! J'y fus blessé à la jambe d'un coup de grenade, dont je porte encore les marques. Tâtez un peu, de grâce : vous sentirez quel coup c'étoit là.

CATHOS, *après avoir touché l'endroit.* — Il est vrai que la cicatrice est grande.

MASCARILLE. — Donnez-moi un peu votre main, et tâtez celui-ci, là, justement au derrière de la tête. Y êtes-vous?

MADELON. — Oui : je sens quelque chose.

MASCARILLE. — C'est un coup de mousquet que je reçus à la dernière campagne que j'ai faite.

JODELET, *découvrant sa poitrine.* — Voici un autre coup qui me perça de part en part à l'attaque de Gravelines [1].

MASCARILLE. — Ce sont des marques honorables qui font voir ce qu'on est.

CATHOS. — Nous ne doutons pas de ce que vous êtes.

MASCARILLE. — Vicomte, as-tu là ton carrosse?

JODELET. — Pourquoi?

MASCARILLE. — Nous mènerions promener ces dames hors des portes, et leur donnerions un cadeau [2].

MADELON. — Nous ne saurions sortir aujourd'hui.

MASCARILLE. — Ayons donc les violons pour danser.

JODELET. — Ma foi! c'est bien avisé.

MADELON. — Pour cela, nous y consentons; mais il faut donc quelque surcroît de compagnie.

MASCARILLE. — Holà, Champagne, Picard, Bourguignon, Cascaret, Basque, La Verdure, Lorrain, Provençal, La Violette! Au diable soient tous les laquais! Je ne

---

1. Quelles familiarités, et ces précieuses les admirent comme gentillesses et s'en tiennent fort honorées.
2. Signifiait alors : donner un repas ou une collation à des femmes.

pense pas qu'il y ait un gentilhomme en France plus mal servi que moi. Ces canailles me laissent toujours seul.

MADELON. — Almanzor, dites aux gens de monsieur qu'ils aillent querir des violons, et nous faites venir ces messieurs et ces dames d'ici près pour peupler la solitude de notre bal. (Almanzor sort.)

MASCARILLE. — Vicomte, que dis-tu de ces yeux?

JODELET. — Mais toi-même, marquis, que t'en semble?

MASCARILLE. — Moi, je dis que nos libertés auront peine à sortir d'ici les braies nettes[1]. Au moins, pour moi, je reçois d'étranges secousses, et mon cœur ne tient plus qu'à un filet.

MADELON. — Que tout ce qu'il dit est naturel! Il tourne les choses le plus agréablement du monde.

CATHOS. — Il est vrai qu'il fait une furieuse dépense en esprit.

MASCARILLE. — Pour vous montrer que je suis véritable, je veux faire un impromptu là-dessus. (Il médite.)

CATHOS. — Hé! je vous en conjure de toute la dévotion de mon cœur, que nous oyions quelque chose qu'on ait fait pour nous.

JODELET. — J'aurois envie d'en faire autant; mais je me trouve un peu incommodé de la veine poétique, pour la quantité des saignées que j'y ai faites ces jours passés.

MASCARILLE. — Que diable est-ce là! Je fais toujours bien le premier vers; mais j'ai peine à faire les autres. Ma foi! ceci est un peu trop pressé; je vous ferai un impromptu à loisir que vous trouverez le plus beau du monde.

---

1. Sans accident, sans qu'il en reste quelque bribe. *Braie* était un vieux terme remplacé par haut-de-chausses. Et c'est ce langage inconvenant que Madelon et Cathos vont adorer.

JODELET. — Il a de l'esprit comme un démon.

MADELON. — Et du galant, et du bien tourné.

MASCARILLE. — Vicomte, dis-moi un peu, y a-t-il longtemps que tu n'as vu la comtesse?

JODELET. — Il y a plus de trois semaines que je ne lui ai rendu visite.

MASCARILLE. — Sais-tu bien que le duc m'est venu voir ce matin, et m'a voulu mener à la campagne courir un cerf avec lui?

MADELON. — Voici nos amies qui viennent.

SCÈNE XIII. — LUCILE, CÉLIMÈNE, CATHOS, MADELON, MASCARILLE, JODELET, MAROTTE, ALMANZOR, VIOLONS.

MADELON. — Mon Dieu, mes chères, nous vous demandons pardon. Ces messieurs ont eu fantaisie de nous donner les âmes des pieds[1]; et nous vous avons envoyé querir pour remplir les vides de notre assemblée.

LUCILE. — Vous nous avez obligées, sans doute.

MASCARILLE. — Ce n'est ici qu'un bal à la hâte; mais l'un de ces jours, nous vous en donnerons un dans les formes. Les violons sont-ils venus?

ALMANZOR. — Oui, monsieur; ils sont ici.

CATHOS. — Allons donc, mes chères, prenez place.

MASCARILLE, *dansant seul comme par prélude*. — La, la, la, la.

MADELON. — Il a tout à fait la taille élégante.

---

1. Violons pour faire danser.

CATHOS. — Et la mine de danser proprement.

MASCARILLE, ayant pris Madelon pour danser. — Ma franchise va danser la courante aussi bien que mes pieds. En cadence, violons, en cadence. Oh! quels ignorants! Il n'y a pas moyen de danser avec eux. Le diable vous emporte! ne sauriez-vous pas aller en mesure? La, la, la, la, la, la, la, la. Ferme. O violons de village!

JODELET, dansant ensuite. — Hola! ne pressez pas si fort la cadence : je ne fais que sortir de maladie.

SCÈNE XIV. — DU CROISY, LA GRANGE, CATHOS, MADELON, LUCILE, CÉLIMÈNE, JODELET. MASCARILLE, MAROTTE, VIOLONS.

LA GRANGE, un bâton à la main. — Ah! ah! coquins! que faites-vous ici? Il y a trois heures que nous vous cherchons.

MASCARILLE, se sentant battre. — Ahi! ahi! ahi! vous ne m'aviez pas dit que les coups en seroient aussi.

JODELET. — Ahi! ahi! ahi!

LA GRANGE. — C'est bien à vous, infâmes que vous êtes, à vouloir faire l'homme d'importance.

DU CROISY. — Voilà qui vous apprendra à vous connoître.

SCÈNE XV. — CATHOS, MADELON, LUCILE, CÉLIMÈNE, MASCARILLE, JODELET, MAROTTE, Violons.

MADELON. — Que veut donc dire ceci?
JODELET. — C'est une gageure.
CATHOS. — Quoi! vous laisser battre de la sorte!
MASCARILLE. — Mon Dieu! je n'ai pas voulu faire semblant de rien; car je suis violent, et je me serois emporté.
MADELON. — Endurer un affront comme celui-là, en notre présence[1]?
MASCARILLE. — Ce n'est rien : ne laissons pas d'achever. Nous nous connoissons il y a longtemps; et entre amis, on ne va pas se piquer pour si peu de chose.

SCÈNE XVI. — DU CROISY, LA GRANGE, MADELON, CATHOS, CÉLIMÈNE, LUCILE, MASCARILLE, JODELET, MAROTTE, Violons.

LA GRANGE. — Ma foi! marauds, vous ne vous rirez pas de nous, je vous promets. Entrez vous autres. (Trois ou quatre spadassins entrent.)
MADELON. — Quelle est donc cette audace, de venir nous troubler de la sorte dans notre maison?

___

1. Comme ces coups de bâtons reçus contrastent avec les coups d'épée dont tout à l'heure les laquais se vantaient devant les précieuses.

SCÈNE XVI.

DU CROISY. — Comment! mesdames, nous endurerons que nos laquais soient mieux reçus que nous; qu'ils vous donnent le bal?

MADELON. — Vos laquais?

LA GRANGE. — Oui, nos laquais : et cela n'est ni beau ni honnête de nous les débaucher comme vous faites.

MADELON. — O ciel! quelle insolence!

LA GRANGE. — Mais ils n'auront pas l'avantage de se servir de nos habits pour vous donner dans la vue; et si vous les voulez aimer, ce sera, ma foi! pour leurs beaux yeux. Vite, qu'on les dépouille sur-le-champ.

JODELET. — Adieu notre braverie[1].

MASCARILLE. — Voilà le marquisat et la vicomté à bas.

DU CROISY. — Ah! ah! coquins! vous avez l'audace d'aller sur nos brisées! Vous irez chercher autre part de quoi vous rendre agréables aux yeux de vos belles, je vous en assure.

LA GRANGE. — C'est trop que de nous supplanter, et de nous supplanter avec nos propres habits.

MASCARILLE. — O fortune! quelle est ton inconstance!

DU CROISY. — Vite, qu'on leur ôte jusqu'à la moindre chose.

LA GRANGE. — Qu'on emporte toutes ces hardes, dépêchez. Maintenant, mesdames, en l'état qu'ils sont, nous vous laissons toute sorte de liberté, et nous vous protestons, monsieur et moi, que nous n'en serons aucunement jaloux.

1. Dans le sens de *parure*

SCÈNE XVIII. — GORGIBUS, MADELON, CATHOS, JODELET, MASCARILLE, Violons.

CATHOS. — Ah! quelle confusion!

MADELON. — Je crève de dépit.

UN DES VIOLONS, à Mascarille. — Qu'est-ce donc que ceci? Qui nous payera, nous autres?

MASCARILLE. — Demandez à monsieur le vicomte.

UN DES VIOLONS, à Jodelet. — Qui est-ce qui nous donnera de l'argent?

JODELET. — Demandez à monsieur le marquis.

SCÈNE XVII. — MADELON, CATHOS, JODELET, MASCARILLE, Violons.

GORGIBUS. — Ah! coquines que vous êtes, vous nous mettez dans de beaux draps blancs, à ce que je vois; et je viens d'apprendre de belles affaires, vraiment, de ces messieurs qui sortent.

MADELON. — Ah! mon père, c'est une pièce sanglante qu'ils nous ont faite!

GORGIBUS. — Oui, c'est une pièce sanglante, mais qui est un effet de votre impertinence, infâmes! Ils se sont ressentis du traitement que vous leur avez fait; et cependant, malheureux que je suis, il faut que je boive l'affront.

MADELON. — Ah! je jure que nous en serons vengées, ou que je mourrai en la peine. Et vous, marauds, osez-vous vous tenir ici après votre insolence?

SCÈNE XVIII.

MASCARILLE. — Traiter comme cela un marquis ! Voilà ce que c'est que du monde ; la moindre disgrâce nous fait mépriser de ceux qui nous chérissoient. Allons, camarade, allons chercher fortune autre part ; je vois bien qu'on n'aime ici que la vaine apparence, et qu'on n'y considère point la vertu toute nue.

SCÈNE XIX. — GORGIBUS, MADELON, CATHOS, VIOLONS.

UN DES VIOLONS. — Monsieur, nous entendons que vous nous contentiez à leur défaut, pour ce que nous avons joué ici.

GORGIBUS, les battant. — Oui, oui, je vais vous contenter, et voici la monnoie dont je vous veux payer. Et vous, pendardes, je ne sais qui me tient que je ne vous en fasse autant ; nous allons servir de fable et de risée à tout le monde, et voilà ce que vous vous êtes attiré par vos extravagances. Allez vous cacher, vilaines ; allez vous cacher pour jamais. (Seul.) Et vous, qui êtes cause de leur folie, sottes billevesées, pernicieux amusemens des esprits oisifs, romans, vers, chansons, sonnets et sonnettes, puissiez-vous être à tous les diables[1].

---

1. Molière, en punissant les Précieuses, se montre l'inventeur du comique moral, car Corneille avait oublié de punir son *Menteur*. C'était aussi une nouveauté que de donner une comédie en un acte et en prose. Les *Précieuses* eurent le plus grand succès, furent jouées quatre mois de suite et même jouées à la cour, qui était alors vers les Pyrénées pour conclure la paix avec l'Espagne.

FIN DES PRÉCIEUSES RIDICULES.

LE MISANTHROPE

COMÉDIE

1666

PERSONNAGES.

ALCESTE, amant de Célimène. (MOLIÈRE.)

PHILINTE, ami d'Alceste.

ORONTE, amant de Célimène.

CÉLIMÈNE, amante d'Alceste. (ARMANDE BÉJART, femme de Molière.)

ÉLIANTE, cousine de Célimène.

ARSINOÉ, amie de Célimène.

ACASTE, } marquis.
CLITANDRE, }

BASQUE, valet de Célimène.

UN GARDE de la maréchaussée de France.

DUBOIS, valet d'Alceste.

La scène est à Paris, dans la maison de Célimène.

LE MISANTHROPE.

COMEDIE.

ACTE PREMIER.

SCÈNE I. — PHILINTE, ALCESTE.

PHILINTE.
Qu'est-ce donc ? Qu'avez-vous ?
　　　　　ALCESTE, assis.
　　　　　　　　　Laissez-moi, je vous prie.
　　　　　PHILINTE.
Mais encor, dites-moi quelle bizarrerie....
　　　　　ALCESTE.
Laissez-moi là, vous dis-je, et courez vous cacher.
　　　　　PHILINTE.
Mais on entend les gens au moins sans se fâcher.
　　　　　ALCESTE.
Moi, je veux me fâcher, et ne veux point entendre.
　　　　　PHILINTE.
Dans vos brusques chagrins je ne puis vous comprendre,
Et, quoique amis enfin, je suis tout des premiers....
　　　　ALCESTE, se levant brusquement.
Moi, votre ami ? Rayez cela de vos papiers.
J'ai fait jusques ici profession de l'être ;

Mais, après ce qu'en vous je viens de voir paroître,
Je vous déclare net que je ne le suis plus,
Et ne veux nulle place en des cœurs corrompus.

PHILINTE.

Je suis donc bien coupable, Alceste, à votre compte?

ALCESTE.

Allez, vous devriez mourir de pure honte;
Une telle action ne sauroit s'excuser,
Et tout homme d'honneur s'en doit scandaliser.
Je vous vois accabler un homme de caresses,
Et témoigner pour lui les dernières tendresses;
De protestations, d'offres et de sermens,
Vous chargez la fureur de vos embrassemens;
Et, quand je vous demande après quel est cet homme,
A peine pouvez-vous dire comme il se nomme;
Votre chaleur pour lui tombe en vous séparant,
Et vous me le traitez, à moi, d'indifférent.
Morbleu! c'est une chose indigne, lâche, infâme,
De s'abaisser ainsi jusqu'à trahir son âme;
Et si, par un malheur j'en avois fait autant,
Je m'irois, de regret, pendre tout à l'instant.

PHILINTE.

Je ne vois pas, pour moi, que le cas soit pendable;
Et je vous supplierai d'avoir pour agréable
Que je me fasse un peu grâce sur votre arrêt,
Et ne me pende pas pour cela, s'il vous plaît.

ALCESTE.

Que la plaisanterie est de mauvaise grâce

PHILINTE.

Mais sérieusement que voulez-vous qu'on fasse?

ALCESTE.

Je veux qu'on soit sincère, et qu'en homme d'honneur

On ne lâche aucun mot qui ne parte du cœur.

PHILINTE.

Lorsqu'un homme vous vient embrasser avec joie,
Il faut bien le payer de la même monnoie,
Répondre comme on peut à ses empressemens,
Et rendre offre pour offre, et sermens pour sermens.

ALCESTE.

Non, je ne puis souffrir cette lâche méthode
Qu'affectent la plupart de vos gens à la mode ;
Et je ne hais rien tant que les contorsions
De tous ces grands faiseurs de protestations,
Ces affables donneurs d'embrassades frivoles,
Ces obligeants diseurs d'inutiles paroles,
Qui de civilités avec tous font combat,
Et traitent du même air l'honnête homme et le fat.
Quel avantage a-t-on qu'un homme vous caresse,
Vous jure amitié, foi, zèle, estime, tendresse,
Et vous fasse de vous un éloge éclatant,
Lorsqu'au premier faquin il court en faire autant?
Non, non, il n'est point d'âme un peu bien située
Qui veuille d'une estime ainsi prostituée,
Et la plus glorieuse a des régals peu chers,
Dès qu'on voit qu'on nous mêle avec tout l'univers :
Sur quelque préférence une estime se fonde,
Et c'est n'estimer rien qu'estimer tout le monde
Puisque vous y donnez, dans ces vices du temps,
Morbleu ! vous n'êtes pas pour être de mes gens ;
Je refuse d'un cœur la vaste complaisance
Qui ne fait de mérite aucune différence ;
Je veux qu'on me distingue, et, pour le trancher net,
L'ami du genre humain n'est point du tout mon fait.

PHILINTE.

Mais, quand on est du monde, il faut bien que l'on rende
Quelques dehors civils que l'usage demande

ALCESTE.

Non, vous dis-je, on devroit châtier sans pitié
Ce commerce honteux de semblants d'amitié.
Je veux que l'on soit homme, et qu'en toute rencontre
Le fond de notre cœur dans nos discours se montre,
Que ce soit lui qui parle, et que nos sentimens
Ne se masquent jamais sous de vains complimens.

PHILINTE.

Il est bien des endroits où la pleine franchise
Deviendrait ridicule, et serait peu permise ;
Et parfois, n'en déplaise à votre austère honneur,
Il est bon de cacher ce qu'on a dans le cœur.
Seroit-il à propos, et de la bienséance,
De dire à mille gens tout ce que d'eux on pense ?
Et, quand on a quelqu'un qu'on hait ou qui déplaît,
Lui doit-on déclarer la chose comme elle est ?

ALCESTE.

Oui.

PHILINTE.

Quoi ! vous iriez dire à la vieille Émilie,
Qu'à son âge il sied mal de faire la jolie,
Et que le blanc qu'elle a scandalise chacun ?

ALCESTE.

Sans doute.

PHILINTE.

A Dorilas, qu'il est trop importun ;
Et qu'il n'est, à la cour, oreille qu'il ne lasse
A conter sa bravoure et l'éclat de sa race ?

ACTE I, SCÈNE I.

ALCESTE.

Fort bien.

PHILINTE.

Vous vous moquez.

ALCESTE.

Je ne me moque point,
Et je vais n'épargner personne sur ce point[1].
Mes yeux sont trop blessés, et la cour et la ville
Ne m'offrent rien qu'objets à m'échauffer la bile ;
J'entre en une humeur noire, en un chagrin profond,
Quand je vois vivre entre eux les hommes comme ils font ;
Je ne trouve partout que lâche flatterie,
Qu'injustice, intérêt, trahison, fourberie ;
Je n'y puis plus tenir, j'enrage ; et mon dessein
Est de rompre en visière à tout le genre humain.

PHILINTE.

Ce chagrin philosophe est un peu trop sauvage.
Je ris des noirs accès où je vous envisage,
Et crois voir en nous deux, sous mêmes soins nourris,
Ces deux frères que peint l'*École des Maris*[2],
Dont...

ALCESTE.

Mon Dieu ! laissons là vos comparaisons fades.

PHILINTE.

Non : tout de bon quittez toutes ces incartades.
Le monde par vos soins ne se changera pas :
Et puisque la franchise a pour vous tant d'appas,
Je vous dirai tout franc que cette maladie,
Partout où vous allez, donne la comédie ;

---

1. Ces vers préparent la scène II avec Oronte.
2. Pièce de Molière où les deux principaux personnages *Sganarelle* et *Ariste* ont deux caractères tout à fait opposés.

Et qu'un si grand courroux contre les mœurs du temps
Vous tourne en ridicule auprès de bien des gens.

ALCESTE.

Tant mieux, morbleu ! tant mieux, c'est ce que je demande :
Ce m'est un fort bon signe et ma joie en est grande.
Tous les hommes me sont à tel point odieux
Que je serois fâché d'être sage à leurs yeux.

PHILINTE.

Vous voulez un grand mal à la nature humaine.

ALCESTE.

Oui, j'ai conçu pour elle une effroyable haine.

PHILINTE.

Tous les pauvres mortels, sans nulle exception,
Seront enveloppés dans cette aversion?
Encore en est-il bien, dans le siècle où nous sommes....

ALCESTE.

Non, elle est générale, et je hais tous les hommes ;
Les uns, parce qu'ils sont méchans et malfaisans,
Et les autres pour être aux méchants complaisants,
Et n'avoir pas pour eux ces haines vigoureuses
Que doit donner le vice aux âmes vertueuses[1].
De cette complaisance on voit l'injuste excès
Pour le franc scélérat avec qui j'ai procès.
Au travers de son masque on voit à plein le traître ;
Partout il est connu pour tout ce qu'il peut être ;
Et ses roulements d'yeux, et son ton radouci,
N'imposent qu'à des gens qui ne sont point d'ici.
On sait que ce pied-plat, digne qu'on le confonde,
Par de sales emplois s'est poussé dans le monde,

---

1. Vers admirables et passés en proverbe. Seulement l'universalité de la misanthropie d'Alceste devient un excès et dès lors un travers comique. — Cette scène d'exposition est parfaite.

Et que par eux, son sort, de splendeur revêtu,
Fait gronder le mérite et rougir la vertu;
Quelques titres honteux qu'en tous lieux on lui donne,
Son misérable honneur ne voit pour lui personne :
Nommez-le fourbe, infâme, et scélérat maudit,
Tout le monde en convient, et nul n'y contredit,
Cependant sa grimace est partout bien venue;
On l'accueille, on lui rit, partout il s'insinue;
Et, s'il est, par la brigue, un rang à disputer,
Sur le plus honnête homme on le voit l'emporter.
Têtebleu! ce me sont de mortelles blessures
De voir qu'avec le vice on garde des mesures;
Et parfois il me prend des mouvemens soudains
De fuir dans un désert l'approche des humains.

PHILINTE.

Mon Dieu! des mœurs du temps mettons-nous moins en peine,
Et faisons un peu grâce à la nature humaine;
Ne l'examinons point dans la grande rigueur,
Et voyons ses défauts avec quelque douceur.
Il faut, parmi le monde, une vertu traitable;
A force de sagesse, on peut être blâmable;
La parfaite raison fuit toute extrémité,
Et veut que l'on soit sage avec sobriété.
Cette grande roideur des vertus des vieux âges
Heurte trop notre siècle et les communs usages;
Elle veut aux mortels trop de perfection :
Il faut fléchir au temps sans obstination;
Et c'est une folie à nulle autre seconde
De vouloir se mêler de corriger le monde.
J'observe, comme vous, cent choses tous les jours,
Qui pourraient mieux aller, prenant un autre cours:
Mais, quoi-qu'à chaque pas je puisse voir paroître,

En courroux, comme vous, on ne me voit point être ;
Je prends tout doucement les hommes comme ils sont ;
J'accoutume mon âme à souffrir ce qu'ils font,
Et je crois qu'à la cour, de même qu'à la ville,
Mon flegme est philosophe autant que votre bile.

ALCESTE.

Mais ce flegme, monsieur, qui raisonnez si bien,
Ce flegme pourra-t-il ne s'échauffer de rien ?
Et s'il faut, par hasard, qu'un ami vous trahisse,
Que, pour avoir vos biens, on dresse un artifice,
Ou qu'on tâche à semer de méchants bruits sur vous,
Verrez-vous tout cela sans vous mettre en courroux ?

PHILINTE.

Oui, je vois ces défauts, dont votre âme murmure,
Comme vices unis à l'humaine nature ;
Et mon esprit enfin n'est pas plus offensé
De voir un homme fourbe, injuste, intéressé,
Que de voir des vautours affamés de carnage,
Des singes malfaisans, et des loups pleins de rage.

ALCESTE.

Je me verrai trahir, mettre en pièces, voler,
Sans que je sois.... Morbleu ! je ne veux point parler,
Tant ce raisonnement est plein d'impertinence !

PHILINTE.

Ma foi, vous ferez bien de garder le silence.
Contre votre partie éclatez un peu moins,
Et donnez au procès une part de vos soins.

ALCESTE.

Je n'en donnerai point, c'est une chose dite.

PHILINTE.

Mais qui voulez-vous donc qui pour vous sollicite ?

ALCESTE.
Qui je veux? La raison, mon bon droit, l'équité.

PHILINTE.
Aucun juge par vous ne sera visité?

ALCESTE.
Non. Est-ce que ma cause est injuste ou douteuse?

PHILINTE.
J'en demeure d'accord; mais la brigue est fâcheuse,
Et....

ALCESTE.
Non. J'ai résolu de ne pas faire un pas.
J'ai tort, ou j'ai raison.

PHILINTE.
Ne vous y fiez pas.

ALCESTE.
Je ne remuerai point.

PHILINTE.
Votre partie est forte,
Et peut, par sa cabale, entraîner....

ALCESTE.
Il n'importe.

PHILINTE.
Vous vous tromperez.

ALCESTE.
Soit. J'en veux voir le succès.

PHILINTE.
Mais....

ALCESTE.
J'aurai le plaisir de perdre mon procès.

PHILINTE.
Mais enfin....

ALCESTE.

Je verrai dans cette plaiderie
Si les hommes auront assez d'effronterie,
Seront assez méchans, scélérats et pervers,
Pour me faire injustice aux yeux de l'univers.

PHILINTE.

Quel homme!

ALCESTE.

Je voudrois, m'en coûtât-il grand'chose,
Pour la beauté du fait, avoir perdu ma cause.

PHILINTE.

On se riroit de vous, Alceste, tout de bon,
Si l'on vous entendoit parler de la façon.

ALCESTE.

Tant pis pour qui riroit.

PHILINTE.

Mais cette rectitude
Que vous voulez en tout avec exactitude,
Cette pleine droiture, où vous vous renfermez,
La trouvez-vous ici dans ce que vous aimez?
Je m'étonne, pour moi, qu'étant, comme il le semble,
Vous et le genre humain si fort brouillés ensemble,
Malgré tout ce qui peut vous le rendre odieux,
Vous ayez pris chez lui ce qui charme vos yeux;
Et ce qui me surprend encore davantage,
C'est cet étrange choix où votre cœur s'engage.
La sincère Éliante a du penchant pour vous,
La prude Arsinoé vous voit d'un œil fort doux;
Cependant à leurs vœux votre âme se refuse,
Tandis qu'en ses liens Célimène l'amuse,
De qui l'humeur coquette et l'esprit médisant
Semblent si fort donner dans les mœurs d'à présent.

ACTE I, SCÈNE I.

D'où vient que, leur portant une haine mortelle,
Vous pouvez bien souffrir ce qu'en tient cette belle?
Ne sont-ce plus défauts dans un objet si doux?
Ne les voyez-vous pas, ou les excusez-vous

ALCESTE.

Non. L'amour que je sens pour cette jeune veuve
Ne ferme point mes yeux aux défauts qu'on lui treuve;
Et je suis, quelque ardeur qu'elle m'ait pu donner,
Le premier à les voir, comme à les condamner.
Mais, avec tout cela, quoi que je puisse faire,
Je confesse mon foible; elle a l'art de me plaire :
J'ai beau voir ses défauts, et j'ai beau l'en blâmer,
En dépit qu'on en ait, elle se fait aimer;
Sa grâce est la plus forte; et sans doute ma flamme
De ces vices du temps pourra purger son âme.

PHILINTE.

Si vous faites cela, vous ne ferez pas peu.
Vous croyez être donc aimé d'elle?

ALCESTE.

Oui, parbleu!
Je ne l'aimerois pas, si je ne croyois l'être.

PHILINTE.

Mais, si son amitié pour vous se fait paroître,
D'où vient que vos rivaux vous causent de l'ennui?

ALCESTE.

C'est qu'un cœur bien atteint veut qu'on soit tout à lui
Et je ne viens ici qu'à dessein de lui dire
Tout ce que là-dessus ma passion m'inspire[1].

PHILINTE.

Pour moi, si je n'avois qu'à former des désirs,

1. Ces deux vers préparent le second acte; c'est une pièce admirablement conduite.

Sa cousine Éliante auroit tous mes soupirs ;
Son cœur, qui vous estime, est solide et sincère,
Et ce choix plus conforme étoit mieux votre affaire.

ALCESTE.

Il est vrai : ma raison me le dit chaque jour ;
Mais la raison n'est pas ce qui règle l'amour.

PHILINTE.

Je crains fort pour vos feux, et l'espoir où vous êtes
Pourroit....

SCÈNE II. — ORONTE, ALCESTE, PHILINTE.

ORONTE, à Alceste.

J'ai su là-bas que, pour quelques emplettes,
Éliante est sortie, et Célimène aussi.
Mais, comme l'on m'a dit que vous étiez ici,
J'ai monté pour vous dire, et d'un cœur véritable,
Que j'ai conçu pour vous une estime incroyable,
Et que, depuis longtemps, cette estime m'a mis
Dans un ardent désir d'être de vos amis.
Oui, mon cœur au mérite aime à rendre justice,
Et je brûle qu'un nœud d'amitié nous unisse.
Je crois qu'un ami chaud, et de ma qualité,
N'est pas assurément pour être rejeté.

(Pendant le discours d'Oronte, Alceste est rêveur, et semble ne pas entendre que c'est à lui qu'on parle. Il ne sort de sa rêverie que quand Oronte lui dit :)

C'est à vous, s'il vous plaît, que ce discours s'adresse.

ALCESTE.

A moi, monsieur ?

ORONTE.

A vous. Trouvez-vous qu'il vous blesse ?

ACTE I, SCÈNE II.

ALCESTE.
Non pas. Mais la surprise est fort grande pour moi,
Et je n'attendois pas l'honneur que je reçoi[1].

ORONTE.
L'estime où je vous tiens ne doit point vous surprendre,
Et de tout l'univers vous la pouvez prétendre.

ALCESTE.
Monsieur....

ORONTE.
L'État n'a rien qui ne soit au-dessous
Du mérite éclatant que l'on découvre en vous.

ALCESTE.
Monsieur....

ORONTE.
Oui, de ma part, je vous tiens préférable
A tout ce que j'y vois de plus considérable.

ALCESTE.
Monsieur....

ORONTE.
Sois-je du ciel écrasé, si je mens!
Et, pour vous confirmer ici mes sentimens,
Souffrez qu'à cœur ouvert, monsieur, je vous embrasse,
Et qu'en votre amitié je vous demande place.
Touchez là, s'il vous plaît. Vous me la promettez
Votre amitié?

ALCESTE.
Monsieur....

ORONTE.
Quoi! vous y résistez?

---

1. Cette fameuse scène du sonnet est doublement l'effet du caractère d'Alceste : on le sait honnête homme et vrai, et le poëte, friand d'un tel juge, ambitionne son suffrage ; c'est l'effet de sa réputation. Alceste dit ce qu'il pense du sonnet ; voilà son travers.

ALCESTE.

Monsieur, c'est trop d'honneur que vous me voulez faire ;
Mais l'amitié demande un peu plus de mystère,
Et c'est assurément en profaner le nom
Que de vouloir le mettre à toute occasion.
Avec lumière et choix cette union veut naître ;
Avant que nous lier, il faut nous mieux connoître ;
Et nous pourrions avoir telles complexions
Que tous deux du marché nous nous repentirions.

ORONTE.

Parbleu ! c'est là-dessus parler en homme sage,
Et je vous en estime encore davantage.
Souffrons donc que le temps forme des nœuds si doux ;
Mais, cependant, je m'offre entièrement à vous.
S'il faut faire à la cour pour vous quelque ouverture,
On sait qu'auprès du roi je fais quelque figure ;
Il m'écoute ; et, dans tout, il en use, ma foi,
Le plus honnêtement du monde avecque moi.
Enfin, je suis à vous de toutes les manières....
Et, comme votre esprit a de grandes lumières,
Je viens, pour commencer entre nous ce beau nœud,
Vous montrer un sonnet que j'ai fait depuis peu,
Et savoir s'il est bon qu'au public je l'expose.

ALCESTE.

Monsieur, je suis mal propre à décider la chose :
Veuillez m'en dispenser.

ORONTE.

      Pourquoi ?

ALCESTE.

                J'ai le défaut
D'être un peu plus sincère en cela qu'il ne faut.

ACTE I, SCÈNE II.

ORONTE.
C'est ce que je demande, et j'aurois lieu de plainte,
Si, m'exposant à vous pour me parler sans feinte,
Vous alliez me trahir, et me déguiser rien.

ALCESTE.
Puisqu'il vous plaît ainsi, monsieur, je le veux bien.

ORONTE.
Sonnet. C'est un sonnet.... *L'espoir....* C'est une dame,
Qui de quelque espérance avoit flatté ma flamme.
L'espoir.... Ce ne sont point de ces grands vers pompeux,
Mais de petits vers doux, tendres et langoureux.

ALCESTE.
Nous verrons bien.

ORONTE.
L'espoir.... Je ne sais si le style
Pourra vous en paroître assez net et facile,
Et si du choix des mots vous vous contenterez.

ALCESTE.
Nous allons voir, monsieur.

ORONTE.
Au reste, vous saurez
Que je n'ai demeuré qu'un quart d'heure à le faire.

ALCESTE.
Voyons, monsieur ; le temps ne fait rien à l'affaire[1].

ORONTE lit.
L'espoir, il est vrai, nous soulage
Et nous berce un temps notre ennui ;
Mais, Philis, le triste avantage,
Lorsque rien ne marche après lui !

PHILINTE.
Je suis déjà charmé de ce petit morceau.

1. Cette boutade d'Alceste est devenue proverbe.

ALCESTE bas, à Philinte.

Quoi! vous avez le front de trouver cela beau?

ORONTE.

Vous eûtes de la complaisance;
Mais vous en deviez moins avoir,
Et ne vous pas mettre en dépense,
Pour ne me donner que l'espoir.

PHILINTE.

Ah! qu'en termes galans ces choses-là sont mises!

ALCESTE, bas, à Philinte.

Morbleu! vil complaisant, vous louez des sottises?

ORONTE.

S'il faut qu'une atteinte éternelle
Pousse à bout l'ardeur de mon zèle,
Le trépas sera mon recours.
Vos soins ne m'en peuvent distraire;
Belle Philis, on désespère,
Alors qu'on espère toujours[1].

PHILINTE.

La chute en est jolie, amoureuse, admirable.

ALCESTE, bas, à part.

La peste de ta chute, empoisonneur au diable!
En eusses-tu fait une à te casser le nez!

PHILINTE.

Je n'ai jamais ouï de vers si bien tournés.

ALCESTE bas, à part.

Morbleu!

ORONTE, à Philinte.

Vous me flattez, et vous croyez peut-être....

---

1. On a attribué ce sonnet à Benserade, mais uniquement sur des *on dit*; et il n'est pas impossible qu'il soit de Molière lui-même.

ALCESTE. — Quoi! vous avez le front de trouver cela beau! (Page 84.)

ACTE I, SCÈNE II.

PHILINTE.

Non, je ne flatte point.

ALCESTE, bas, à part.

Et que fais-tu donc, traître?

ORONTE, à Alceste.

Mais, pour vous, vous savez quel est notre traité.
Parlez-moi, je vous prie, avec sincérité.

ALCESTE.

Monsieur, cette matière est toujours délicate,
Et sur le bel esprit, nous aimons qu'on nous flatte.
Mais un jour, à quelqu'un, dont je tairai le nom,
Je disois, en voyant des vers de sa façon,
Qu'il faut qu'un galant homme ait toujours grand empire
Sur les démangeaisons qui nous prennent d'écrire ;
Qu'il doit tenir la bride aux grands empressemens
Qu'on a de faire éclat de tels amusemens ;
Et que, par la chaleur de montrer ses ouvrages,
On s'expose à jouer de mauvais personnages [1].

ORONTE.

Est-ce que vous voulez me déclarer par là
Que j'ai tort de vouloir?...

ALCESTE.

Je ne dis pas cela.
Mais je lui disois, moi, qu'un froid écrit assomme,
Qu'il ne faut que ce foible à décrier un homme,
Et qu'eût-on d'autre part cent belles qualités,
On regarde les gens par leurs méchans côtés.

---

1. Philinte s'est empressé de parler pour sauver Alceste, espérant que peut-être son silence ne serait pas remarqué ; forcé de s'expliquer, Alceste, tout en restant sincère, se montre homme de bonne compagnie ; la vanité d'Oronte va amener l'éclat qui est un des nœuds de la pièce : les grands génies seuls savent tirer toute une situation d'un petit incident.

ORONTE.

Est-ce qu'à mon sonnet vous trouvez à redire?

ALCESTE.

Je ne dis pas cela. Mais, pour ne point écrire,
Je lui mettois aux yeux comme, dans notre temps,
Cette soif a gâté de fort honnêtes gens.

ORONTE.

Est-ce que j'écris mal, et leur ressemblerois-je?

ALCESTE.

Je ne dis pas cela. Mais enfin, lui disois-je,
Quel besoin si pressant avez-vous de rimer?
Et qui diantre vous pousse à vous faire imprimer?
Si l'on peut pardonner l'essor d'un mauvais livre,
Ce n'est qu'aux malheureux qui composent pour vivre.
Croyez-moi, résistez à vos tentations,
Dérobez au public ces occupations,
Et n'allez point quitter de quoi que l'on vous somme,
Le nom que dans la cour vous avez d'honnête homme,
Pour prendre, de la main d'un avide imprimeur,
Celui de ridicule et misérable auteur.
C'est ce que je tâchai de lui faire comprendre.

ORONTE.

Voilà qui va fort bien, et je crois vous entendre.
Mais ne puis-je savoir ce que dans mon sonnet?...

ALCESTE.

Franchement il est bon à mettre au cabinet.
Vous vous êtes réglé sur de méchans modèles,
Et vos expressions ne sont point naturelles.
 Qu'est-ce que, *Nous berce un temps notre ennui?*
  Et que, *Rien ne marche après lui?*
  Que, *Ne vous pas mettre en dépense,*
  Pour ne me donner que l'espoir?

ACTE I, SCÈNE II.

  Et que, *Philis, on désespère,*
  Alors qu'on espère toujours?

Ce style figuré, dont on fait vanité,
Sort du bon caractère et de la vérité;
Ce n'est que jeu de mots, qu'affectation pure,
Et ce n'est point ainsi que parle la nature.
Le méchant goût du siècle en cela me fait peur;
Nos pères, tout grossiers, l'avoient beaucoup meilleur
Et je prise bien moins tout ce que l'on admire,
Qu'une vieille chanson que je m'en vais vous dire :

   Si le roi m'avoit donné
    Paris, sa grand'ville,
   Et qu'il me fallût quitter
    L'amour de ma mie !
   Je dirois au roi Henri :
   Reprenez votre Paris ;
   J'aime mieux ma mie, ô gué !
    J'aime mieux ma mie.

La rime n'est pas riche, et le style en est vieux;
Mais ne voyez-vous pas que cela vaut bien mieux
Que ces colifichets dont le bon sens murmure,
Et que la passion parle là toute pure?

   Si le roi m'avoit donné
    Paris sa grand'ville,
   Et qu'il me fallût quitter
    L'amour de ma mie !
   Je dirais au roi Henri :
   Reprenez votre Paris ;
   J'aime mieux ma mie, ô gué !
    J'aime mieux ma mie.

Voilà ce que peut dire un cœur vraiment épris,
(A Philinte qui rit.)
Oui, monsieur le rieur, malgré vos beaux esprits,
J'estime plus cela que la pompe fleurie
De tous ces faux brillans où chacun se récrie.

ORONTE.

Et moi, je vous soutiens que mes vers sont fort bons.

ALCESTE.

Pour les trouver ainsi vous avez vos raisons;
Mais vous trouverez bon que j'en puisse avoir d'autres
Qui se dispenseront de se soumettre aux vôtres.

ORONTE.

Il me suffit de voir que d'autres en font cas.

ALCESTE.

C'est qu'ils ont l'art de feindre; et moi, je ne l'ai pas.

ORONTE.

Croyez-vous donc avoir tant d'esprit en partage?

ALCESTE.

Si je louois vos vers, j'en aurois davantage.

ORONTE.

Je me passerai bien que vous les approuviez.

ALCESTE.

Il faut bien, s'il vous plaît, que vous vous en passiez.

ORONTE.

Je voudrais, bien, pour voir, que, de votre manière,
Vous en composassiez sur la même matière.

ALCESTE.

J'en pourrois, par malheur, faire d'aussi méchans;
Mais je me garderois de les montrer aux gens.

ORONTE.

Vous me parlez bien ferme, et cette suffisance....

ALCESTE.
Autre part que chez moi cherchez qui vous encense.
ORONTE.
Mais, mon petit monsieur, prenez-le un peu moins haut.
ALCESTE.
Ma foi, mon grand monsieur, je le prends comme il faut.
PHILINTE, se mettant entre deux.
Hé! messieurs, c'en est trop. Laissez cela, de grâce.
ORONTE.
Ah! j'ai tort, je l'avoue, et je quitte la place.
Je suis votre valet, monsieur, de tout mon cœur.
ALCESTE.
Et moi, je suis, monsieur, votre humble serviteur[1].

SCÈNE III. — PHILINTE, ALCESTE.

PHILINTE.
Hé bien! vous le voyez. Pour être trop sincère,
Vous voilà sur les bras une fâcheuse affaire ;
Et j'ai bien vu qu'Oronte, afin d'être flatté....
ALCESTE.
Ne me parlez pas.
PHILINTE.
    Mais....
ALCESTE.
        Plus de société.
PHILINTE.
C'est trop....

---

1. Scène charmante qui amène le développement d'une théorie littéraire fort utile à cette époque de mauvais goût, et qui est digne de l'ami de Boileau.

ALCESTE.
Laissez-moi là.

PHILINTE.
Si je....

ALCESTE.
Point de langage.

PHILINTE.
Mais quoi....

ALCESTE.
Je n'entends rien.

PHILINTE.
Mais....

ALCESTE.
Encore?

PHILINTE.
On outrage....

ALCESTE.
Ah! parbleu! c'en est trop. Ne suivez point mes pas.

PHILINTE.
Vous vous moquez de moi, je ne vous quitte pas[1].

---

1. Acte excellent : dès le cinquième vers on connaît Alceste qui, dans la suite de l'acte, achève de se peindre par ses discours et par ses actions; Philinte forme avec lui un contraste complet. — La scène du *sonnet* est parfaite, vraie et amusante; le style varie selon le caractère des personnages. — Et l'acte n'a que trois scènes!

ACTE DEUXIÈME.

SCÈNE I. — ALCESTE, CÉLIMÈNE.

ALCESTE.

Madame, voulez-vous que je vous parle net ?
De vos façons d'agir je suis mal satisfait ;
Contre elles dans mon cœur trop de bile s'assemble,
Et je sens qu'il faudra que nous rompions ensemble.
Oui, je vous tromperois de parler autrement :
Tôt ou tard nous romprons indubitablement ;
Et je vous promettrois mille fois le contraire,
Que je ne serois pas en pouvoir de le faire.

CÉLIMÈNE.

C'est pour me quereller donc, à ce que je vois,
Que vous avez voulu me ramener chez moi ?

ALCESTE.

Je ne querelle point. Mais votre, humeur, madame,
Ouvre au premier venu trop d'accès dans votre âme[1] ;
Vous avez trop d'amans qu'on voit vous obséder,
Et mon cœur de cela ne peut s'accommoder.

CÉLIMÈNE.

Des amans que je fais me rendez-vous coupable ?

---

1. Alceste est conséquent avec lui-même ; c'est bien le langage de celui qui disait :
   L'ami du genre humain n'est point du tout mon fait.

Puis-je empêcher les gens de me trouver aimable?
Et, lorsque, pour me voir, ils font de doux efforts,
Dois-je prendre un bâton pour les mettre dehors?

ALCESTE.

Non, ce n'est pas, madame, un bâton qu'il faut prendre,
Mais un cœur à leurs vœux moins facile et moins tendre.
Je sais que vos appas vous suivent en tous lieux;
Mais votre accueil retient ceux qu'attirent vos yeux,
Et sa douceur offerte à qui vous rend les armes
Achève sur les cœurs l'ouvrage de vos charmes.
Le trop riant espoir que vous leur présentez.
Attache autour de vous leurs assiduités,
Et votre complaisance, un peu moins étendue,
De tant de soupirans chasseroit la cohue.
Mais, au moins, dites-moi, madame, par quel sort
Votre Clitandre a l'heur de vous plaire si fort?
Sur quel fonds de mérite et de vertu sublime
Appuyez-vous en lui l'honneur de votre estime?
Est-ce par l'ongle long qu'il porte au petit doigt
Qu'il s'est acquis chez vous l'estime où l'on le voit?
Vous êtes-vous rendue, avec tout le beau monde,
Au mérite éclatant de sa perruque blonde?
Sont-ce ses grands canons qui vous le font aimer?
L'amas de ses rubans a-t-il su vous charmer?
Est-ce par les appas de sa vaste rhingrave
Qu'il a gagné votre âme en faisant votre esclave?
Ou sa façon de rire et son ton de fausset,
Ont-ils de vous toucher su trouver le secret?

CÉLIMÈNE.

Qu'injustement de lui vous prenez de l'ombrage!
Ne savez-vous pas bien pourquoi je le ménage;
Et que, dans mon procès, ainsi qu'il m'a promis,

Il peut intéresser tout ce qu'il a d'amis?

ALCESTE.

Perdez votre procès, madame, avec constance,
Et ne ménagez point un rival qui m'offense.

CÉLIMÈNE.

Mais de tout l'univers vous devenez jaloux.

ALCESTE.

C'est que tout l'univers est bien reçu de vous.

CÉLIMÈNE.

C'est ce qui doit rasseoir votre âme effarouchée,
Puisque ma complaisance est sur tous épanchée ;
Et vous auriez plus lieu de vous en offenser,
Si vous me la voyiez sur un seul ramasser.

ALCESTE.

Mais moi, que vous blâmez de trop de jalousie,
Qu'ai-je de plus qu'eux tous, madame, je vous prie?

CÉLIMÈNE.

Le bonheur de savoir que vous êtes aimé.

ALCESTE.

Et quel lieu de le croire a mon cœur enflammé?

CÉLIMÈNE.

Je pense qu'ayant pris le soin de vous le dire,
Un aveu de la sorte a de quoi vous suffire.

ALCESTE.

Mais qui m'assurera que, dans le même instant,
Vous n'en disiez peut-être aux autres tout autant?

CÉLIMÈNE.

Certes, pour un amant la fleurette est mignonne,
Et vous me traitez là de gentille personne.
Hé bien pour vous ôter d'un semblable souci
De tout ce que j'ai dit, je me dédis ici,

Et rien ne sauroit plus vous tromper que vous-même :
Soyez content.

ALCESTE.

Morbleu, faut-il que je vous aime!
Ah! que si de vos mains je rattrape mon cœur,
Je bénirai le ciel de ce rare bonheur!
Je ne le cèle pas, je fais tout mon possible
A rompre de ce cœur l'attachement terrible;
Mais mes plus grands efforts n'ont rien fait jusqu'ici,
Et c'est pour mes péchés que je vous aime ainsi.

CÉLIMÈNE.

Il est vrai, votre ardeur est pour moi sans seconde!

ALCESTE.

Oui, je puis là-dessus défier tout le monde.
Mon amour ne se peut concevoir, et jamais
Personne n'a, madame, aimé comme je fais.

CÉLIMÈNE.

En effet, la méthode en est toute nouvelle,
Car vous aimez les gens pour leur faire querelle ;
Ce n'est qu'en mots fâcheux qu'éclate votre ardeur,
Et l'on n'a vu jamais un amour si grondeur.

ALCESTE.

Mais il ne tient qu'à vous que son chagrin ne passe.
A tous nos démêlés coupons chemin, de grâce,
Parlons à cœur ouvert et voyons d'arrêter....

SCÈNE II. — CÉLIMÈNE, ALCESTE, BASQUE.

CÉLIMÈNE.

Qu'est-ce ?

ACTE II, SCÈNE II.

BASQUE.

Acaste est là-bas.

CÉLIMÈNE.

Hé bien ! faites monter.

SCÈNE III. — CÉLIMÈNE, ALCESTE.

ALCESTE.

Quoi ! l'on ne peut jamais vous parler tête à tête !
A recevoir le monde on vous voit toujours prête !
Et vous ne pouvez pas, un seul moment de tous,
Vous résoudre à souffrir de n'être pas chez vous !

CÉLIMÈNE.

Voulez-vous qu'avec lui je me fasse une affaire ?

ALCESTE.

Vous avez des égards qui ne sauroient me plaire.

CÉLIMÈNE.

C'est un homme à jamais ne me le pardonner,
S'il savoit que sa vue eût pu m'importuner.

ALCESTE.

Et que vous fait cela, pour vous gêner de sorte ?...

CÉLIMÈNE.

Mon Dieu ! de ses pareils la bienveillance importe ;
Et ce sont de ces gens qui, je ne sais comment,
Ont gagné, dans la cour, de parler hautement.
Dans tous les entretiens on les voit s'introduire ;
Ils ne sauroient servir, mais ils peuvent vous nuire ;
Et jamais, quelque appui qu'on puisse avoir d'ailleurs,
On ne doit se brouiller avec ces grands brailleurs.

ALCESTE.

Enfin, quoi qu'il en soit, et sur quoi qu'on se fonde,

Vous trouvez des raisons pour souffrir tout le monde ;
Et les précautions de votre jugement....

SCÈNE IV. — ALCESTE, CÉLIMÈNE, BASQUE

BASQUE.

Voici Clitandre encor, madame.

ALCESTE.

Justement.

CÉLIMÈNE.

Où courez-vous ?

ALCESTE.

Je sors.

CÉLIMÈNE.

Demeurez.

ALCESTE.

Pourquoi faire ?

CÉLIMÈNE.

Demeurez.

ALCESTE.

Je ne puis.

CÉLIMÈNE.

Je le veux.

ALCESTE.

Point d'affaire :
Ces conversations ne font que m'ennuyer,
Et c'est trop que vouloir me les faire essuyer.

CÉLIMÈNE.

Je le veux, je le veux.

ALCESTE.

Non, il m'est impossible.

ACTE II, SCÈNE IV.

CÉLIMÈNE.

Hé bien ! allez, sortez, il vous est tout loisible.

SCÈNE V. — ÉLIANTE, PHILINTE, ACASTE, CLITANDRE, ALCESTE, CÉLIMÈNE, BASQUE.

ÉLIANTE, à Célimène.

Voici les deux marquis qui montent avec nous.
Vous l'est-on venu dire ?

CÉLIMÈNE.

(A Basque.)

Oui. Des siéges pour tous.

(Basque donne des siéges, et sort.)

(A Alceste.)
Vous n'êtes pas sorti ?

ALCESTE.

Non ; mais je veux, madame,
Ou pour eux, ou pour moi, faire expliquer votre âme.

CÉLIMÈNE.

Taisez-vous.

ALCESTE.

Aujourd'hui vous vous expliquerez.

CÉLIMÈNE.

Vous perdez le sens.

ALCESTE.

Point. Vous vous déclarerez.

CÉLIMÈNE.

Ah !

ALCESTE.

Vous prendrez parti.

CÉLIMÈNE:

Vous vous moquez, je pense.

ACLESTE.

Non, mais vous choisirez; c'est trop de patience.

CLITANDRE.

Parbleu! je viens du Louvre, où Cléonte, au levé,
Madame, a bien paru ridicule achevé.
N'a-t-il point quelque ami qui pût, sur ses manières,
D'un charitable avis lui prêter les lumières?

CÉLIMÈNE.

Dans le monde, à vrai dire, il se barbouille fort;
Partout il porte un air qui saute aux yeux d'abord,
Et, lorsqu'on le revoit après un peu d'absence,
On le retrouve encor plus plein d'extravagance.

ACASTE.

Parbleu! s'il faut parler de gens extravagans,
Je viens d'en essuyer un des plus fatigans;
Damon, le raisonneur, qui m'a, ne vous déplaise,
Une heure, au grand soleil, tenu hors de ma chaise.

CÉLIMÈNE.

C'est un parleur étrange, et qui trouve toujours
L'art de ne vous rien dire avec de grands discours :
Dans les propos qu'il tient on ne voit jamais goutte,
Et ce n'est que du bruit que tout ce qu'on écoute.

ÉLIANTE, à Philinte.

Ce début n'est pas mal; et, contre le prochain,
La conversation prend un assez bon train.

CLITANDRE.

Timante encor, madame, est un bon caractère.

---

1. Célimène est une jeune veuve coquette, chez laquelle se réunissent des gens de cour ou de compagnie non épris d'elle, ou qui ne le sont que par esprit de rivalité. Un seul, Alceste, aime vraiment. Dans ce salon, on cause plus qu'on agit; chacun parle avec son tour d'esprit ou son travers. Cette pièce ne renferme vraiment pas de situations, mais des caractères qui se développent.

ACTE II, SCÈNE V.

CÉLIMÈNE.

C'est, de la tête aux pieds, un homme tout mystère,
Qui vous jette en passant un coup d'œil égaré,
Et, sans aucune affaire, est toujours affairé.
Tout ce qu'il vous débite en grimaces abonde ;
A force de façons, il assomme le monde ;
Sans cesse il a, tout bas, pour rompre l'entretien,
Un secret à vous dire, et ce secret n'est rien ;
De la moindre vétille il fait une merveille,
Et jusques au bonjour, il dit tout à l'oreille.

ACASTE.

Et Géralde, madame ?

CÉLIMÈNE.

O l'ennuyeux conteur !
Jamais on ne le voit sortir du grand seigneur.
Dans le brillant commerce il se mêle sans cesse,
Et ne cite jamais que duc, prince, ou princesse.
La qualité l'entête ; et tous ses entretiens
Ne sont que de chevaux, d'équipage et de chiens :
Il tutaye, en parlant, ceux du plus haut étage,
Et le nom de monsieur est chez lui hors d'usage.

CLITANDRE.

On dit qu'avec Bélise il est du dernier bien.

CÉLIMÈNE.

Le pauvre esprit de femme, et le sec entretien !
Lorsqu'elle vient me voir, je souffre le martyre :
Il faut suer sans cesse à chercher que lui dire,
Et la stérilité de son expression
Fait mourir à tous coups la conversation.
En vain, pour attaquer son stupide silence,
De tous les lieux communs vous prenez l'assistance ;
Le beau temps et la pluie, et le froid et le chaud,

Sont des fonds qu'avec elle on épuise bientôt.
Cependant sa visite, assez insupportable,
Traîne en une longueur encore épouvantable;
Et l'on demande l'heure, et l'on bâille vingt fois,
Qu'elle grouille aussi peu qu'une pièce de bois.

ACASTE.

Que vous semble d'Adraste ?

CÉLIMÈNE.

Ah! quel orgueil extrême
C'est un homme gonflé de l'amour de soi-même.
Son mérite jamais n'est content de la cour;
Contre elle, il fait métier de pester chaque jour;
Et l'on ne donne emploi, charge, ni bénéfice,
Qu'à tout ce qu'il se croit on ne fasse injustice.

CLITANDRE.

Mais le jeune Cléon, chez qui vont aujourd'hui
Nos plus honnêtes gens, que dites-vous de lui ?

CÉLIMÈNE.

Que de son cuisinier il s'est fait un mérite,
Et que c'est à sa table à qui l'on rend visite [1].

ÉLIANTE.

Il prend soin d'y servir des mets fort délicats.

CÉLIMÈNE.

Oui; mais je voudrois bien qu'il ne s'y servît pas;
C'est un fort méchant plat que sa sotte personne,
Et qui gâte, à mon goût, tous les repas qu'il donne.

PHILINTE.

On fait assez de cas de son oncle Damis;
Qu'en dites-vous, madame ?

---

1. Il faudrait : à sa table *que* l'on rend visite.

CÉLIMÈNE.
Il est de mes amis.
PHILINTE.
Je le trouve honnête homme, et d'un air assez sage.
CÉLIMÈNE.
Oui ; mais il veut avoir trop d'esprit, dont j'enrage
Il est guindé sans cesse ; et, dans tous ses propos,
On voit qu'il se travaille à dire de bons mots.
Depuis que dans la tête il s'est mis d'être habile,
Rien ne touche son goût, tant il est difficile.
Il veut voir des défauts à tout ce qu'on écrit,
Et pense que louer n'est pas d'un bel esprit,
Que c'est être savant que trouver à redire,
Qu'il n'appartient qu'aux sots d'admirer et de rire,
Et qu'en n'approuvant rien des ouvrages du temps,
Il se met au-dessus de tous les autres gens.
Aux conversations même il trouve à reprendre,
Ce sont propos trop bas pour y daigner descendre ;
Et, les deux bras croisés, du haut de son esprit,
Il regarde en pitié tout ce que chacun dit.

ACASTE.
Dieu me damne, voilà son portrait véritable.

CLITANDRE, à Célimène.
Pour bien peindre les gens vous êtes admirable.

ALCESTE.
Allons, ferme, poussez, mes bons amis de cour,
Vous n'en épargnez point, et chacun a son tour :
Cependant aucun d'eux à vos yeux ne se montre,
Qu'on ne vous voie, en hâte, aller à sa rencontre,
Lui présenter la main, et, d'un baiser flatteur,

Appuyer les serments d'être son serviteur[1].

CLITANDRE.

Pourquoi s'en prendre à nous? Si ce qu'on dit vous blesse
Il faut que le reproche à madame s'adresse.

ALCESTE.

Non, morbleu ! c'est à vous ; et vos ris complaisans
Tirent de son esprit tous ces traits médisans.
Son humeur satirique est sans cesse nourrie
Par le coupable encens de votre flatterie ;
Et son cœur à railler trouveroit moins d'appas,
S'il avoit observé qu'on ne l'applaudit pas.
C'est ainsi qu'aux flatteurs on doit partout se prendre
Des vices où l'on voit les humains se répandre.

PHILINTE.

Mais pourquoi pour ces gens un intérêt si grand,
Vous qui condamneriez ce qu'en eux on reprend?

CÉLIMÈNE.

Et ne faut-il pas bien que monsieur contredise ?
A la commune voix veut-on qu'il se réduise,
Et qu'il ne fasse pas éclater en tous lieux
L'esprit contrariant qu'il a reçu des cieux?
Le sentiment d'autrui n'est jamais pour lui plaire ;
Il prend toujours en main l'opinion contraire ;
Et penseroit paroître un homme du commun,
Si l'on voyoit qu'il fût de l'avis de quelqu'un.
L'honneur de contredire a pour lui tant de charmes,
Qu'il prend, contre lui-même, assez souvent les armes,
Et ses vrais sentimens sont combattus par lui,

---

1. Vive sortie qui ramène Alceste en scène, et dont la véhémence s'explique par son long silence et par toutes les médisances qu'il a entendues.

Aussitôt qu'il les voit dans la bouche d'autrui.

ALCESTE.

Les rieurs sont pour vous, madame, c'est tout dire ;
Et vous pouvez pousser contre moi la satire.

PHILINTE.

Mais il est véritable aussi que votre esprit
Se gendarme toujours contre tout ce qu'on dit ;
Et que, par un chagrin que lui-même il avoue,
Il ne sauroit souffrir qu'on blâme ni qu'on loue.

ALCESTE.

C'est que jamais, morbleu ! les hommes n'ont raison,
Que le chagrin contre eux est toujours de saison,
Et que je vois qu'ils sont, sur toutes les affaires,
Loueurs impertinens, ou censeurs téméraires.

CÉLIMÈNE.

Mais....

ALCESTE.

Non, madame, non, quand j'en devrois mourir,
Vous avez des plaisirs que je ne puis souffrir ;
Et l'on a tort ici de nourrir dans votre âme
Ce grand attachement aux défauts qu'on y blâme [1].

CLITANDRE.

Pour moi, je ne sais pas ; mais j'avouerai tout haut
Que j'ai cru jusqu'ici madame sans défaut.

ACASTE.

De grâces et d'attraits je vois qu'elle est pourvue ;
Mais les défauts qu'elle a ne frappent point ma vue.

ALCESTE.

Ils frappent tous la mienne, et, loin de m'en cacher,
Elle sait que j'ai soin de les lui reprocher.

---

1. Reproche indirect à Philinte qui, au 1ᵉʳ acte, blâmait ces médisances que maintenant il semble défendre.

Plus on aime quelqu'un, moins il faut qu'on le flatte :
A ne rien pardonner, le pur amour éclate ;
Et je bannirois, moi, tous ces lâches amans
Que je verrois soumis à tous mes sentimens,
Et dont, à tous propos, les molles complaisances
Donneroient de l'encens à mes extravagances.

CÉLIMÈNE.

Enfin, s'il faut qu'à vous s'en rapportent les cœurs,
On doit, pour bien aimer, renoncer aux douceurs ;
Et du parfait amour mettre l'honneur suprême
A bien injurier les personnes qu'on aime.

ÉLIANTE.

L'amour, pour l'ordinaire, est peu fait à ces lois,
Et l'on voit les amans vanter toujours leur choix.
Jamais leur passion n'y voit rien de blâmable,
Et, dans l'objet aimé, tout leur devient aimable ;
Ils comptent les défauts pour des perfections,
Et savent y donner de favorables noms.
La pâle est aux jasmins en blancheur comparable ;
La noire à faire peur, une brune adorable ;
La maigre a de la taille et de la liberté ;
La grasse est, dans son port, pleine de majesté ;
La malpropre sur soi, de peu d'attraits chargée,
Est mise sous le nom de beauté négligée ;
La géante paroît une déesse aux yeux ;
La naine, un abrégé des merveilles des cieux ;
L'orgueilleuse a le cœur digne d'une couronne ;
La fourbe a de l'esprit ; la sotte est toute bonne ;
La trop grande parleuse est d'agréable humeur,
Et la muette garde une honnête pudeur.
C'est ainsi qu'un amant, dont l'ardeur est extrême,
Aime jusqu'aux défauts des personnes qu'il aime.

ALCESTE.

Et moi, je soutiens, moi....

CÉLIMÈNE.

Brisons là ce discours,
Et dans la galerie allons faire deux tours.
Quoi! vous vous en allez, messieurs?

CLITANDRE et ACASTE.

Non pas, madame.

ALCESTE.

La peur de leur départ occupe fort votre âme.
Sortez quand vous voudrez, messieurs ; mais j'avertis
Que je ne sors qu'après que vous serez sortis.

ACASTE.

A moins de voir madame en être importunée,
Rien ne m'appelle ailleurs de toute la journée.

CLITANDRE.

Moi, pourvu que je puisse être au petit couché[1],
Je n'ai point d'autre affaire où je sois attaché.

CÉLIMÈNE, à Alceste.

C'est pour rire, je crois.

ALCESTE.

Non, en aucune sorte.
Nous verrons si c'est moi que vous voudrez qui sorte.

---

1. Sous Louis XIV, l'*étiquette* ou cérémonial établi à la cour des rois devint une loi pour les courtisans. Dès que le roi était réveillé et avait récité l'office du Saint-Esprit, le *petit lever* commençait. Les princes du sang et les principaux officiers de la maison du roi, réunis dans l'*œil de bœuf*, étaient alors admis en sa présence ; on parlait familièrement des bruits de la ville et de la cour. C'était une faveur spéciale d'être admis au *petit lever* ; il en était de même du *petit coucher*, réglé par un semblable cérémonial. Le roi achevait devant ses familiers sa toilette de nuit, recevait du grand chambellan la serviette dont il se lavait le visage et les mains, indiquait l'heure de son lever pour le lendemain ainsi que l'habit qu'il se proposait de mettre.

SCÈNE VI. — ALCESTE, CÉLIMÈNE, ÉLIANTE, ACASTE,
PHILINTE, CLITANDRE, BASQUE.

BASQUE, à Alceste.

Monsieur, un homme est là qui voudroit vous parler
Pour affaire, dit-il, qu'on ne peut reculer.

ALCESTE.

Dis-lui que je n'ai point d'affaires si pressées.

BASQUE.

Il porte une jaquette à grand'basques plissées,
Avec du dor dessus.

CÉLIMÈNE, à Alceste.

Allez voir ce que c'est,
Ou bien faites-le entrer.

SCÈNE VII. — ALCESTE, CÉLIMÈNE, ÉLIANTE, ACASTE,
PHILINTE, CLITANDRE, UN GARDE DE LA MARÉCHAUSSÉE.

ALCESTE, allant au-devant du garde.

Qu'est-ce donc qu'il vous plaît?
Venez, monsieur.

LE GARDE.

Monsieur, j'ai deux mots à vous dire.

ALCESTE.

Vous pouvez parler haut, monsieur, pour m'en instruire.

LE GARDE.

Messieurs les maréchaux, dont j'ai commandement,

Vous mandent de venir les trouver promptement,
Monsieur.

ALCESTE.

Qui? moi, monsieur?

LE GARDE.

Vous-même.

ALCESTE.

Et pourquoi faire?

PHILINTE, à Alceste.

C'est d'Oronte et de vous la ridicule affaire.

CÉLIMÈNE, à Philinte.

Comment?

PHILINTE.

Oronte et lui se sont tantôt bravés
Sur certains petits vers qu'il n'a pas approuvés;
Et l'on veut assoupir la chose en sa naissance[1].

ALCESTE.

Moi, je n'aurai jamais de lâche complaisance.

PHILINTE.

Mais il faut suivre l'ordre : allons, disposez-vous.

ALCESTE.

Quel accommodement veut-on faire entre nous?
La voix de ces messieurs me condamnera-t-elle
A trouver bons les vers qui font notre querelle?
Je ne me dédis point de ce que j'en ai dit,
Je les trouve méchans.

PHILINTE.

Mais, d'un plus doux esprit....

---

1. Les maréchaux de France formaient un tribunal auquel était exclusivement réservée la connaissance des affaires d'honneur entre les gentilshommes.

ALCESTE.

Je n'en démordrai point; les vers sont exécrables.

PHILINTE.

Vous devez faire voir des sentimens traitables.
Allons, venez.

ALCESTE.

J'irai; mais rien n'aura pouvoir
De me faire dédire.

PHILINTE.

Allons vous faire voir.

ALCESTE.

Hors qu'un commandement exprès du roi me vienne
De trouver bons les vers dont on se met en peine,
Je soutiendrai toujours, morbleu! qu'ils sont mauvais,
Et qu'un homme est pendable après les avoir faits.

(A Clitandre et à Acaste qui rient.)

Par la sambleu! messieurs, je ne croyois pas être
Si plaisant que je suis!

CÉLIMÈNE.

Allez vite paroître
Où vous devez.

ALCESTE.

J'y vais, madame; et, sur mes pas,
Je reviens en ce lieu pour vider nos débats [1].

---

1. Cet acte n'est pas inférieur au premier, quoique la scène du cercle retarde un peu l'action; disons, il est vrai, qu'elle est charmante comme tableau de mœurs, rappelant le ton du monde. Là, encore, le style de Molière est des plus variés: épigramme, satire; style simple de la comédie, et à côté style véhément de la passion.

ACTE TROISIÈME.

SCENE I. — CLITANDRE, ACASTE.

CLITANDRE.
Cher marquis, je te vois l'âme bien satisfaite;
Toute chose t'égaye et rien ne t'inquiète.
En bonne foi, crois-tu, sans t'éblouir les yeux,
Avoir de grands sujets de paroître joyeux?

ACASTE.
Parbleu! je ne vois pas, lorsque je m'examine,
Où prendre aucun sujet d'avoir l'âme chagrine.
J'ai du bien, je suis jeune, et sors d'une maison
Qui se peut dire noble avec quelque raison;
Et je crois, par le rang que me donne ma race,
Qu'il est fort peu d'emplois dont je ne sois en passe.
Pour le cœur, dont surtout nous devons faire cas,
On sait, sans vanité, que je n'en manque pas;
Et l'on m'a vu pousser dans le monde une affaire
D'une assez vigoureuse et gaillarde manière.
Pour de l'esprit, j'en ai sans doute; et du bon goût,
A juger sans étude et raisonner de tout;
A faire, aux nouveautés dont je suis idolâtre,
Figure de savant sur les bancs du théâtre [1];

---

1. Jusqu'à Voltaire (en 1759) il y eut sur le théâtre des bancs où les jeunes seigneurs se plaçaient comme spectateurs.

Y décider en chef, et faire du fracas
A tous les beaux endroits qui méritent des has !
Je suis assez adroit; j'ai bon air, bonne mine,
Les dents belles surtout, et la taille fort fine.
Quant à se mettre bien, je crois, sans me flatter,
Qu'on seroit mal venu de me le disputer.
Je me vois dans l'estime autant qu'on y puisse être,
Fort aimé du beau sexe, et bien auprès du maître.
Je crois qu'avec cela, mon cher marquis, je croi
Qu'on peut, par tout pays, être content de soi.

CLITANDRE.

Oui. Mais trouvant ailleurs des conquêtes faciles,
Pourquoi pousser ici des soupirs inutiles?

ACASTE.

Moi? Parbleu ! je ne suis de taille ni d'humeur
A pouvoir d'une belle essuyer la froideur.
C'est aux gens mal tournés, aux mérites vulgaires,
A brûler constamment pour des beautés sévères,
A languir à leurs pieds et souffrir leurs rigueurs,
A chercher le secours des soupirs et des pleurs,
Et tâcher, par des soins d'une très-longue suite,
D'obtenir ce qu'on nie à leur peu de mérite.
Mais les gens de mon air, marquis, ne sont pas faits
Pour aimer à crédit et faire tous les frais.
Quelque rare que soit le mérite des belles,
Je pense, Dieu merci, qu'on vaut son prix comme elles;
Que, pour se faire honneur d'un cœur comme le mien,
Ce n'est pas la raison qu'il ne leur coûte rien;
Et qu'au moins, à tout mettre en de justes balances,
Il faut qu'à frais communs se fassent les avances.

CLITANDRE.

Tu penses donc, marquis, être fort bien ici?

ACTE III, SCÈNE I.

ACASTE.
J'ai quelque lieu, marquis, de le penser ainsi.

CLITANDRE.
Crois-moi, détache-toi de cette erreur extrême :
Tu te flattes, mon cher, et t'aveugles toi-même.

ACASTE.
Il est vrai, je me flatte et m'aveugle en effet.

CLITANDRE.
Mais, qui te fait juger ton bonheur si parfait ?

ACASTE.
Je me flatte.

CLITANDRE.
Sur quoi fonder tes conjectures ?

ACASTE.
Je m'aveugle.

CLITANDRE.
En as-tu des preuves qui soient sûres ?

ACASTE.
Je m'abuse, te dis-je.

CLITANDRE.
Est-ce que, de ses vœux,
Célimène t'a fait quelques secrets aveux ?

ACASTE.
Non, je suis maltraité.

CLITANDRE.
Réponds-moi, je te prie.

ACASTE.
Je n'ai que des rebuts.

CLITANDRE.
Laissons la raillerie,
Et me dis quel espoir on peut t'avoir donné.

ACASTE.

Je suis le misérable, et toi le fortuné ;
On a pour ma personne une aversion grande,
Et, quelqu'un de ces jours, il faut que je me pende.

CLITANDRE.

Oh ! çà, veux-tu, marquis, pour ajuster nos vœux,
Que nous tombions d'accord d'une chose tous deux ?
Que, qui pourra montrer une marque certaine
D'avoir meilleure part au cœur de Célimène,
L'autre ici fera place au vainqueur prétendu,
Et le délivrera d'un rival assidu ?

ACASTE.

Ah ! parbleu ! tu me plais avec un tel langage,
Et, du bon de mon cœur, à cela je m'engage.
Mais, chut [1].

SCÈNE II. — CÉLIMÈNE, ACASTE, CLITANDRE.

CÉLIMÈNE.

Encore ici ?

CLITANDRE.

L'amour retient nos pas.

CÉLIMÈNE.

Je viens d'ouïr entrer un carrosse là-bas.
Savez-vous qui c'est ?

CLITANDRE.

Non.

---

1. La querelle d'Oronte et d'Alceste fait partie du nœud ; celle de Clitandre et d'Acaste servira à préparer le dénouement. Tout s'enchaîne dans Molière.

SCÈNE III. — CÉLIMÈNE, ACASTE, CLITANDRE,
BASQUE.

BASQUE.
Arsinoé, madame,
Monte ici pour vous voir.
CÉLIMÈNE.
Que me veut cette femme?
BASQUE.
Éliante là-bas est à l'entretenir.
CÉLIMÈNE.
De quoi s'avise-t-elle, et qui la fait venir?
ACASTE.
Pour prude consommée en tous lieux elle passe,
Et l'ardeur de son zèle....
CÉLIMÈNE.
Oui, oui, franche grimace.
Dans l'âme elle est du monde; et ses soins tentent tout
Pour accrocher quelqu'un, sans en venir à bout.
Elle ne sauroit voir qu'avec un œil d'envie
Les amans déclarés dont une autre est suivie ;
Et son triste mérite, abandonné de tous,
Contre le siècle aveugle est toujours en courroux.
Elle tâche à couvrir d'un faux voile de prude
Ce que chez elle on voit d'affreuse solitude ;
Et, pour sauver l'honneur de ses foibles appas,
Elle attache du crime au pouvoir qu'ils n'ont pas.
Cependant un amant plairoit fort à la dame;
Et même, pour Alceste, elle a tendresse d'âme.
Ce qu'il me rend de soins outrage ses attraits,

Elle veut que ce soit un vol que je lui fais;
Et son jaloux dépit, qu'avec peine elle cache,
En tous endroits, sous main, contre moi se détache.
Enfin, je n'ai rien vu de si sot, à mon gré;
Elle est impertinente au suprême degré,
Et....

SCÈNE IV. — ARSINOÉ, CÉLIMÈNE, CLITANDRE, ACASTE.

CÉLIMÈNE.

Ah! quel heureux sort en ce lieu vous amène?
Madame, sans mentir, j'étois de vous en peine.

ARSINOÉ.

Je viens pour quelque avis que j'ai cru vous devoir.

CÉLIMÈNE.

Ah! mon Dieu! que je suis contente de vous voir!

(Clitandre et Acaste sortent en riant.)

SCÈNE V. — ARSINOÉ, CÉLIMÈNE.

ARSINOÉ.

Leur départ ne pouvoit plus à propos se faire[1].

CÉLIMÈNE.

Voulons-nous nous asseoir?

ARSINOÉ.
        Il n'est pas nécessaire.

---

1. Curieux exemples du langage du monde : Célimène accueille avec une phrase de politesse conventionnelle Arsinoé qu'elle déteste; Arsinoé dissimule son dépit du départ des jeunes seigneurs par un mot qui est une entrée en matière.

Madame, l'amitié doit surtout éclater
Aux choses qui le plus nous peuvent importer;
Et, comme il n'en est point de plus grande importance
Que celles de l'honneur et de la bienséance,
Je viens, par un avis qui touche votre honneur,
Témoigner l'amitié que pour vous a mon cœur.
Hier j'étois chez des gens de vertu singulière,
Où, sur vous, du discours on tourna la matière;
Et là, votre conduite, avec ses grands éclats,
Madame, eut le malheur qu'on ne la loua pas.
Cette foule de gens dont vous souffrez visite,
Votre galanterie, et les bruits qu'elle excite,
Trouvèrent des censeurs plus qu'il n'auroit fallu,
Et bien plus rigoureux que je n'eusse voulu.
Vous pouvez bien penser quel parti je sus prendre :
Je fis ce que je pus pour vous pouvoir défendre,
Je vous excusai fort sur votre intention,
Et voulus de votre âme être la caution.
Mais vous savez qu'il est des choses dans la vie
Qu'on ne peut excuser quoiqu'on en ait envie;
Et je me vis contrainte à demeurer d'accord
Que l'air dont vous vivez vous faisoit un peu tort;
Qu'il prenoit dans le monde une méchante face;
Qu'il n'est conte fâcheux que partout on n'en fasse;
Et que, si vous vouliez, tous vos déportemens
Pourroient moins donner prise aux mauvais jugemens.
Non que j'y croie au fond l'honnêteté blessée;
Me préserve le ciel d'en avoir la pensée !
Mais aux ombres du crime on prête aisément foi,
Et ce n'est pas assez de bien vivre pour soi.
Madame, je vous crois l'âme trop raisonnable
Pour ne pas prendre bien cet avis profitable,

Et pour l'attribuer qu'aux mouvemens secrets
D'un zèle qui m'attache à tous vos intérêts.

CÉLIMÈNE.

Madame, j'ai beaucoup de grâces à vous rendre.
Un tel avis m'oblige; et, loin de le mal prendre,
J'en prétends reconnoître à l'instant la faveur,
Par un avis aussi qui touche votre honneur;
Et, comme je vous vois vous montrer mon amie
En m'apprenant les bruits que de moi l'on publie,
Je veux suivre, à mon tour, un exemple si doux,
En vous avertissant de ce qu'on dit de vous.
En un lieu, l'autre jour, où je faisois visite,
Je trouvai quelques gens d'un très-rare mérite,
Qui, parlant des vrais soins d'une âme qui vit bien,
Firent tomber sur vous, madame, l'entretien.
Là, votre pruderie et vos éclats de zèle
Ne furent pas cités comme un fort bon modèle;
Cette affectation d'un grave extérieur,
Vos discours éternels de sagesse et d'honneur,
Vos mines et vos cris aux ombres d'indécence,
Que d'un mot ambigu peut avoir l'innocence,
Cette hauteur d'estime où vous êtes de vous,
Et ces yeux de pitié que vous jetez sur tous,
Vos fréquentes leçons et vos aigres censures
Sur des choses qui sont innocentes et pures;
Tout cela, si je puis vous parler franchement,
Madame, fut blâmé d'un commun sentiment.
A quoi bon, disoient-ils, cette mine modeste,
Et ce sage dehors que dément tout le reste?
Elle est à bien prier exacte au dernier point;
Mais elle bat ses gens et ne les paye point.
Dans tous les lieux dévots elle étale un grand zèle;

Mais elle met du blanc et veut paraître belle.
Pour moi, contre chacun, je pris votre défense,
Et leur assurai fort que c'étoit médisance ;
Mais tous les sentimens combattirent le mien,
Et leur conclusion fut que vous feriez bien
De prendre moins de soin des actions des autres,
Et de vous mettre un peu plus en peine des vôtres ;
Qu'on doit se regarder soi-même un fort long temps
Avant que de songer à condamner les gens ;
Qu'il faut mettre le poids d'une vie exemplaire
Dans les corrections qu'aux autres on veut faire ;
Et qu'encor vaut-il mieux s'en remettre, au besoin,
A ceux à qui le ciel en a commis le soin.
Madame, je vous crois aussi trop raisonnable,
Pour ne pas prendre bien cet avis profitable,
Et pour l'attribuer qu'aux mouvemens secrets
D'un zèle qui m'attache à tous vos intérêts [1].

ARSINOÉ.

A quoi qu'en reprenant on soit assujettie,
Je ne m'attendois pas à cette repartie,
Madame ; et je vois bien, par ce qu'elle a d'aigreur,
Que mon sincère avis vous a blessée au cœur.

CÉLIMÈNE.

Au contraire, madame ; et, si l'on étoit sage,
Ces avis mutuels seroient mis en usage.
On détruiroit par là, traitant de bonne foi,
Ce grand aveuglement où chacun est pour soi.
Il ne tiendra qu'à vous qu'avec le même zèle
Nous ne continuions cet office fidèle,

---

1. Cette réplique, copiée partie par partie sur l'attaque d'Arsinoé, est parfaite; la répétition des quatre derniers vers empruntés au discours de la prude est des plus piquantes.

Et ne prenions grand soin de nous dire, entre nous,
Ce que nous entendrons, vous de moi, moi de vous.

ARSINOÉ.

Ah! madame, de vous je ne puis rien entendre;
C'est en moi que l'on peut trouver fort à reprendre.

CÉLIMÈNE.

Madame, on peut, je crois, louer et blâmer tout;
Et chacun a raison suivant l'âge ou le goût.
Il est une saison pour la galanterie,
Il en est une aussi propre à la pruderie.
On peut, par politique, en prendre le parti,
Quand de nos jeunes ans l'éclat est amorti;
Cela sert à couvrir de fâcheuses disgrâces.
Je ne dis pas qu'un jour je ne suive vos traces :
L'âge amènera tout; et ce n'est pas le temps,
Madame, comme on sait, d'être prude à vingt ans.

ARSINOÉ.

Certes, vous vous targuez d'un bien foible avantage,
Et vous faites sonner terriblement votre âge.
Ce que de plus que vous on en pourroit avoir
N'est pas un si grand cas pour s'en tant prévaloir;
Et je ne sais pourquoi votre âme ainsi s'emporte,
Madame, à me pousser de cette étrange sorte.

[La discussion devient de plus en plus aigre entre les deux rivales et l'avantage reste à Célimène, qui a pour arguments en sa faveur l'esprit, la jeunesse, la beauté, les succès.... Arsinoé lui cède le champ de bataille, mais comme le Parthe, elle lance son dernier trait en fuyant, et ce trait sera les confidences faites à Alceste qui amèneront le dénoûment. Cette scène si brillante n'est donc pas un hors-d'œuvre de la comédie.]

ARSINOÉ.

. . . . . Brisons, madame, un pareil entretien,
Il pousseroit trop loin votre esprit et le mien;
Et j'aurois déjà pris le congé qu'il faut prendre,
Si mon carrosse encor ne m'obligeoit d'attendre.

CÉLIMÈNE.

Autant qu'il vous plaira vous pouvez arrêter,
Madame, et, là-dessus, rien ne doit vous hâter.
Mais, sans vous fatiguer de ma cérémonie,
Je m'en vais vous donner meilleure compagnie,
Et monsieur, qu'à propos le hasard fait venir,
Remplira mieux ma place à vous entretenir.

SCÈNE VI. — ALCESTE, CÉLIMÈNE, ARSINOE.

CÉLIMÈNE.

Alceste, il faut que j'aille écrire un mot de lettre
Que, sans me faire tort, je ne saurois remettre.
Soyez avec madame; elle aura la bonté
D'excuser aisément mon incivilité.

SCÈNE VII. — ALCESTE, ARSINOÉ.

ARSINOÉ.

Vous voyez, elle veut que je vous entretienne,
Attendant un moment que mon carrosse vienne;
Et jamais tous ses soins ne pouvoient m'offrir rien
Qui ne fût plus charmant qu'un pareil entretien[1].

---

1. Le désir de la vengeance fait oublier à la prude toute mesure.

En vérité, les gens d'un mérite sublime
Entraînent de chacun et l'amour et l'estime :
Et le vôtre, sans doute a des charmes secrets
Qui font entrer mon cœur dans tous vos intérêts.
Je voudrois que la cour, par un regard propice,
A ce que vous valez rendît plus de justice.
Vous avez à vous plaindre ; et je suis en courroux,
Quand je vois chaque jour qu'on ne fait rien pour vous.

ALCESTE.

Moi, madame ? Et sur quoi pourrois-je en rien prétendre ?
Quel service à l'État est-ce qu'on m'a vu rendre ?
Qu'ai-je fait, s'il vous plaît, de si brillant de soi,
Pour me plaindre à la cour qu'on ne fait rien pour moi ?

ARSINOÉ.

Tous ceux sur qui la cour jette des yeux propices
N'ont pas toujours rendu de ces fameux services.
Il faut l'occasion ainsi que le pouvoir ;
Et le mérite enfin que vous nous faites voir,
Devroit....

ALCESTE.

Mon Dieu ! laissons mon mérite, de grâce ;
De quoi voulez-vous là que la cour s'embarrasse ?
Elle auroit fort à faire, et ses soins seroient grands
D'avoir à déterrer le mérite des gens.

ARSINOÉ.

Un mérite éclatant se déterre lui-même.
Du vôtre en bien des lieux on fait un cas extrême ;
Et vous saurez de moi qu'en deux fort bons endroits,
Vous fûtes hier loué par des gens d'un grand poids.

ALCESTE.

Hé ! madame, l'on loue aujourd'hui tout le monde,
Et le siècle par là n'a rien qu'on ne confonde.

Tout est d'un grand mérite également doué,
Ce n'est plus un honneur que de se voir loué ;
D'éloges on regorge, à la tête on les jette,
Et mon valet de chambre est mis dans la gazette.

ARSINOÉ.

Pour moi, je voudrois bien que, pour vous montrer mieux,
Une charge à la cour vous pût frapper les yeux.
Pour peu que d'y songer vous nous fassiez les mines,
On peut, pour vous servir, remuer des machines,
Et j'ai des gens en main que j'emploierai pour vous,
Qui vous feront à tout un chemin assez doux.

ALCESTE.

Et que voudriez-vous, madame, que j'y fisse ?
L'humeur dont je me sens veut que je m'en bannisse ;
Le ciel ne m'a point fait en me donnant le jour,
Une âme compatible avec l'air de la cour.
Je ne me trouve point les vertus nécessaires
Pour y bien réussir, et faire mes affaires :
Être franc et sincère est mon plus grand talent ;
Je ne sais point jouer les hommes en parlant ;
Et qui n'a pas le don de cacher ce qu'il pense
Doit faire en ce pays fort peu de résidence[1].
Hors de la cour, sans doute, on n'a pas cet appui,
Et ces titres d'honneur qu'elle donne aujourd'hui ;
Mais on n'a pas aussi, perdant ces avantages,
Le chagrin de jouer de fort sots personnages ;
On n'a point à souffrir mille rebuts cruels,
On n'a point à louer les vers de messieurs tels,
A donner de l'encens à madame une telle,

---

1. La Bruyère, qui étudia beaucoup Molière, a habilement développé ce passage dans son chapitre *de la cour* : « Le reproche, en un sens, » etc.

Et de nos francs marquis essuyer la cervelle.

ARSINOÉ.

Laissons, puisqu'il vous plaît ce chapitre de cour :
Mais il faut que mon cœur vous plaigne en votre amour :
Et, pour vous découvrir là-dessus mes pensées,
Je souhaiterois fort vos ardeurs mieux placées.
Vous méritez, sans doute, un sort beaucoup plus doux,
Et celle qui vous charme est indigne de vous.

ALCESTE.

Mais en disant cela, songez-vous, je vous prie,
Que cette personne est, madame, votre amie?

ARSINOÉ.

Oui. Mais ma conscience est blessée en effet
De souffrir plus longtemps le tort que l'on vous fait.
L'état où je vous vois afflige trop mon âme,
Et je vous donne avis qu'on trahit votre flamme.

ALCESTE.

C'est me montrer, madame, un tendre mouvement,
Et de pareils avis obligent un amant!

ARSINOÉ.

Oui, toute mon amie, elle est et je la nomme
Indigne d'asservir le cœur d'un galant homme;
Et le sien n'a pour vous que de feintes douceurs.

ALCESTE.

Cela se peut, madame, on ne voit pas les cœurs;
Mais votre charité se seroit bien passée
De jeter dans le mien une telle pensée.

ARSINOÉ.

Si vous ne voulez pas être désabusé,
Il faut ne vous rien dire, il est assez aisé.

ALCESTE.

Non. Mais sur ce sujet quoi que l'on nous expose,

Les doutes sont fâcheux plus que toute autre chose ;
Et je voudrois, pour moi, qu'on ne me fît savoir
Que ce qu'avec clarté l'on peut me faire voir.

ARSINOÉ.

Hé bien ! c'est assez dit ; et, sur cette matière,
Vous allez recevoir une pleine lumière.
Oui, je veux que de tout vos yeux vous fassent foi.
Donnez-moi seulement la main jusque chez moi ;
Là, je vous ferai voir une preuve fidèle
De l'infidélité du cœur de votre belle [1] ;
Et, si pour d'autres yeux le vôtre peut brûler,
On pourra vous offrir de quoi vous consoler [2].

---

1. *Fidèle, infidélité.* Voilà un exemple des *concetti* dont Molière et Boileau ont débarrassé notre littérature ; on le retrouve dans Malherbe (*Larmes de Saint-Pierre*) :

> Fait, de tous les assauts que la rage peut faire
> Une *fidèle* preuve à *l'infidélité.*

et dans le *Cinna* de Corneille :

> Rends un sang *infidèle* à *l'infidélité.*

2. Alceste a été absent pendant l'acte presque entier, et son absence a permis aux caractères de se développer plus librement : la fatuité indiscrète des deux jeunes seigneurs, et l'âpreté de la prude ; et toutes ces passions diverses vont amener le châtiment de la coquette, déchirer le cœur d'Alceste, mais en même temps le sauver du malheur d'épouser Célimène.

ACTE QUATRIÈME.

SCÈNE I. — ÉLIANTE, PHILINTE.

PHILINTE.

Non, l'on n'a point vu d'âme à manier si dure,
Ni d'accommodement plus pénible à conclure :
En vain de tous côtés on l'a voulu tourner,
Hors de son sentiment on n'a pu l'entraîner,
Et jamais différend si bizarre, je pense,
N'avoit de ces messieurs occupé la prudence.
« Non, messieurs, disoit-il, je ne me dédis point,
Et tomberai d'accord de tout, hors de ce point.
De quoi s'offense-t-il? et que veut-il me dire?
Y va-t-il de sa gloire à ne pas bien écrire?
Que lui fait mon avis qu'il a pris de travers?
On peut être honnête homme, et faire mal des vers:
Ce n'est point à l'honneur que touchent ces matières.
Je le tiens galant homme en toutes les manières[1],
Homme de qualité, de mérite et de cœur,
Tout ce qu'il vous plaira, mais fort méchant auteur.
Je louerai, si l'on veut, son train et sa dépense,
Son adresse à cheval, aux armes, à la danse ;
Mais, pour louer ses vers, je suis son serviteur;

---

1. Boileau a heureusement imité ce passage dans sa IXe satire à propos de Chapelain.

Et, lorsque d'en mieux faire on n'a pas le bonheur,
On ne doit de rimer avoir aucune envie,
Qu'on n'y soit condamné sur peine de la vie. »
Enfin, toute la grâce et l'accommodement
Où s'est avec effort plié son sentiment,
C'est de dire, croyant adoucir bien son style :
« Monsieur, je suis fâché d'être si difficile ;
Et, pour l'amour de vous, je voudrois, de bon cœur,
Avoir trouvé tantôt votre sonnet meilleur. »
Et, dans une embrassade, on leur a, pour conclure,
Fait vite envelopper toute la procédure.

ÉLIANTE.

Dans ses façons d'agir il est fort singulier :
Mais j'en fais, je l'avoue, un cas particulier,
Et la sincérité dont son âme se pique
A quelque chose en soi de noble et d'héroïque.
C'est une vertu rare au siècle d'aujourd'hui,
Et je la voudrois voir partout comme chez lui.

PHILINTE.

Pour moi, plus je le vois, plus surtout je m'étonne
De cette passion où son cœur s'abandonne.
De l'humeur dont le ciel a voulu le former,
Je ne sais pas comment il s'avise d'aimer ;
Et je sais moins encor comment votre cousine
Peut être la personne où son penchant l'incline.

ÉLIANTE.

Cela fait assez voir que l'amour, dans les cœurs,
N'est pas toujours produit par un rapport d'humeurs ;
Et toutes ces raisons de douces sympathies[1]
Dans cet exemple-ci se trouvent démenties.

---

1. *Sympathie*, mot à la mode alors.

PHILINTE.

Mais croyez-vous qu'on l'aime, aux choses qu'on peut voir?

ÉLIANTE.

C'est un point qu'il n'est pas fort aisé de savoir.
Comment pouvoir juger s'il est vrai qu'elle l'aime ?
Son cœur de ce qu'il sent n'est pas bien sûr lui-même ;
Il aime quelquefois sans qu'il le sache bien,
Et croit aimer aussi, parfois, qu'il n'en est rien[1].

PHILINTE.

Je crois que notre ami, près de cette cousine,
Trouvera des chagrins plus qu'il ne s'imagine;
Et, s'il avoit mon cœur, à dire vérité,
Il tourneroit ses vœux tout d'un autre côté;
Et, par un choix plus juste, on le verroit, madame,
Profiter des bontés que lui montre votre âme.

ÉLIANTE.

Pour moi, je n'en fais point de façons, et je croi
Qu'on doit, sur de tels points, être de bonne foi.
Je ne m'oppose point à toute sa tendresse;
Au contraire, mon cœur pour elle s'intéresse;
Et, si c'étoit qu'à moi la chose pût tenir,
Moi-même, à ce qu'il aime, on me verroit l'unir.
Mais, si dans un tel choix, comme tout se peut faire,
Son amour éprouvoit quelque destin contraire,
S'il falloit que d'un autre on couronnât les feux,
Je pourrois me résoudre à recevoir ses vœux,
Et le refus souffert en pareille occurrence
Ne m'y feroit trouver aucune répugnance.

PHILINTE.

Et moi, de mon côté, je ne m'oppose pas,

---

1. Ce caractère d'Éliante est charmant de bonté, d'indulgence, de franchise.

Madame, à ces bontés qu'ont pour lui vos appas;
Et lui-même, s'il veut, il peut bien vous instruire
De ce que là-dessus j'ai pris soin de lui dire.
Mais si, par un hymen qui les joindroit eux deux,
Vous étiez hors d'état de recevoir ses vœux,
Tous les miens tenteroient la faveur éclatante
Qu'avec tant de bonté votre âme lui présente.
Heureux si, quand son cœur s'y pourra dérober,
Elle pouvoit sur moi, madame, retomber.

ÉLIANTE.

Vous vous divertissez, Philinte.

PHILINTE.

Non, madame,
Et je vous parle ici du meilleur de mon âme.
J'attends l'occasion de m'offrir hautement,
Et de tous mes souhaits j'en presse le moment [1].

SCÈNE II. — ALCESTE, ÉLIANTE, PHILINTE.

ALCESTE.

Ah! faites-moi raison, madame, d'une offense
Qui vient de triompher de toute ma constance.

ÉLIANTE.

Qu'est-ce donc? Qu'avez-vous qui vous puisse émouvoir?

---

1. Si on peut reprocher à Philinte son indifférence sur les vices du monde, on ne peut lui reprocher de manquer aux devoirs de l'amitié, comme l'a bien remarqué M. Aimé-Martin : il avertit Alceste des ridicules qu'il se donne, des chagrins que lui prépare Célimène, lui donne les plus sages conseils à propos de son procès, d'Éliante, de sa querelle avec Oronte. Il ne mérite donc pas les reproches de J.-J. Rousseau qui voit en lui : « un de ces honnêtes hommes du grand monde, dont les maximes ressemblent beaucoup à celles des fripons. »

ALCESTE.

J'ai ce que, sans mourir je ne puis concevoir;
Et le déchaînement de toute la nature
Ne m'accableroit pas comme cette aventure.
C'en est fait.... Mon amour.... Je ne saurois parler.

ÉLIANTE.

Que votre esprit un peu tâche à se rappeler.

ALCESTE.

O juste ciel ! Faut-il qu'on joigne à tant de grâces
Les vices odieux des âmes les plus basses?

ÉLIANTE.

Mais encor, qui vous peut....

ALCESTE.

Ah ! tout est ruiné ;
Je suis, je suis trahi, je suis assassiné !
Célimène.... Eût-on pu croire cette nouvelle?
Célimène me trompe, et n'est qu'une infidèle.

ÉLIANTE.

Avez-vous, pour le croire, un juste fondement?

PHILINTE.

Peut-être est-ce un soupçon conçu légèrement;
Et votre esprit jaloux prend parfois des chimères....

ALCESTE.

Ah! morbleu! mêlez-vous, monsieur, de vos affaires.

(A Éliante.)

C'est de sa trahison n'être que trop certain,
Que l'avoir, dans ma poche, écrite de sa main.
Oui, madame, une lettre écrite pour Oronte
A produit à mes yeux ma disgrâce et sa honte;
Oronte, dont j'ai cru qu'elle fuyoit les soins,
Et que de mes rivaux je redoutois le moins.

ACTE IV, SCÈNE II.

PHILINTE.

Une lettre peut bien tromper par l'apparence,
Et n'est pas quelquefois si coupable qu'on pense.

ALCESTE.

Monsieur, encore un coup, laissez-moi, s'il vous plaît,
Et ne prenez souci que de votre intérêt.

ÉLIANTE.

Vous devez modérer vos transports, et l'outrage....

ALCESTE.

Madame, c'est à vous qu'appartient cet ouvrage;
C'est à vous que mon cœur a recours aujourd'hui
Pour pouvoir s'affranchir de son cuisant ennui.
Vengez-moi d'une ingrate et perfide parente
Qui trahit lâchement une ardeur si constante;
Vengez-moi de ce trait qui doit vous faire horreur.

ÉLIANTE.

Moi, vous venger? Comment?

ALCESTE.

En recevant mon cœur.
Acceptez-le, madame, au lieu de l'infidèle :
C'est par là que je puis prendre vengeance d'elle;
Et je la veux punir par les sincères vœux,
Par le profond amour, les soins respectueux,
Les devoirs empressés et l'assidu service
Dont ce cœur va vous faire un ardent sacrifice.

ÉLIANTE.

Je compatis, sans doute, à ce que vous souffrez,
Et ne méprise point le cœur que vous m'offrez;
Mais peut-être le mal n'est pas si grand qu'on pense,
Et vous pourrez quitter ce désir de vengeance.
Lorsque l'injure part d'un objet plein d'appas,
On fait force desseins qu'on n'exécute pas;

On a beau voir, pour rompre, une raison puissante,
Une coupable aimée est bientôt innocente ;
Tout le mal qu'on lui veut se dissipe aisément,
Et l'on sait ce que c'est qu'un courroux d'un amant.

ALCESTE.

Non, non, madame, non. L'offense est trop mortelle.
Il n'est point de retour, et je romps avec elle ;
Rien ne sauroit changer le dessein que j'en fais,
Et je me punirois de l'estimer jamais.
La voici. Mon courroux redouble à cette approche.
Je vais de sa noirceur lui faire un vif reproche,
Pleinement la confondre, et vous porter après
Un cœur tout dégagé de ses trompeurs attraits.

SCÈNE III. — CÉLIMÈNE, ALCESTE.

ALCESTE, à part.

O ciel ! de mes transports puis-je être ici le maître ?

CÉLIMÈNE, à part.

(A Alceste.)
Ouais ! Quel est donc le trouble où je vous vois paroître ?
Et que me veulent dire et ces soupirs poussés,
Et ces sombres regards que sur moi vous lancez ?

ALCESTE.

Que toutes les horreurs dont une âme est capable
A vos déloyautés n'ont rien de comparable ;
Que le sort, les démons, et le ciel en courroux,
N'ont jamais rien produit de si méchant que vous.

CÉLIMÈNE.

Voilà certainement des douceurs que j'admire.

ALCESTE.

Ah ! ne plaisantez point, il n'est pas temps de rire.
Rougissez bien plutôt, vous en avez raison ;
Et j'ai de sûrs témoins de votre trahison.
Voilà ce que marquoient les troubles de mon âme ;
Ce n'étoit pas en vain que s'alarmoit ma flamme ;
Par ces fréquens soupçons qu'on trouvoit odieux,
Je cherchois le malheur qu'ont rencontré mes yeux ;
Et, malgré tous vos soins et votre adresse à feindre,
Mon astre me disoit ce que j'avois à craindre.
Mais ne présumez pas que, sans être vengé,
Je souffre le dépit de me voir outragé.
Je sais que sur les vœux on n'a point de puissance,
Que l'amour veut partout naître sans dépendance,
Que jamais par la force on n'entra dans un cœur,
Et que toute âme est libre à nommer son vainqueur.
Aussi ne trouverois-je aucun sujet de plainte,
Si pour moi votre bouche avoit parlé sans feinte ;
Et, rejetant mes vœux dès le premier abord,
Mon cœur n'auroit eu droit de s'en prendre qu'au sort.
Mais d'un aveu trompeur voir ma flamme applaudie,
C'est une trahison, c'est une perfidie
Qui ne sauroit trouver de trop grands châtimens ;
Et je puis tout permettre à mes ressentimens.
Oui, oui, redoutez tout après un tel outrage,
Je ne suis plus à moi, je suis tout à la rage.
Percé du coup mortel dont vous m'assassinez,
Mes sens par la raison ne sont plus gouvernés ;
Je cède aux mouvemens d'une juste colère,
Et je ne réponds pas de ce que je puis faire[1].

---

1. Cette tirade est citée par Voltaire comme une preuve que

CÉLIMÈNE.

D'où vient donc, je vous prie, un tel emportement?
Avez-vous, dites-moi, perdu le jugement?

ALCESTE.

Oui, oui, je l'ai perdu, lorsque dans votre vue
J'ai pris, pour mon malheur, le poison qui me tue,
Et que j'ai cru trouver quelque sincérité
Dans les traîtres appas dont je fus enchanté.

CÉLIMÈNE.

De quelle trahison pouvez-vous donc vous plaindre?

ALCESTE.

Ah! que ce cœur est double, et sait bien l'art de feindre!
Mais, pour le mettre à bout, j'ai des moyens tout prêts.
Jetez ici les yeux, et connoissez vos traits;
Ce billet découvert suffit pour vous confondre,
Et, contre ce témoin, on n'a rien à répondre.

CÉLIMÈNE.

Voilà donc le sujet qui vous trouble l'esprit?

ALCESTE.

Vous ne rougissez pas en voyant cet écrit!

CÉLIMÈNE.

Et par quelle raison faut-il que j'en rougisse?

ALCESTE.

Quoi! vous joignez ici l'audace à l'artifice!
Le désavouerez-vous, pour n'avoir point de seing?

CÉLIMÈNE.

Pourquoi désavouer un billet de ma main?

---

comédie peut s'élever jusqu'au ton de la tragédie. Après cela, la fureur d'Alceste ne pourra que décroître, et Célimène, qui est sûre de son empire, ne s'émeut pas; elle cherche seulement à pénétrer la cause de cette indignation pour régler habilement sa conduite.

CÉLIMÈNE. — Voilà donc le sujet qui vous trouble l'esprit (Page 134.)

ACTE IV, SCÈNE III.

ALCESTE.

Et vous pouvez le voir, sans demeurer confuse
Du crime dont vers moi son style vous accuse!

CÉLIMÈNE.

Vous êtes, sans mentir, un grand extravagant.

ALCESTE.

Quoi! vous bravez ainsi ce témoin convaincant!
Et ce qu'il m'a fait voir de douceur pour Oronte
N'a donc rien qui m'outrage, et qui vous fasse honte?

CÉLIMÈNE.

Oronte, qui vous dit que la lettre est pour lui?

ALCESTE.

Les gens qui, dans mes mains, l'ont remise aujourd'hui.
Mais je veux consentir qu'elle soit pour un autre :
Mon cœur en a-t-il moins à se plaindre du vôtre?
En serez-vous vers moi moins coupable en effet?

CÉLIMÈNE.

Mais si c'est une femme à qui va ce billet,
En quoi vous blesse-t-il, et qu'a-t-il de coupable?

ALCESTE.

Ah! le détour est bon, et l'excuse admirable.
Je ne m'attendois pas, je l'avoue, à ce trait,
Et me voilà, par là, convaincu tout à fait.
Osez-vous recourir à ces ruses grossières?
Et croyez-vous les gens si privés de lumières?
Voyons, voyons un peu par quel biais, de quel air,
Vous voulez soutenir un mensonge si clair;
Ajustez, pour couvrir un manquement de foi,
Ce que je m'en vais lire....

CÉLIMÈNE.

     Il ne me plaît pas, moi [1].

---

1. Molière rentre par ce trait habile dans la comédie; le pathé-

Je vous trouve plaisant d'user d'un tel empire,
Et de me dire au nez ce que vous m'osez dire.

ALCESTE.

Non, non, sans s'emporter, prenez un peu souci
De me justifier les termes que voici.

CÉLIMÈNE.

Non, je n'en veux rien faire ; et, dans cette occurrence,
Tout ce que vous croirez m'est de peu d'importance.

ALCESTE.

De grâce, montrez-moi, je serai satisfait,
Qu'on peut pour une femme expliquer ce billet.

CÉLIMÈNE.

Non, il est pour Oronte, et je veux qu'on le croie.
Je reçois tous ses soins avec beaucoup de joie.
J'admire ce qu'il dit, j'estime ce qu'il est,
Et je tombe d'accord de tout ce qu'il vous plaît.
Faites, prenez parti, que rien ne vous arrête,
Et ne me rompez pas davantage la tête.

ALCESTE, à part.

Ciel ! rien de plus cruel peut-il être inventé ?
Et jamais cœur fut-il de la sorte traité ?
Quoi ! d'un juste courroux je suis ému contre elle,
C'est moi qui me viens plaindre, et c'est moi qu'on querelle
On pousse ma douleur et mes soupçons à bout,
On me laisse tout croire, on fait gloire de tout ;
Et cependant mon cœur est encore assez lâche
Pour ne pouvoir briser la chaîne qui l'attache,

---

tique du rôle d'Alceste allait faire tourner la scène aux larmes. Dès ce moment Alceste va reculer devant le ton décidé de Célimène, mêlé cependant à une nuance habile d'affection. La scène de Dubois viendra terminer gaiement cet acte dramatique et animé par la colère, la tendresse vraie d'Alceste et la faiblesse naturelle aux passions violentes.

Et pour ne pas s'armer d'un généreux mépris
Contre l'ingrat objet dont il est trop épris!
(à Célimène.)
Ah! que vous savez bien ici, contre moi-même,
Perfide, vous servir de ma foiblesse extrême,
Et ménager pour vous l'excès prodigieux
De ce fatal amour né de vos traîtres yeux!
Défendez-vous au moins d'un crime qui m'accable,
Et cessez d'affecter d'être envers moi coupable.
Rendez-moi, s'il se peut, ce billet innocent;
A vous prêter les mains ma tendresse consent.
Efforcez-vous ici de paroître fidèle,
Et je m'efforcerai, moi, de vous croire telle.

CÉLIMÈNE.

Allez, vous êtes fou dans vos transports jaloux,
Et ne méritez pas l'amour qu'on a pour vous.
Je voudrois bien savoir qui pourroit me contraindre
A descendre pour vous aux bassesses de feindre;
Et pourquoi, si mon cœur penchoit d'autre côté,
Je ne le dirois pas avec sincérité.
Quoi! de mes sentimens l'obligeante assurance
Contre tous vos soupçons ne prend pas ma défense?
Auprès d'un tel garant, sont-ils de quelque poids?
N'est-ce pas m'outrager que d'écouter leur voix?
Allez de tels soupçons méritent ma colère,
Et vous ne valez pas que l'on vous considère.
Je suis sotte, et veux mal à ma simplicité
De conserver encor pour vous quelque bonté;
Je devrais autre part attacher mon estime,
Et vous faire un sujet de plainte légitime.

ALCESTE.

Ah! traîtresse! mon foible est étrange pour vous;

Vous me trompez, sans doute, avec des mots si doux ;
Mais il n'importe, il faut suivre ma destinée :
A votre foi mon âme est toute abandonnée ;
Je veux voir jusqu'au bout quel sera votre cœur,
Et si de me trahir il aura la noirceur.

CÉLIMÈNE.

Non, vous ne m'aimez point comme il faut que l'on aime.

ALCESTE.

Ah! rien n'est comparable à mon amour extrême ;
Et, dans l'ardeur qu'il a de se montrer à tous,
Il va jusqu'à former des souhaits contre vous.
Oui, je voudrois qu'aucun ne vous trouvât aimable,
Que vous fussiez réduite en un sort misérable ;
Que le ciel, en naissant, ne vous eût donné rien ;
Que vous n'eussiez ni rang, ni naissance, ni bien,
Afin que de mon cœur l'éclatant sacrifice
Vous pût d'un pareil sort réparer l'injustice,
Et que j'eusse la joie et la gloire en ce jour
De vous voir tenir tout des mains de mon amour.

CÉLIMÈNE.

C'est me vouloir du bien d'une étrange manière !
Me préserve le ciel que vous ayez matière....
Voici monsieur Dubois plaisamment figuré.

SCÈNE IV. — CÉLIMÈNE, ALCESTE, DUBOIS.

ALCESTE.

Que veut cet équipage et cet air effaré ?
Qu'as-tu ?

ACTE IV, SCÈNE IV.

DUBOIS.

Monsieur....

ALCESTE.

Hé bien?

DUBOIS.

Voici bien des mystères.

ALCESTE.

Qu'est-ce?

DUBOIS.

Nous sommes mal, monsieur, dans nos affaires.

ALCESTE.

Quoi?

DUBOIS.

Parlerai-je haut?

ALCESTE.

Oui, parle, et promptement.

DUBOIS.

N'est-il point là quelqu'un?

ALCESTE.

Ah! que d'amusement!

Veux-tu parler?

DUBOIS.

Monsieur, il faut faire retraite.

ALCESTE.

Comment?

DUBOIS.

Il faut d'ici déloger sans trompette.

ALCESTE.

Et pourquoi?

DUBOIS.

Je vous dis qu'il faut quitter ce lieu.

ALCESTE.

La cause?

DUBOIS.

Il faut partir, monsieur, sans dire adieu.

ALCESTE.

Mais par quelle raison me tiens-tu ce langage?

DUBOIS.

Par la raison, monsieur, qu'il faut plier bagage.

ALCESTE.

Ah! je te casserai la tête assurément,
Si tu ne veux, maraud, t'expliquer autrement.

DUBOIS.

Monsieur, un homme noir et d'habit et de mine
Est venu nous laisser, jusque dans la cuisine,
Un papier griffonné d'une telle façon
Qu'il faudroit, pour le lire, être pis que démon.
C'est de votre procès, je n'en fais aucun doute;
Mais le diable d'enfer, je crois, n'y verroit goutte.

ALCESTE.

Hé bien! quoi? ce papier, qu'a-t-il à démêler,
Traître, avec le départ dont tu viens me parler?

DUBOIS.

C'est pour vous dire ici, monsieur, qu'une heure ensuite,
Un homme qui souvent vous vient rendre visite,
Est venu vous chercher avec empressement,
Et, ne vous trouvant pas, m'a chargé doucement,
Sachant que je vous sers avec beaucoup de zèle,
De vous dire... Attendez, comment est-ce qu'il s'appelle?

ALCESTE.

Laisse là son nom, traître, et dis ce qu'il t'a dit.

DUBOIS.

C'est un de vos amis, enfin, cela suffit;

ACTE IV, SCÈNE IV.

Il m'a dit que d'ici votre péril vous chasse,
Et que d'être arrêté le sort vous y menace.

ALCESTE.

Mais quoi! n'a-t-il voulu te rien spécifier?

DUBOIS.

Non. Il m'a demandé de l'encre et du papier,
Et vous a fait un mot, où vous pourrez, je pense,
Du fond de ce mystère avoir la connoissance.

ALCESTE.

Donne-le donc.

CÉLIMÈNE.

Que peut envelopper ceci?

ALCESTE.

Je ne sais; mais j'aspire à m'en voir éclairci.
Auras-tu bientôt fait, impertinent au diable?

DUBOIS, *après avoir longtemps cherché le billet.*

Ma foi, je l'ai, monsieur, laissé sur votre table.

ALCESTE.

Je ne sais qui me tient....

CÉLIMÈNE.

Ne vous emportez pas,
Et courez démêler un pareil embarras.

ALCESTE.

Il semble que le sort, quelque soin que je prenne,
Ait juré d'empêcher que je vous entretienne;
Mais, pour en triompher, souffrez à mon amour
De vous revoir, madame, avant la fin du jour[1].

---

1. Ce vers prépare la scène II du V° acte qui commence le châtiment de Célimène. Cette scène termine gaiement le quatrième acte, qui est le plus animé et le plus dramatique de la pièce

ACTE CINQUIÈME.

SCÈNE I. — ALCESTE, PHILINTE.

ALCESTE.
La résolution en est prise, vous dis-je.
PHILINTE.
Mais, quel que soit ce coup, faut-il qu'il vous oblige?...
ALCESTE.
Non, vous avez beau faire et beau me raisonner :
Rien, de ce que je dis, ne me peut détourner :
Trop de perversité règne au siècle où nous sommes,
Et je veux me tirer du commerce des hommes.
Quoi! contre ma partie on voit tout à la fois
L'honneur, la probité, la pudeur et les lois;
On publie en tous lieux l'équité de ma cause;
Sur la foi de mon droit mon âme se repose :
Cependant je me vois trompé par le succès,
J'ai pour moi la justice, et je perds mon procès.
Un traître, dont on sait la scandaleuse histoire,
Est sorti triomphant d'une fausseté noire!
Toute la bonne foi cède à sa trahison!
Il trouve, en m'égorgeant, moyen d'avoir raison!
Le poids de sa grimace, où brille l'artifice,
Renverse le bon droit, et tourne la justice!
Il fait par un arrêt couronner son forfait!

Et, non content encor du tort que l'on me fait,
Il court parmi le monde un livre abominable
Et de qui la lecture est même condamnable;
Un livre à mériter la dernière rigueur,
Dont le fourbe a le front de me faire l'auteur [1] !
Et là-dessus on voit Oronte qui murmure
Et tâche méchamment d'appuyer l'imposture !
Lui, qui d'un honnête homme à la cour tient le rang,
A qui je n'ai rien fait qu'être sincère et franc,
Qui me vient, malgré moi, d'une ardeur empressée,
Sur des vers qu'il a faits demander ma pensée ;
Et parce que j'en use avec honnêteté,
Et ne le veux trahir, lui, ni la vérité,
Il aide à m'accabler d'un crime imaginaire !
Le voilà devenu mon plus grand adversaire !
Et jamais de son cœur je n'aurai de pardon,
Pour n'avoir pas trouvé que son sonnet fût bon !
Et les hommes, morbleu ! sont faits de cette sorte !
C'est à ces actions que la gloire les porte !
Voilà la bonne foi, le zèle vertueux,
La justice et l'honneur que l'on trouve chez eux !
Allons, c'est trop souffrir les chagrins qu'on nous forge :
Tirons-nous de ce bois et de ce coupe-gorge.
Puisque entre humains ainsi vous vivez en vrais loups,
Traîtres ! vous ne m'aurez de ma vie avec vous.

PHILINTE.

Je trouve un peu bien prompt le dessein où vous êtes ;
Et tout le mal n'est pas si grand que vous le faites.

---

1. Allusion à des calomnies semblables qui coururent sur Molière après *Tartuffe*. Cette vraie peinture de la perversité humaine est comique ici, parce qu'Alceste la rattache à une petite affaire ridicule.

Ce que votre partie ose vous imputer
N'a point eu le crédit de vous faire arrêter;
On voit son faux rapport lui-même se détruire,
Et c'est une action qui pourroit bien lui nuire.

ALCESTE.

Lui? de semblables tours il ne craint point l'éclat :
Il a permission d'être franc scélérat;
Et, loin qu'à son crédit nuise cette aventure,
On l'en verra demain en meilleure posture[1].

PHILINTE.

Enfin, il est constant qu'on n'a point trop donné
Au bruit que contre vous sa malice a tourné;
De ce côté déjà vous n'avez rien à craindre :
Et pour votre procès, dont vous pouvez vous plaindre,
Il vous est en justice aisé d'y revenir,
Et contre cet arrêt....

ALCESTE.

Non, je veux m'y tenir.
Quelque sensible tort qu'un tel arrêt me fasse,
Je me garderai bien de vouloir qu'on le casse;
On y voit trop à plein le bon droit maltraité,
Et je veux qu'il demeure à la postérité
Comme une marque insigne, un fameux témoignage
De la méchanceté des hommes de notre âge.
Ce sont vingt mille francs qu'il m'en pourra coûter;
Mais pour vingt mille francs j'aurai droit de pester
Contre l'iniquité de la nature humaine,
Et de nourrir pour elle une immortelle haine.

---

1. Combien de fois, et à toutes les époques, ces héros « de scandaleuses histoires » n'ont-ils pas par leur fortune, encore plus scandaleuse, justifié ces boutades d'Alceste.

ACTE V, SCÈNE I.

PHILINTE.

Mais enfin....

ALCESTE.

Mais enfin, vos soins sont superflus.
Que pouvez-vous, monsieur, me dire là-dessus?
Aurez-vous bien le front de me vouloir, en face,
Excuser les horreurs de tout ce qui se passe?

PHILINTE.

Non, je tombe d'accord de tout ce qu'il vous plaît :
Tout marche par cabale et par pur intérêt;
Ce n'est plus que la ruse aujourd'hui qui l'emporte,
Et les hommes devroient être faits d'autre sorte.
Mais est-ce une raison que leur peu d'équité,
Pour vouloir se tirer de leur société?
Tous ces défauts humains nous donnent, dans la vie,
Des moyens d'exercer notre philosophie :
C'est le plus bel emploi que trouve la vertu;
Et, si de probité tout étoit revêtu,
Si tous les cœurs étoient francs, justes et dociles,
La plupart des vertus nous seroient inutiles,
Puisqu'on en met l'usage à pouvoir, sans ennui,
Supporter dans nos droits l'injustice d'autrui;
Et, de même qu'un cœur d'une vertu profonde....

ALCESTE.

Je sais que vous parlez, monsieur, le mieux du monde;
En beaux raisonnemens vous abondez toujours;
Mais vous perdez le temps et tous vos beaux discours.
La raison, pour mon bien, veut que je me retire :
Je n'ai point sur ma langue un assez grand empire;
De ce que je dirois je ne répondrois pas,
Et je me jetterois cent choses sur les bras.

Laissez-moi, sans dispute, attendre Célimène.
Il faut qu'elle consente au dessein qui m'amène ;
Je vais voir si son cœur a de l'amour pour moi,
Et c'est ce moment-ci qui doit m'en faire foi.

PHILINTE.

Montons chez Éliante, attendant sa venue.

ALCESTE.

Non : de trop de souci je me sens l'âme émue.
Allez-vous-en la voir, et me laissez enfin
Dans ce petit coin sombre avec mon noir chagrin.

PHILINTE.

C'est une compagnie étrange pour attendre ;
Et je vais obliger Éliante à descendre.

SCÈNE II. — CÉLIMÈNE, ORONTE, ALCESTE.

ORONTE.

Oui, c'est à vous de voir si, par des nœuds si doux,
Madame, vous voulez m'attacher tout à vous.
Il me faut de votre âme une pleine assurance :
Un amant là-dessus n'aime point qu'on balance.
Si l'ardeur de mes feux a pu vous émouvoir,
Vous ne devez point feindre à me le faire voir :
Et la preuve, après tout, que je vous en demande,
C'est de ne plus souffrir qu'Alceste vous prétende ;
De le sacrifier, madame, à mon amour,
Et de chez vous enfin le bannir de ce jour.

CÉLIMÈNE.

Mais quel sujet si grand contre lui vous irrite,
Vous à qui j'ai tant vu parler de son mérite?

ORONTE.

Madame, il ne faut point ces éclaircissemens ;
Il s'agit de savoir quels sont vos sentimens.
Choisissez, s'il vous plaît, de garder l'un ou l'autre ;
Ma résolution n'attend rien que la vôtre.

ALCESTE, sortant du coin où il étoit.

Oui, monsieur a raison ; madame, il faut choisir,
Et sa demande ici s'accorde à mon désir.
Pareille ardeur me presse, et même soin m'amène ;
Mon amour veut du vôtre une marque certaine :
Les choses ne sont plus pour traîner en longueur,
Et voici le moment d'expliquer votre cœur.

ORONTE.

Je ne veux point, monsieur, d'une flamme importune
Troubler aucunement votre bonne fortune.

ALCESTE.

Je ne veux point, monsieur, jaloux ou non jaloux,
Partager de son cœur rien du tout avec vous.

ORONTE.

Si votre amour au mien lui semble préférable [1]....

ALCESTE.

Si du moindre penchant elle est pour vous capable....

ORONTE.

Je jure de n'y rien prétendre désormais.

ALCESTE.

Je jure hautement de ne la voir jamais.

ORONTE.

Madame, c'est à vous de parler sans contrainte.

---

1. Les deux rivaux disent la même chose, et cependant combien leur langage, conforme à leur caractère, est différent. Ce sont des nuances précieuses à étudier.

ALCESTE.
Madame, vous pouvez vous expliquer sans crainte.
ORONTE.
Vous n'avez qu'à nous dire où s'attachent vos vœux.
ALCESTE.
Vous n'avez qu'à trancher, et choisir de nous deux.
ORONTE.
Quoi ! sur un pareil choix vous semblez être en peine !
ALCESTE.
Quoi ! votre âme balance et paroît incertaine !
CÉLIMÈNE.
Mon Dieu ! que cette instance est là hors de saison,
Et que vous témoignez tous deux peu de raison !
Je sais prendre parti sur cette préférence,
Et ce n'est pas mon cœur maintenant qui balance :
Il n'est point suspendu, sans doute, entre vous deux,
Et rien n'est sitôt fait que le choix de nos vœux.
Mais je souffre, à vrai dire, une gêne trop forte
A prononcer en face un aveu de la sorte :
Je trouve que ces mots qui sont désobligeans,
Ne se doivent point dire en présence des gens ;
Qu'un cœur de son penchant donne assez de lumière,
Sans qu'on nous fasse aller jusqu'à rompre en visière.
ORONTE.
Non, non, un franc aveu n'a rien que j'appréhende,
J'y consens pour ma part.
ALCESTE.
Et moi, je le demande ;
C'est son éclat surtout qu'ici j'ose exiger,
Et je ne prétends point vous voir rien ménager.
Conserver tout le monde est votre grande étude :
Mais plus d'amusement, et plus d'incertitude ;

Il faut vous expliquer nettement là-dessus,
Ou bien pour un arrêt je prends votre refus ;
Je saurai, de ma part, expliquer ce silence,
Et me tiendrai pour dit tout le mal que j'en pense.

ORONTE.

Je vous sais fort bon gré, monsieur, de ce courroux,
Et je lui dis ici même chose que vous.

CÉLIMÈNE.

Que vous me fatiguez avec un tel caprice !
Ce que vous demandez a-t-il de la justice ?
Et ne vous dis-je pas quel motif me retient ?
J'en vais prendre pour juge Éliante qui vient.

SCÈNE III. — ÉLIANTE, PHILINTE, CÉLIMÈNE,
ORONTE, ALCESTE.

CÉLIMÈNE.

Je me vois, ma cousine, ici persécutée
Par des gens dont l'humeur y paraît concertée.
Ils veulent, l'un et l'autre, avec même chaleur,
Que je prononce entre eux le choix que fait mon cœur ;
Et que par un arrêt qu'en face il me faut rendre,
Je défende à l'un d'eux tous les soins qu'il peut prendre.
Dites-moi si jamais cela se fait ainsi.

ÉLIANTE.

N'allez-point là-dessus me consulter ici :
Peut-être y pourriez-vous être mal adressée,
Et je suis pour les gens qui disent leur pensée [1].

---

1. L'embarras de Célimène augmente ; avec quel art Molière sait ménager cette situation et soutenir l'intérêt. Dans la scène sui-

ORONTE.

Madame, c'est en vain que vous vous défendez.

ALCESTE.

Tous vos détours ici seront mal secondés.

ORONTE.

Il faut, il faut parler, et lâcher la balance.

ALCESTE.

Il ne faut que poursuivre à garder le silence.

ORONTE.

Je ne veux qu'un seul mot pour finir nos débats.

ALCESTE.

Et moi, je vous entends, si vous ne parlez pas.

SCÈNE IV. — ARSINOÉ, CÉLIMÈNE, ÉLIANTE, ALCESTE, PHILINTE, ACASTE, CLITANDRE, ORONTE.

ACASTE, à Célimène.

Madame nous venons tous deux, sans vous déplaire,
Éclairer avec vous une petite affaire.

CLITANDRE, à Oronte et à Alceste.

Fort à propos, messieurs, vous vous trouvez ici,
Et vous êtes mêlés dans cette affaire aussi.

ARSINOÉ, à Célimène.

Madame, vous serez surprise de ma vue;
Mais ce sont ces messieurs qui causent ma venue :
Tous deux ils m'ont trouvée, et se sont plaints à moi

vante aura lieu le châtiment par l'explication commencée au IIe acte (scène v), toujours interrompue par diverses circonstances, et toujours reprise par Alceste.

ACTE V, SCÈNE IV.

D'un trait à qui mon cœur ne sauroit prêter foi.
J'ai du fond de votre âme une trop haute estime,
Pour vous croire jamais capable d'un tel crime ;
Mes yeux ont démenti leurs témoins les plus forts,
Et, l'amitié passant sur de petits discords,
J'ai bien voulu chez vous leur faire compagnie,
Pour vous voir vous laver de cette calomnie.

ACASTE.

Oui, madame, voyons d'un esprit adouci
Comment vous vous prendrez à soutenir ceci.
Cette lettre, par vous, est écrite à Clitandre.

CLITANDRE.

Vous avez pour Acaste, écrit ce billet tendre.

ACASTE, à Oronte et à Alceste.

Messieurs, ces traits pour vous n'ont point d'obscurité,
Et je ne doute pas que sa civilité
A connoître sa main n'ait trop su vous instruire ;
Mais ceci vaut assez la peine de le lire.

Vous êtes un étrange homme, de condamner mon enjouement, et de me reprocher que je n'ai jamais tant de joie que lorsque je ne suis pas avec vous. Il n'y a rien de plus injuste : et, si vous ne venez bien vite me demander pardon de cette offense, je ne vous la pardonnerai de ma vie. Notre grand flandrin de vicomte....

Il devrait être ici.

Notre grand flandrin de vicomte, par qui vous commencez vos plaintes, est un homme qui ne sauroit me revenir, et, depuis que je l'ai vu, trois quarts d'heure durant, cracher dans un puits pour faire des ronds, je n'ai jamais pu prendre bonne opinion de lui. Pour le petit marquis....

C'est moi-même, messieurs, sans nulle vanité.

Pour le petit marquis qui me tint hier longtemps la main, je trouve qu'il n'y a rien de si mince que toute sa personne; et ce sont de ces mérites qui n'ont que la cape et l'épée. Pour l'homme aux rubans verts....

(A Alceste.) A vous le dé, monsieur.

Pour l'homme aux rubans verts, il me divertit quelquefois avec ses brusqueries et son chagrin bourru; mais il est cent momens où je le trouve le plus fâcheux du monde. Et pour l'homme à la veste....

(A Oronte.) Voici votre paquet.

Et pour l'homme à la veste, qui s'est jeté dans le bel esprit et veut être auteur malgré tout le monde, je ne puis me donner la peine d'écouter ce qu'il dit; et sa prose me fatigue autant que ses vers. Mettez-vous donc en tête que je ne me divertis pas toujours si bien que vous pensez; que je vous trouve à dire, plus que je ne voudrois, dans toutes les parties où l'on m'entraîne; et que c'est un merveilleux assaisonnement aux plaisirs qu'on goûte, que la présence des gens qu'on aime.

CLITANDRE. — Me voici maintenant, moi.

Votre Clitandre dont vous me parlez, et qui fait tant le doucereux, est le dernier des hommes pour qui j'aurois de l'amitié. Il est extravagant de se persuader qu'on l'aime, et vous l'êtes de croire qu'on ne vous aime pas. Changez, pour être raisonnable, vos sentimens contre les siens ; et voyez-moi le plus que vous pourrez, pour m'aider à porter le chagrin d'en être obsédée.

D'un fort beau caractère on voit là le modèle,
Madame, et vous savez comment cela s'appelle.
Il suffit. Nous allons l'un et l'autre en tous lieux
Montrer de votre cœur le portrait glorieux.

ACASTE.

J'aurois de quoi vous dire, et belle est la matière ;
Mais je ne vous tiens pas digne de ma colère ;
Et je vous ferai voir que les petits marquis
Ont, pour se consoler, des cœurs du plus haut prix [1].

SCÈNE V. — CÉLIMÈNE, ÉLIANTE, ARSINOÉ,
ALCESTE, ORONTE, PHILINTE.

ORONTE.

Quoi ! de cette façon je vois qu'on me déchire,
Après tout ce qu'à moi je vous ai vu m'écrire !
Et votre cœur, paré de beaux semblans d'amour,
A tout le genre humain se promet tour à tour !
Allez, j'étois trop dupe, et je ne veux plus l'être ;
Vous me faites un bien, me faisant vous connoître :
J'y profite d'un cœur qu'ainsi vous me rendez,
Et trouve ma vengeance en ce que vous perdez.

(A Alceste.)

Monsieur, je ne fais plus d'obstacle à votre flamme,
Et vous pouvez conclure affaire avec madame.

---

1. Acaste, pour les contemporains, était Lauzun, le futur mari de la Grande Mademoiselle, et Clitandre, le comte de Guiche.

SCÈNE VI. — CÉLIMÈNE, ÉLIANTE, ARSINOÉ, ALCESTE, PHILINTE.

ARSINOÉ, à Célimène.

Certes, voilà le trait du monde le plus noir :
Je ne m'en saurois taire, et me sens émouvoir.
Voit-on des procédés qui soient pareils aux vôtres?
Je ne prends point de part aux intérêts des autres ;
(Montrant Alceste.)
Mais, monsieur que chez vous fixoit votre bonheur,
Un homme, comme lui, de mérite et d'honneur,
Et qui vous chérissoit avec idolâtrie,
Devoit-il ?...

ALCESTE.

Laissez-moi, madame, je vous prie,
Vider mes intérêts moi-même là-dessus ;
Et ne vous chargez point de ces soins superflus.
Mon cœur a beau vous voir prendre ici sa querelle,
Il n'est point en état de payer ce grand zèle,
Et ce n'est pas à vous que je pourrai songer,
Si, par un autre choix, je cherche à me venger[1].

ARSINOÉ.

Hé! croyez-vous, monsieur, qu'on ait cette pensée,
Et que de vous avoir on soit tant empressée?
Je vous trouve un esprit bien plein de vanité,
Si de cette créance il peut s'être flatté.
Le rebut de madame est une marchandise

---

1. Alceste, tout en se montrant conséquent avec son caractère par cette rude franchise envers Arsinoé, donne une nouvelle preuve d'affection à Célimène : il la venge de son ennemie.

ACTE V, SCÈNE VI.

Dont on auroit grand tort d'être si fort éprise.
Détrompez-vous, de grâce, et portez-le moins haut :
Ce ne sont pas des gens comme moi qu'il vous faut.
Vous ferez bien encor de soupirer pour elle,
Et je brûle de voir une union si belle.

SCÈNE VII. — CÉLIMÈNE, ÉLIANTE, ALCESTE, PHILINTE.

ALCESTE, à Célimène.

Hé bien ! je me suis tu, malgré ce que je vois,
Et j'ai laissé parler tout le monde avant moi.
Ai-je pris sur moi-même un assez long empire ?
Et puis-je maintenant....

CÉLIMÈNE.

Oui, vous pouvez tout dire ;
Vous en êtes en droit, lorsque vous vous plaindrez,
Et de me reprocher tout ce que vous voudrez.
J'ai tort, je le confesse ; et mon âme confuse
Ne cherche à vous payer d'aucune vaine excuse.
J'ai des autres ici méprisé le courroux ;
Mais je tombe d'accord de mon crime envers vous.
Votre ressentiment sans doute est raisonnable :
Je sais combien je dois vous paroître coupable,
Que toute chose dit que j'ai pu vous trahir,
Et qu'enfin vous avez sujet de me haïr.
Faites-le, j'y consens[1].

ALCESTE.

Hé ! le puis-je, traîtresse ?

1. Les courtisans ont fui Célimène ; il ne lui reste qu'Alceste, elle va essayer une dernière fois son pouvoir sur lui.

Puis-je ainsi triompher de toute ma tendresse ?
Et quoique avec ardeur je veuille vous haïr,
Trouvé-je un cœur en moi tout prêt à m'obéir ?
(A Éliante et à Philinte.)
Vous voyez ce que peut une indigne tendresse,
Et je vous fais tous deux témoins de ma faiblesse.
Mais à vous dire vrai, ce n'est pas encor tout
Et vous allez me voir la pousser jusqu'au bout,
Montrer que c'est à tort que sages on nous nomme,
Et que dans tous les cœurs il est toujours de l'homme.
(A Célimène.)
Oui, je veux bien, perfide, oublier vos forfaits ;
J'en saurai, dans mon âme, excuser tous les traits,
Et me les couvrirai du nom d'une faiblesse
Où le vice du temps porte votre jeunesse,
Pourvu que votre cœur veuille donner les mains
Au dessein que j'ai fait de fuir tous les humains,
Et que dans mon désert, où j'ai fait vœu de vivre,
Vous soyez, sans tarder, résolue à me suivre.
C'est par là seulement que, dans tous les esprits,
Vous pouvez réparer le mal de vos écrits,
Et qu'après cet éclat qu'un noble cœur abhorre,
Il peut m'être permis de vous aimer encore.

CÉLIMÈNE.

Moi, renoncer au monde avant que de vieillir,
Et dans votre désert aller m'ensevelir !

ALCESTE.

Et s'il faut qu'à mes feux votre flamme réponde,
Que vous doit importer tout le reste du monde ?
Vos désirs avec moi ne sont-ils pas contents ?

CÉLIMÈNE.

La solitude effraye une âme de vingt ans.

Je ne sens pas la mienne assez grande, assez forte,
Pour me résoudre à prendre un dessein de la sorte.
Si le don de ma main peut contenter vos vœux,
Je pourrai me résoudre à serrer de tels nœuds;
Et l'hymen....
ALCESTE.
Non; mon cœur à présent vous déteste,
Et ce refus lui seul fait plus que tout le reste.
Puisque vous n'êtes point, en des liens si doux,
Pour trouver tout en moi, comme moi tout en vous,
Allez, je vous refuse; et ce sensible outrage
De vos indignes fers pour jamais me dégage[1].

SCÈNE VIII. — ÉLIANTE, ALCESTE, PHILINTE.

ALCESTE, à Éliante.
Madame, cent vertus ornent votre beauté,
Et je n'ai vu qu'en vous de la sincérité;
De vous, depuis longtemps, je fais un cas extrême;
Mais laissez-moi toujours vous estimer de même;
Et souffrez que mon cœur, dans ses troubles divers,
Ne se présente point à l'honneur de vos fers;
Je m'en sens trop indigne, et commence à connoître
Que le ciel pour ce nœud ne m'avoit point fait naître;
Que ce seroit pour vous un hommage trop bas,
Que le rebut d'un cœur qui ne vous valoit pas;
Et qu'enfin....
ÉLIANTE.
Vous pouvez suivre cette pensée:

---

1. Encore une allusion à la propre histoire de Molière; il y eut une séparation de huit années entre sa femme et lui.

Ma main de se donner n'est pas embarrassée,
Et voilà votre ami, sans trop m'inquiéter,
Qui, si je l'en priois, la pourroit accepter.

PHILINTE.

Ah! cet honneur, madame, est toute mon envie,
Et j'y sacrifierois et mon sang et ma vie.

ALCESTE.

Puissiez-vous pour goûter de vrais contentemens,
L'un pour l'autre, à jamais, garder ces sentimens!
Trahi de toutes parts, accablé d'injustices,
Je vais sortir d'un gouffre où triomphent les vices,
Et chercher, sur la terre, un endroit écarté,
Où d'être homme d'honneur on ait la liberté.

PHILINTE.

Allons, madame, allons employer toute chose
Pour rompre le dessein que son cœur se propose[1].

---

1. « Dénoûment admirable, a dit M. E. Rambert, qui laisse sur ce drame le mystère enchanteur de la poésie. D'ordinaire, une pièce se termine par une conclusion positive et prosaïque, comme toutes les nécessités de la vie, un mariage, une séparation, une mort. Ici tout est achevé, et pourtant rien n'est conclu; le dernier mot du poëte est un mot de doute et d'espérance. » Remarquons encore l'art avec lequel Molière a groupé tous ses personnages autour d'Alceste : Célimène par sa vanité, Arsinoé par ses faux calculs; Philinte et Éliante par leur penchant pour la vertu; Oronte, Cléonte et Clitandre pour leurs relations avec Célimène. Alcesté seul soutient la pièce par son caractère, sans valet, sans intrigue.

On admet généralement partout le *Misanthrope* comme le chef-d'œuvre de la haute comédie.

FIN DU MISANTHROPE.

LE
MÉDECIN MALGRÉ LUI

COMÉDIE

1666

PERSONNAGES.

GÉRONTE, père de Lucinde.

LUCINDE, fille de Géronte.

LÉANDRE, amant de Lucinde.

SGANARELLE, mari de Martine. (Molière.)

MARTINE, femme de Sganarelle.

M. ROBERT, voisin de Sganarelle.

VALÈRE, domestique de Géronte.

LUCAS, mari de Jacqueline.

JACQUELINE, nourrice chez Géronte, et femme de Lucas.

THIBAUT, père de Perrin, } paysans.
PERRIN, fils de Thibaut,

LE MÉDECIN MALGRÉ LUI.

COMÉDIE[1].

ACTE PREMIER.

Le théâtre représente une forêt.

SCÈNE I. — SGANARELLE, MARTINE.

SGANARELLE. — Non, je te dis que je n'en veux rien faire, et que c'est à moi de parler et d'être le maître.

MARTINE. — Et je te dis, moi, que je veux que tu vives à ma fantaisie, et que je ne me suis point mariée avec toi pour souffrir tes fredaines.

SGANARELLE. — O la grande fatigue que d'avoir une femme ! et qu'Aristote a bien raison, quand il dit qu'une femme est pire qu'un démon !

---

1. Le *Médecin malgré lui* fut représenté sur le théâtre du Palais-Royal le 6 août 1666. — Cette comédie rappelle un fabliau du douzième siècle, *le Vilain mire* (*le Rustre médecin*), que, peut-être, Molière n'a pas connu. Il l'avait probablement déjà représentée sous divers titres : le *Fagotier* (1661), le *Fagoteux* (1663), le *Médecin par force* (1664) avant d'en faire le *Médecin malgré lui*,

MARTINE. — Voyez un peu l'habile homme, avec son benêt d'Aristote.

SGANARELLE. — Oui, habile homme. Trouve-moi un faiseur de fagots qui sache, comme moi, raisonner des choses; qui ait servi six ans un fameux médecin, et qui ait su, dans son jeune âge, son rudiment par cœur.

MARTINE. — Peste du fou fieffé!

SGANARELLE. — Peste de la carogne!

MARTINE. — Que maudits soient l'heure et le jour où je m'avisai d'aller dire oui!

SGANARELLE. — Que maudit soit le bec cornu de notaire qui me fit signer ma ruine!

MARTINE. — C'est bien à toi, vraiment, à te plaindre de cette affaire! Devrois-tu être un seul moment sans rendre grâces au ciel de m'avoir pour ta femme; et méritois-tu d'épouser une personne comme moi?

SGANARELLE. — Il est vrai que tu me fis trop d'honneur!... Hé! morbleu! ne me fais point parler là-dessus. Je dirois de certaines choses....

MARTINE. — Quoi? Que dirois-tu?

SGANARELLE. — Baste! laissons là ce chapitre. Il suffit que nous savons ce que nous savons, et que tu fus bien heureuse de me trouver.

MARTINE. — Qu'appelles-tu bien heureuse de te trouver? Un homme qui me réduit à l'hôpital, un débauché, un traître, qui me mange tout ce que j'ai!

SGANARELLE. — Tu as menti, j'en bois une partie.

MARTINE. — Qui me vend, pièce à pièce, tout ce qui est dans le logis.

SGANARELLE. — C'est vivre de ménage.

MARTINE. — Qui m'a ôté jusqu'au lit que j'avois!

SGANARELLE. — Tu t'en lèveras plus matin.

MARTINE. — Enfin, qui ne laisse aucun meuble dans toute la maison !

SGANARELLE. — On en déménage plus aisément.

MARTINE. — Et qui, du matin jusqu'au soir, ne fait que jouer et que boire !

SGANARELLE. — C'est pour ne me point ennuyer.

MARTINE. — Et que veux-tu, pendant ce temps, que je fasse avec ma famille ?

SGANARELLE. — Tout ce qu'il te plaira.

MARTINE. — J'ai quatre pauvres petits enfans sur les bras....

SGANARELLE. — Mets-les à terre.

MARTINE. — Qui me demandent à toute heure du pain.

SGANARELLE. — Donne-leur le fouet. Quand j'ai bien bu et bien mangé, je veux que tout le monde soit soûl dans ma maison.

MARTINE. — Et tu prétends, ivrogne, que les choses aillent toujours de même ?

SGANARELLE. — Ma femme, allons tout doucement, s'il vous plaît.

MARTINE. — Que j'endure éternellement tes insolences et tes débauches ?

SGANARELLE. — Ne nous emportons point, ma femme.

MARTINE. — Et que je ne sache pas trouver le moyen de te ranger à ton devoir ?

SGANARELLE. — Ma femme, vous savez que je n'ai pas l'âme endurante, et que j'ai le bras assez bon.

MARTINE. — Je me moque de tes menaces.

SGANARELLE. — Ma petite femme, ma mie, votre peau vous démange, à votre ordinaire.

MARTINE. — Je te montrerai bien que je ne te crains nullement.

SGANARELLE. — Ma chère moitié, vous avez envie de me dérober quelque chose.

MARTINE. — Crois-tu que je m'épouvante de tes paroles ?

SGANARELLE. — Doux objet de mes vœux, je vous frotterai les oreilles.

MARTINE. — Ivrogne que tu es !

SGANARELLE. — Je vous battrai.

MARTINE. — Sac à vin !

SGANARELLE. — Je vous rosserai.

MARTINE. — Infâme !

SGANARELLE. — Je vous étrillerai.

MARTINE. — Traître, insolent, trompeur, lâche, coquin, pendard, gueux, bélître, fripon, maraud, voleur....

SGANARELLE. — Ah ! vous en voulez donc[1] ? (Sganarelle prend un bâton et bat sa femme.)

MARTINE, criant. — Ah ! ah ! ah ! ah !

SGANARELLE. — Voilà le vrai moyen de vous apaiser.

SCÈNE II. — M. ROBERT, SGANARELLE, MARTINE.

MONSIEUR ROBERT. — Holà ! holà ! holà ! Fi ! Qu'est ceci ? Quelle infamie ! Peste soit le coquin, de battre ainsi sa femme !

MARTINE, à M. Robert, les mains sur les côtés, elle lui parle en le faisant reculer. — Et je veux qu'il me batte, moi.

MONSIEUR ROBERT. Ah ! j'y consens de tout mon cœur.

MARTINE. — De quoi vous mêlez-vous ?

---

1. Ce dialogue est des plus comiques parce qu'il est vrai.

ACTE I, SCÈNE I.

MONSIEUR ROBERT. — J'ai tort.

MARTINE. — Est-ce là votre affaire?

MONSIEUR ROBERT. — Vous avez raison.

MARTINE. — Voyez un peu cet impertinent, qui veut empêcher les maris de battre leurs femmes!

MONSIEUR ROBERT. — Je me rétracte.

MARTINE. — Qu'avez-vous à voir là-dessus?

MONSIEUR ROBERT. — Rien.

MARTINE. — Est-ce à vous d'y mettre le nez?

MONSIEUR ROBERT. — Non.

MARTINE. — Mêlez-vous de vos affaires.

MONSIEUR ROBERT. — Je ne dis plus mot.

MARTINE. — Il me plaît d'être battue.

MONSIEUR ROBERT. — D'accord.

MARTINE. — Ce n'est pas à vos dépens.

MONSIEUR ROBERT. — Il est vrai.

MARTINE. — Et vous êtes un sot de venir vous fourrer où vous n'avez que faire (Elle lui donne un soufflet.)

MONSIEUR ROBERT, à Sganarelle, qui pareillement lui parle en le faisant reculer, le frappe avec le même bâton et le met en fuite. Compère, je vous demande pardon de tout mon cœur. Faites, rossez, battez comme il faut votre femme; je vous aiderai, si vous le voulez.

SGANARELLE. Il ne me plaît pas, moi.

MONSIEUR ROBERT. — Ah! c'est une autre chose.

SGANARELLE. — Je la veux battre, si je le veux; et ne la veux pas battre, si je ne le veux pas.

MONSIEUR ROBERT. — Fort bien.

SGANARELLE. — C'est ma femme et non la vôtre.

MONSIEUR ROBERT. — Sans doute.

SGANARELLE. — Vous n'avez rien à me commander.

MONSIEUR ROBERT. — D'accord.

SGANARELLE. — Je n'ai que faire de votre aide.

MONSIEUR ROBERT. — Très-volontiers.

SGANARELLE. — Et vous êtes un impertinent de vous ingérer des affaires d'autrui. Apprenez que Cicéron dit qu'entre l'arbre et le doigt il ne faut point mettre l'écorce. (Il bat M. Robert, et le chasse[1].)

SCÈNE III. — SGANARELLE, MARTINE.

SGANARELLE. — Oh! çà, faisons la paix nous deux. Touche là.

MARTINE. — Oui, après m'avoir ainsi battue!

SGANARELLE. — Cela n'est rien. Touche.

MARTINE. — Je ne veux pas.

SGANARELLE. — Eh?

MARTINE. — Non.

SGANARELLE. — Ma petite femme!

MARTINE. — Point.

SGANARELLE. — Allons, te dis-je.

MARTINE. — Je n'en ferai rien.

SGANARELLE. — Viens, viens, viens.

MARTINE. — Non. Je veux être en colère.

SGANARELLE. — Fi! c'est une bagatelle. Allons, allons.

MARTINE. — Laisse-moi là.

SGANARELLE. — Touche, te dis-je.

MARTINE. — Tu m'as trop maltraitée.

SGANARELLE. — Hé bien! va, je te demande pardon; mets là ta main.

---

1. Cette amusante scène épisodique est une sorte de fable en action où rien ne manque, pas même la moralité.

MARTINE. — Je te pardonne; (bas à part) mais tu le payeras.

SGANARELLE. — Tu es une folle de prendre garde à cela. Ce sont petites choses qui sont de temps en temps nécessaires dans l'amitié; et cinq ou six coups de bâton entre gens qui s'aiment, ne font que ragaillardir l'affection. Va, je m'en vais au bois, et je te promets aujourd'hui plus d'un cent de fagots.

SCÈNE IV. — MARTINE, seule.

Va, quelque mine que je fasse, je n'oublierai pas mon ressentiment; et je brûle en moi-même de trouver les moyens de te punir des coups que tu m'as donnés. Je veux une vengeance qui se fasse bien sentir[1].

SCÈNE V. VALÈRE, LUCAS, MARTINE.

LUCAS, à Valère, sans voir Martine. Parguienne! j'avons pris là tous deux une guêble de commission; et je ne sais pas, moi, ce que je pensons attraper.

VALÈRE, à Lucas, sans voir Martine. — Que veux-tu, mon pauvre nourricier? Il faut bien obéir à notre maître; et puis, nous avons intérêt, l'un et l'autre, à la santé de sa fille, notre maîtresse; et sans doute son mariage, différé par sa maladie, nous vaudra quelque récompense. Horace, qui est libéral, a bonne part aux prétentions

---

1. Sganarelle a oublié la querelle après la correction; Martine, qui a été battue, ne songe qu'à la vengeance, qui sera le sujet même de la pièce.

qu'on peut avoir sur sa personne; et, quoiqu'elle ait fait voir de l'amitié pour un certain Léandre, tu sais bien que son père n'a jamais voulu consentir à le recevoir pour son gendre.

MARTINE, rêvant à part, se croyant seule. — Ne puis-je point trouver quelque invention pour me venger?

LUCAS, à Valère — Mais quelle fantaisie s'est-il boutée là dans la tête, puisque les médecins y avont tous pardu leur latin?

VALÈRE, à Lucas. — On trouve quelquefois, à force de chercher, ce qu'on ne trouve pas d'abord; et souvent, en de simples lieux....

MARTINE, se croyant toujours seule. — Oui, il faut que je m'en venge, à quelque prix que ce soit. Ces coups de bâton me reviennent au cœur, je ne les saurois digérer; et.... (Heurtant Valère et Lucas.) Ah! messieurs, je vous demande pardon; je ne vous voyois pas, et cherchois dans ma tête quelque chose qui m'embarrasse.

VALÈRE. — Chacun a ses soins dans le monde, et nous cherchons aussi ce que nous voudrions bien trouver.

MARTINE. — Seroit-ce quelque chose où je vous puisse aider?

VALÈRE. — Cela se pourroit faire; et nous tâchons de rencontrer quelque habile homme, quelque médecin particulier, qui pût donner quelque soulagement à la fille de notre maître, attaquée d'une maladie qui lui a ôté tout d'un coup l'usage de la langue. Plusieurs médecins ont déjà épuisé toute leur science après elle; mais on trouve, parfois, des gens avec des secrets admirables, de certains remèdes particuliers, qui font le plus souvent ce que les autres n'ont su faire; et c'est là ce que nous cherchons.

ACTE I, SCÈNE V. 171

MARTINE, bas, à part. — Ah! que le ciel m'inspire une admirable invention pour me venger de mon pendard! (Haut.) Vous ne pouviez jamais vous mieux adresser pour rencontrer ce que vous cherchez; et nous avons ici un homme, le plus merveilleux homme du monde, pour les maladies désespérées.

VALÈRE. — Eh! de grâce, où pouvons-nous le rencontrer?

MARTINE. — Vous le trouverez maintenant vers ce petit lieu que voilà, qui s'amuse à couper du bois.

LUCAS. — Un médecin qui coupe du bois?

VALÈRE. — Qui s'amuse à cueillir des simples, voulez-vous dire?

MARTINE. — Non. C'est un homme extraordinaire, qui se plaît à cela, fantasque, bizarre, quinteux, et que vous ne prendriez jamais pour ce qu'il est. Il va vêtu d'une façon extravagante, affecte quelquefois de paroître ignorant, tient sa science renfermée, et ne fuit rien tant, tous les jours, que d'exercer les merveilleux talens qu'il a eus du ciel pour la médecine.

VALÈRE. — C'est une chose admirable, que tous les grands hommes ont toujours du caprice, quelque petit grain de folie mêlé à leur science.

MARTINE. — La folie de celui-ci est plus grande qu'on ne peut croire; car elle va parfois jusqu'à vouloir être battu pour demeurer d'accord de sa capacité; et je vous donne avis que vous n'en viendrez pas à bout, qu'il n'avouera jamais qu'il est médecin, s'il se le met en fantaisie, que vous ne preniez chacun un bâton, et ne le réduisiez, à force de coups, à vous confesser à la fin ce qu'il vous cachera d'abord. C'est ainsi que nous en usons, quand nous avons besoin de lui.

VALÈRE. — Voilà une étrange folie !

MARTINE. — Il est vrai; mais, après cela, vous verrez qu'il fait des merveilles.

VALÈRE. — Comment s'appelle-t-il?

MARTINE. — Il s'appelle Sganarelle; mais il est aisé à connoître. C'est un homme qui a une large barbe noire, et qui porte une fraise, avec un habit jaune et vert.

LUCAS. — Un habit jaune et vert! c'est donc le médecin des parroquets?

VALÈRE. — Mais est-il bien vrai qu'il soit si habile que vous le dites ?

MARTINE. — Comment! C'est un homme qui fait des miracles. Il y a six mois qu'une femme fut abandonnée de tous les autres médecins: on la tenoit morte il y avoit déjà six heures et l'on se disposoit à l'ensevelir, lorsqu'on y fit venir de force l'homme dont nous parlons. Il lui mit, l'ayant vue, une petite goutte de je ne sais quoi dans la bouche; et, dans le même instant, elle se leva de son lit, et se mit aussitôt à se promener dans sa chambre, comme si de rien n'eût été.

LUCAS. — Ah!

VALÈRE. — Il falloit que ce fût quelque goutte d'or potable.

MARTINE. — Cela pourroit bien être. Il n'y a pas trois semaines encore qu'un jeune enfant de douze ans tomba du haut du clocher en bas, et se brisa sur le pavé la tête, les bras et les jambes. On n'y eut pas plutôt amené notre homme, qu'il le frotta par tout le corps d'un certain onguent qu'il sait faire; et l'enfant aussitôt se leva sur ses pieds, et courut jouer à la fossette[1].

---

1. Ces récits merveilleux préparent une situation comique pour la scène suivante.

LUCAS. — Ah !

VALÈRE. — Il faut que cet homme-là ait la médecine universelle.

MARTINE. — Qui en doute?

LUCAS. — Tétigué ! v'là justement l'homme qu'il nous faut. Allons vite le charcher.

VALÈRE. — Nous vous remercions du plaisir que vous nous faites.

MARTINE. — Mais souvenez-vous bien, au moins, de l'avertissement que je vous ai donné.

LUCAS. — Hé ! morguenne ! laissez-nous faire. S'il ne tient qu'à battre, la vache est à nous.

VALÈRE, à Lucas. — Nous sommes bien heureux d'avoir fait cette rencontre; et j'en conçois, pour moi, la meilleure espérance du monde.

SCÈNE VI. — SGANARELLE, VALÈRE, LUCAS.

SGANARELLE, chantant derrière le théâtre. La, la, la.

VALÈRE. — J'entends quelqu'un qui chante, et qui coupe du bois.

SGANARELLE, entrant sur le théâtre avec une bouteille à sa main, sans apercevoir Valère ni Lucas. — La, la, la.... Ma foi, c'est assez travaillé pour boire un coup. Prenons un peu d'haleine. (Après avoir bu.) Voilà du bois qui est salé comme tous les diables. (Il chante.)

> Qu'ils sont doux,
> Bouteille jolie,
> Qu'ils sont doux,
> Vos petits glougloux!

Mais mon sort feroit bien des jaloux,
Si vous étiez toujours remplie.
Ah! bouteille, ma mie,
Pourquoi vous videz-vous?

Allons, morbleu! il ne faut point engendrer de mélancolie.

VALÈRE, bas, à part. — Le voilà lui-même.

LUCAS, bas à Valère. — Je pense que vous dites vrai, et que j'avons bouté le nez dessus.

VALÈRE. — Voyons de près.

SGANARELLE, embrassant sa bouteille. — Ah! ma petite friponne, que je t'aime, mon petit bouchon! (Il chante. Apercevant Valère et Lucas qui l'examinent, il baisse la voix.)

Mais mon sort.... feroit.... bien des jaloux,
Si.... (Voyant qu'on l'examine de plus près.)

Que diable! à qui en veulent ces gens-là?

VALÈRE, à Lucas. — C'est lui assurément.

LUCAS, à Valère. — Le v'là tout craché comme on nous l'a défiguré. (Sganarelle pose la bouteille à terre; et, Valère se baissant pour le saluer, comme il croit que c'est à dessein de la prendre, il la met de l'autre côté; Lucas faisant la même chose que Valère, Sganarelle reprend sa bouteille, et la tient contre son estomac, avec divers gestes, qui font un jeu de théâtre.)

SGANARELLE, à part. — Ils consultent en me regardant. Quel dessein auroient-ils?

VALÈRE. — Monsieur, n'est-ce pas vous qui vous appelez Sganarelle?

SGANARELLE. — Hé! Quoi?

VALÈRE. — Je vous demande si ce n'est pas vous qui se nomme Sganarelle?

Monsieur, n'est-ce pas vous qui vous appelez Sganarelle? (Page 174.)

ACTE I, SCÈNE VI.

SGANARELLE, se tournant vers Valère, puis vers Lucas. — Oui et non, selon ce que vous lui voulez.

VALÈRE. — Nous ne voulons que lui faire toutes les civilités que nous pourrons.

SGANARELLE. — En ce cas, c'est moi qui se nomme Sganarelle.

VALÈRE. — Monsieur, nous sommes ravis de vous voir. On nous a adressés à vous pour ce que nous cherchons; et nous venons implorer votre aide, dont nous avons besoin.

SGANARELLE. — Si c'est quelque chose, messieurs, qui dépende de mon petit négoce, je suis tout prêt à vous rendre service.

VALÈRE. — Monsieur, c'est trop de grâce que vous nous faites. Mais, monsieur, couvrez-vous, s'il vous plaît; le soleil pourroit vous incommoder.

LUCAS. — Monsieu, boutez dessus.

SGANARELLE, à part. — Voici des gens bien pleins de cérémonie. (Il se couvre.)

VALÈRE. — Monsieur, il ne faut pas trouver étrange que nous venions à vous; les habiles gens sont toujours recherchés, et nous sommes instruits de votre capacité.

SGANARELLE. — Il est vrai, messieurs, que je suis le premier homme du monde pour faire des fagots.

VALÈRE. —Ah! monsieur....

SGANARELLE. — Je n'y épargne aucune chose, et les fais d'une façon qu'il n'y a rien à dire.

VALÈRE. — Monsieur, ce n'est pas cela dont il est question.

SGANARELLE. — Mais aussi, je les vends cent dix sols le cent.

VALÈRE. — Ne parlons point de cela, s'il vous plaît.

SGANARELLE. — Je vous promets que je ne saurois les donner à moins.

VALÈRE. — Monsieur, nous savons les choses.

SGANARELLE. — Si vous savez les choses, vous savez que je les vends cela.

VALÈRE. — Monsieur, c'est se moquer, que....

SGANARELLE. — Je ne me moque point, je n'en puis rien rabattre.

VALÈRE. — Parlons d'autre façon, de grâce.

SGANARELLE. — Vous en pourrez trouver autre part à moins : il y a fagots et fagots ; mais pour ceux que je fais....

VALÈRE. — Hé! monsieur, laissons là ce discours.

SGANARELLE. — Je vous jure que vous ne les auriez pas, s'il s'en falloit un double.

VALÈRE. — Hé! Fi!

SGANARELLE. — Non, en conscience, vous en payerez cela. Je vous parle sincèrement, et ne suis pas homme à surfaire.

VALÈRE. — Faut-il, monsieur, qu'une personne comme vous s'amuse à ces grossières feintes, s'abaisse à parler de la sorte ? qu'un homme si savant, un fameux médecin, comme vous êtes, veuille se déguiser aux yeux du monde, et tenir enterrés les beaux talens qu'il a?

SGANARELLE, à part. — Il est fou.

VALÈRE. — De grâce, monsieur, ne dissimulez point avec nous.

SGANARELLE. — Comment?

LUCAS. — Tout ce tripotage ne sart de rian ; je savons c'en que je savons.

SGANARELLE. — Quoi donc? Que me voulez-vous dire? Pour qui me prenez-vous?

ACTE I, SCÈNE VI.

VALÈRE. — Pour ce que vous êtes, pour un grand médecin.

SGANARELLE. — Médecin vous-même[1]; je ne le suis point, et je ne l'ai jamais été.

VALÈRE, bas. — Voilà sa folie qui le tient. (Haut.) Monsieur, ne veuillez point nier les choses davantage; et n'en venons point, s'il vous plaît, à de fâcheuses extrémités.

SGANARELLE. — A quoi donc?

VALÈRE. — A de certaines choses dont nous serions marris.

SGANARELLE. — Parbleu! venez-en à tout ce qu'il vous plaira; je ne suis point médecin, et ne sais ce que vous me voulez dire.

VALÈRE, bas. — Je vois bien qu'il faut se servir du remède. (Haut.) Monsieur, encore un coup, je vous prie d'avouer ce que vous êtes.

LUCAS. — Hé! tétigué! ne lantiponnez point davantage et confessez à la franquette que v's êtes médecin.

SGANARELLE, à part. — J'enrage.

VALÈRE. — A quoi bon nier ce qu'on sait?

LUCAS. — Pourquoi toutes ces fraimes-là? A quoi est-ce que ça vous sart?

SGANARELLE. — Messieurs, en un mot, autant qu'en deux mille, je vous dis que je ne suis point médecin.

VALÈRE. — Vous n'êtes point médecin?

SGANARELLE. — Non.

LUCAS. — V'n'êtes pas médecin?

SGANARELLE. — Non, vous dis-je.

---

1. Molière va jusqu'à trouver moyen de faire du mot médecin une sorte d'injure.

VALÈRE. — Puisque vous le voulez, il faut s'y résoudre. (Ils prennent chacun un bâton et le frappent.)

SGANARELLE. — Ah! ah! ah! messieurs, je suis tout ce qu'il vous plaira.

VALÈRE. — Pourquoi, monsieur, nous obligez-vous à cette violence?

LUCAS. — A quoi bon nous bailler la peine de vous battre?

VALÈRE. — Je vous assure que j'en ai tous les regrets du monde.

LUCAS. — Par ma figué, j'en sis fâché, franchement.

SGANARELLE. — Que diable est ceci, messieurs? De grâce, est-ce pour rire, ou si tous deux vous extravaguez, de vouloir que je sois médecin?

VALÈRE. — Quoi! vous ne vous rendez pas encore et vous vous défendez d'être médecin?

SGANARELLE. — Diable emporte si je le suis !

LUCAS. — Il n'est pas vrai qu'ous sayez médecin?

SGANARELLE. — Non, la peste m'étouffe. (Ils recommencent à le battre.) Ah! ah! Hé bien! messieurs, oui, puisque vous le voulez, je suis médecin, je suis médecin, apothicaire encore, si vous le trouvez bon. J'aime mieux consentir à tout, que de me faire assommer.

VALÈRE. — Ah! voilà qui va bien, monsieur; je suis ravi de vous voir raisonnable.

LUCAS. — Vous me boutez la joie au cœur, quand je vous vois parler comme ça.

VALÈRE. — Je vous demande pardon de toute mon âme.

LUCAS. — Je vous demandons excuse de la libarté que j'avons prise.

SGANARELLE, à part. — Ouais! seroit-ce bien moi

qui me tromperois, et serois-je devenu médecin sans m'en être aperçu?

VALÈRE. — Monsieur, vous ne vous repentirez pas de nous montrer ce que vous êtes, et vous verrez assurément que vous en serez satisfait.

SGANARELLE. — Mais, messieurs, dites-moi, ne vous trompez-vous point vous-mêmes? Est-il bien assuré que je sois médecin?

LUCAS. — Oui, par ma figué.

SGANARELLE. — Tout de bon?

VALÈRE. — Sans doute.

SGANARELLE. — Diable emporte, si je le savois.

VALÈRE. — Comment! vous êtes le plus habile médecin du monde.

SGANARELLE. — Ah! ah!

LUCAS. — Un médecin qui a gari je ne sais combien de maladies.

SGANARELLE. — Tudieu!

VALÈRE. — Une femme étoit tenue pour morte il y avoit six heures, elle étoit prête à ensevelir, lorsque avec une goutte de quelque chose, vous la fîtes revenir, et marcher d'abord par la chambre.

SGANARELLE. — Peste!

LUCAS. — Un petit enfant de douze ans se laissit choir du haut d'un clocher, de quoi il eut la tête, les jambes et les bras cassés; et vous, avec je ne sais quel onguent, vous fîtes qu'assitôt il se relevit sur ses pieds, et s'en fut jouer à la fossette.

SGANARELLE. — Diantre!

VALÈRE. — Enfin, monsieur, vous aurez contentement avec nous, et vous gagnerez ce que vous voudrez, en vous laissant conduire où nous prétendons vous mener.

SGANARELLE. — Je gagnerai ce que je voudrai?

VALÈRE. — Oui.

SGANARELLE. — Ah! je suis médecin, sans contredit. Je l'avois oublié, mais je m'en ressouviens. De quoi est-il question? Où faut-il se transporter?

VALÈRE. — Nous vous conduirons. Il est question d'aller voir une fille qui a perdu la parole.

SGANARELLE. — Ma foi, je ne l'ai pas trouvée.

VALÈRE, bas, à Lucas. — Il aime à rire. (A Sganarelle.) Allons, monsieur.

SGANARELLE. — Sans une robe de médecin?

VALÈRE. — Nous en prendrons une.

SGANARELLE, présentant sa bouteille à Valère. — Tenez cela, vous : voilà où je mets mes juleps. (Puis se tournant vers Lucas en crachant.) Vous, marchez là-dessus par ordonnance du médecin.

LUCAS. — Palsanguenne! v'là un médecin qui me plaît; je pense qu'il réussira, car il est bouffon[1].

---

1. Le trait est sanglant ; Molière ne les épargne jamais. — Quelques commentateurs ont cru y voir un reproche de Molière au parterre, une allusion à la froideur avec laquelle on avait reçu le *Misanthrope*.

ACTE DEUXIÈME.

Le théâtre représente une chambre de la maison de Géronte.

SCÈNE I. — GÉRONTE, VALÈRE, LUCAS, JACQUELINE.

VALÈRE. — Oui, monsieur, je crois que vous serez satisfait ; et nous vous avons amené le plus grand médecin du monde.

LUCAS. — Oh! morguenne! il faut tirer l'échelle après ceti-là ; et tous les autres ne sont pas daignes de li déchausser ses souliés.

VALÈRE. — C'est un homme qui a fait des cures merveilleuses.

LUCAS. — Qui a gari des gens qui étiant morts.

VALÈRE. — Il est un peu capricieux, comme je vous ai dit ; et, parfois, il a des momens où son esprit s'échappe, et ne paroît pas ce qu'il est.

LUCAS. — Oui, il aime à bouffonner ; et l'an diroit parfois, ne v's en déplaise, qu'il a quelque petit coup de hache à la tête.

VALÈRE. — Mais, dans le fond, il est toute science ; et, bien souvent, il dit des choses tout à fait relevées.

LUCAS. — Quand il s'y boute, il parle tout fin drait comme s'il lisoit dans un livre.

VALÈRE. — Sa réputation s'est déjà répandue ici; et tout le monde vient à lui[1].

GÉRONTE. — Je meurs d'envie de le voir ; faites-le-moi vite venir.

VALÈRE. — Je le vais quérir.

SCÈNE II. — GÉRONTE, JACQUELINE, LUCAS.

JACQUELINE. — Par ma fi, monsieur, ceti-ci fera justement ce qu'ant fait les autres. Je pense que ce sera queussi queumi; et la meilleure médeçaine que l'an pourroit bailler à votre fille, ce seroit, selon moi, un biau et bon mari, pour qui alle eût de l'amiquié.

GÉRONTE. — Ouais! nourrice, ma mie, vous vous mêlez de bien des choses.

LUCAS. — Taisez-vous, notre minagère Jacquelaine : ce n'est pas à vous à bouter là votre nez.

JACQUELINE. — Je vous dis et vous douze[2] que tous ces médecins n'y feront rian que de liau claire ; que votre fille a besoin d'autre chose que de rhibarbe et de séné, et qu'un mari est un emplâtre qui garit tous les maux des filles.

GÉRONTE. — Est-elle en état maintenant qu'on s'en voulût charger avec l'infirmité qu'elle a? Et, lorsque j'ai été dans le dessein de la marier, ne s'est-elle pas opposée à mes volontés ?

JACQUELINE. — Je le crois bian, vous li vouliez bailler eun homme qu'alle n'aime point. Que ne preniais-vous

---

1. Ceci prépare la scène de Thibaut et de Perrin (III⁰ acte).
2. Jeu de mots populaire, dit M. Moland, fondé sur la ressemblance de *dis* avec *dix*.

ce monsieur Liandre, qui li touchoit au cœur? Alle auroit été fort obéissante ; et je m'en vais gager qu'il la prendroit, li, comme alle est, si vous la li vouillais donner.

GÉRONTE. — Ce Léandre n'est pas ce qu'il lui faut ; il n'a pas du bien comme l'autre.

JACQUELINE. — Il a eun oncle qui est si riche, dont il est hériquié[1].

GÉRONTE. — Tous ces biens à venir me semblent autant de chansons. Il n'est rien tel que ce qu'on tient ; et l'on court grand risque de s'abuser, lorsque l'on compte sur le bien qu'un autre vous garde. La mort n'a pas toujours les oreilles ouvertes aux vœux et aux prières de messieurs les héritiers ; et l'on a le temps d'avoir les dents longues, lorsqu'on attend, pour vivre, le trépas de quelqu'un.

JACQUELINE. — Enfin, j'ai toujours ouï dire qu'en mariage, comme ailleurs, contentement passe richesse. Les pères et les mères ont cette maudite couteume, de demander toujours : Qu'a-t-il ? et qu'a-t-elle ? Et le compère Piarre a marié sa fille Simonette au gros Thomas pour un quarquié de vaigne qu'il avait davantage que le jeune Robin, où elle avait bouté son amiquié ; et v'là que la pauvre creyature en est devenue jaune comme un coing et n'a point profité tout depuis ce temps-là. C'est un bel exemple pour vous monsieu. On n'a que son plaisir en ce monde ; et j'aimerois mieux bailler à ma fille eun bon mari qui li fût agriable, que toutes le rentes de la Biausse.

GÉRONTE. — Peste ! madame la nourrice, comme vous

---

1. Ceci est dit en vue du dénoûment.

dégoisez! Taisez-vous, je vous prie ; vous prenez trop de soin et vous échauffez votre lait.

LUCAS, frappant à chaque phrase qu'il dit sur la poitrine de Géronte. — Morgué! tais-toi, t'es eune impartinente. Monsieu n'a que faire de tes discours, et il sait ce qu'il a à faire. Mêle-toi de donner à teter à ton enfant, sans tant faire la raisonneuse. Monsieu est le père de sa fille; et il est bon et sage pour voir ce qui li faut [1].

GÉRONTE. — Tout doux. Oh! tout doux.

LUCAS, frappant encore sur la poitrine de Géronte. — Monsieu, je veux un peu la mortifier, et li apprendre le respect qu'alle vous doit.

GÉRONTE. — Oui. Mais ces gestes ne sont pas nécessaires.

SCÈNE III. — VALÈRE, SGANARELLE, GERONTE, LUCAS, JACQUELINE.

VALÈRE. — Monsieur, préparez-vous. Voici notre médecin qui entre.

GÉRONTE, à Sganarelle. — Monsieur, je suis ravi de vous voir chez moi, et nous avons grand besoin de vous.

SGANARELLE, en robe de médecin, avec un chapeau des plus pointus. — Hippocrate dit.... que nous nous couvrions tous deux [2].

GÉRONTE. — Hippocrate dit cela?

SGANARELLE. — Oui.

---

1. Comme les nuances sont bien observées: Jacqueline se déclare en faveur des deux fiancés, et Lucas pour le parti du père, en sa qualité de mari.

2. Trait contre la manie des citations qui servent souvent à l'effronterie pour dissimuler son ignorance.

GÉRONTE. — Dans quel chapitre, s'il vous plaît?

SGANARELLE. — Dans son chapitre.... des chapeaux.

GÉRONTE. — Puisque Hippocrate le dit, il le faut faire.

SGANARELLE. — Monsieur le médecin, ayant appris les merveilleuses choses....

GÉRONTE. — A qui parlez-vous, de grâce?

SGANARELLE. — A vous.

GÉRONTE. — Je ne suis pas médecin.

SGANARELLE. — Vous n'êtes pas médecin?

GÉRONTE. — Non vraiment.

SGANARELLE. — Tout de bon?

GÉRONTE. — Tout de bon. (Sganarelle prend un bâton, et frappe Géronte.) Ah! ah! ah!

SGANARELLE. — Vous êtes médecin maintenant; je n'ai jamais eu d'autres licences[1].

GÉRONTE, à Valère. — Quel diable d'homme m'avez-vous là amené?

VALÈRE. — Je vous ai bien dit que c'étoit un médecin goguenard.

GÉRONTE. — Oui. Mais je l'enverrois promener avec ses goguenarderies.

LUCAS. — Ne prenez pas garde à ça, monsieu; ce n'est que pour rire.

GÉRONTE. — Cette raillerie ne me plaît pas.

SGANARELLE. — Monsieur, je vous demande pardon de la liberté que j'ai prise.

GÉRONTE. — Monsieur je suis votre serviteur.

SGANARELLE. — Je suis fâché....

GÉRONTE. — Cela n'est rien.

SGANARELLE. — Des coups de bâton....

---

1. Diplôme de capacité pour exercer une profession savante.

GÉRONTE. — Il n'y a pas de mal.

SGANARELLE. — Que j'ai eu l'honneur de vous donner.

GÉRONTE. — Ne parlons plus de cela. Monsieur, j'ai une fille qui est tombée dans une étrange maladie.

SGANARELLE. — Je suis ravi, monsieur, que votre fille ait besoin de moi; et je vous souhaiterois de tout mon cœur que vous en eussiez besoin aussi, vous et toute votre famille, pour témoigner l'envie que j'ai de vous servir.

GÉRONTE. — Je vous suis obligé de ces sentimens.

SGANARELLE. — Je vous assure que c'est du meilleur de mon âme que je vous parle.

GÉRONTE. — C'est trop d'honneur que vous me faites.

SGANARELLE. — Comment s'appelle votre fille?

GÉRONTE. — Lucinde.

SGANARELLE. — Lucinde! Ah! beau nom à médicamenter. Lucinde!

GÉRONTE. — Je m'en vais voir un peu ce qu'elle fait.

SGANARELLE. — Qui est cette grande femme-là?

GÉRONTE. — C'est la nourrice d'un petit enfant que j'ai.

SCÈNE IV. — SGANARELLE, JACQUELINE, LUCAS.

SGANARELLE, à part. — Peste! le joli meuble que voilà! (Haut) Ah! nourrice, charmante nourrice, ma médecine est la très-humble esclave de votre nourricerie, et je voudrois bien être le petit poupon fortuné qui tetât le lait de vos bonnes grâces. Tous mes remèdes, toute ma science, toute ma capacité est à votre service, et....

LUCAS. — Avec votre parmission, monsieu le médecin, laissez là ma femme, je vous prie.

SGANARELLE. — Quoi! est-elle votre femme?

LUCAS. — Oui.

SGANARELLE. — Ah! vraiment, je ne savois pas cela, et je m'en réjouis pour l'amour de l'un et de l'autre. (Il fait semblant de vouloir embrasser Lucas et embrasse la nourrice.)

LUCAS, tirant Sganarelle, et se remettant entre lui et sa femme. Tout doucement, s'il vous plaît.

SGANARELLE. — Je vous assure que je suis ravi que vous soyez unis ensemble. Je la félicite d'avoir un mari comme vous ; et je vous félicite, vous, d'avoir une femme si belle, si sage, et si bien faite comme elle est. (Faisant encore semblant d'embrasser Lucas, qui lui tend les bras, il passe dessous, et embrasse encore la nourrice.)

LUCAS, le tirant encore. — Hé! tetigué! point tant de complimens, je vous supplie.

SGANARELLE. — Ne voulez-vous pas que je me réjouisse avec vous d'un si bel assemblage?

LUCAS. — Avec moi, tant qu'il vous plaira ; mais, avec ma femme, trêve de sarimonie.

SGANARELLE — Je prends part également au bonheur de tous deux. Et, si je vous embrasse pour vous témoigner ma joie, je l'embrasse de même pour lui en témoigner aussi.

SCÈNE V. — GÉRONTE, SGANARELLE, LUCAS, JACQUELINE.

GÉRONTE. — Monsieur, voici tout à l'heure ma fille qu'on va vous amener.

SGANARELLE. — Je l'attends, monsieur, avec toute la médecine.

GÉRONTE. — Où est-elle ?

SGANARELLE, se touchant le front. — Là dedans.

GÉRONTE. — Fort bien.... Voici ma fille.

SCÈNE VI. — LUCINDE, GÉRONTE, SGANARELLE, VALÈRE, LUCAS, JACQUELINE.

SGANARELLE. — Est-ce là la malade ?

GÉRONTE. — Oui. Je n'ai qu'elle de fille ; et j'aurais tous les regrets du monde, si elle venoit à mourir.

SGANARELLE. — Qu'elle s'en garde bien. Il ne faut pas qu'elle meure sans l'ordonnance du médecin.

GÉRONTE. — Allons un siége.

SGANARELLE, assis entre Géronte et Lucinde. — Voilà une malade qui n'est pas tant dégoûtante, et je tiens qu'un homme bien sain s'en accommoderoit assez.

GÉRONTE. — Vous l'avez fait rire, monsieur.

SGANARELLE. — Tant mieux ; lorsque le médecin fait rire le malade, c'est le meilleur signe du monde. (A Lucinde.) Hé bien ? de quoi est-il question ? Qu'avez-vous ? Quel est le mal que vous sentez ?

LUCINDE, portant la main à sa bouche, à sa tête, et sous son menton. — Han, hi, hon, han.

SGANARELLE. — Hé ! que dîtes-vous ?

LUCINDE continue les mêmes gestes. — Han, hi, hon, han, han, hon.

SGANARELLE. — Quoi ?

LUCINDE. — Han, hi, hon.

SGANARELLE. — Han, hi, hon, hon, ha. Je ne vous entends point. Quel diable de langage est-ce là ?

GÉRONTE. — Monsieur, c'est là sa maladie. Elle est devenue muette sans que jusques ici on en ait pu savoir la cause ; et c'est un accident qui a fait reculer son mariage.

SGANARELLE. — Et pourquoi ?

GÉRONTE. — Celui qu'elle doit épouser veut attendre sa guérison pour conclure les choses.

SGANARELLE. — Et qui est ce sot-là, qui ne veut pas que sa femme soit muette ? Plût à Dieu que la mienne eût cette maladie ! Je me garderois de vouloir la guérir.

GÉRONTE. — Enfin, monsieur, nous vous prions d'employer tout vos soins, pour la soulager de son mal.

SGANARELLE. — Ah ! ne vous mettez pas en peine. Dites-moi un peu, ce mal l'oppresse-t-il beaucoup ?

GÉRONTE. — Oui, monsieur.

SGANARELLE. — Tant mieux. Sent-elle de grandes douleurs ?

GÉRONTE. — Fort grandes.

SGANARELLE. — C'est fort bien fait.

SGANARELLE, à Lucinde. — Donnez-moi votre bras. (A Géronte.) Voilà un pouls qui marque que votre fille est muette.

GÉRONTE. — Hé ! oui, monsieur, c'est là son mal ; vous l'avez trouvé tout du premier coup.

SGANARELLE. — Ah ! ah !

JACQUELINE. — Voyez comme il a deviné sa maladie !

SGANARELLE. — Nous autres grands médecins, nous connoissons d'abord les choses. Un ignorant auroit été embarrassé, et vous eût été dire : C'est ceci ; c'est cela, mais moi, je touche au but du premier coup, et je vous apprends que votre fille est muette.

GÉRONTE. — Oui; mais je voudrois bien que vous me puissiez dire d'où cela vient.

SGANARELLE. — Il n'est rien de plus aisé. Cela vient de ce qu'elle a perdu la parole.

GÉRONTE. — Fort bien; mais la cause, s'il vous plaît, qui fait qu'elle a perdu la parole?

SGANARELLE. — Tous nos meilleurs auteurs vous diront que c'est l'empêchement de l'action de sa langue.

GÉRONTE. — Mais encore, vos sentimens sur cet empêchement de l'action de la langue?

SGANARELLE. — Aristote, là-dessus, dit.... de fort belles choses.

GÉRONTE. — Je le crois.

SGANARELLE. — Ah! c'étoit un grand homme.

GÉRONTE. — Sans doute.

SGANARELLE. — Grand homme tout à fait; (levant le bras depuis le coude) un homme qui étoit plus grand que moi de tout cela. Pour revenir donc à notre raisonnement, je tiens que cet empêchement de sa langue est causé par de certaines humeurs, qu'entre nous autres savans nous appelons humeurs peccantes, c'est-à-dire.... humeurs peccantes, d'autant que les vapeurs formées par les exhalaisons des influences qui s'élèvent dans la région des maladies, venant.... pour ainsi dire.... à.... Entendez-vous le latin?

GÉRONTE. — En aucune façon.

SGANARELLE, se levant brusquement. — Vous n'entendez point le latin?

GÉRONTE. — Non.

SGANARELLE, avec enthousiasme. — *Cabricias arci thu-*

SGANARELLE. — Voilà un pouls qui marque que votre fille est muette. (Page 19.)

ram, catalamus, singulariter, nominativo, hæc musa,
la muse, *bonus, bona, bonum. Deus sanctus, est-ne oratio latinas? Etiam,* oui. *Quare,* pourquoi? *Quia substantivo, et adjectivum, concordat in generi, numerum et casus*[1].

GÉRONTE. — Ah ! que n'ai-je étudié !

JACQUELINE. — L'habile homme que v'là.

LUCAS. — Oui, ça est si biau que je n'y entends goutte.

SGANARELLE. — Or, ces vapeurs, dont je vous parle, venant à passer du côté gauche où est le foie, au côté droit où est le cœur, il se trouve que le poumon, que nous appelons en latin *armyan,* ayant communication avec le cerveau que nous nommons en grec *nasmus,* par le moyen de la veine cave, que nous appelons en hébreu *cubile,* rencontre en son chemin lesdites vapeurs qui remplissent les ventricules de l'omoplate; et parce que lesdites vapeurs.... Comprenez bien ce raisonnement, je vous prie ; et parce que les dites vapeurs ont une certaine malignité.... Écoutez bien ceci, je vous conjure[2].

GÉRONTE — Oui.

SGANARELLE. — Ont une certaine malignité qui est causée.... Soyez attentif, s'il vous plaît.

GÉRONTE. — Je le suis.

---

1. Les premiers mots sont des mots forgés qui n'appartiennent en rien au latin ; le reste est une règle sur l'accord de l'adjectif et du nom, dans un latin très-écorché. Il en sera de même de tous les autres mots; tantôt fabriqués, tantôt écorchés. Il est de tradition au théâtre qu'en prononçant ce dernier mot qui signifie à la fois *cas* et chute, le médecin en s'asseyant avec trop de pétulance tombe à côté de son siége.

2. C'est autant par pédanterie et par suffisance que par embarras que Sganarelle demande qu'on le suive avec attention.

SGANARELLE. — Qui est causée par l'âcreté des humeurs engendrées dans la concavité du diaphragme, il arrive que ces vapeurs.... *Ossabandus, nequeis, nequer, potarinum, quipsa milus.* Voilà justement ce qui fait que votre fille est muette.

JACQUELINE. — Ah! que ça est bian dit, notre homme.

LUCAS. — Que n'ai-je la langue aussi bian pendue!

GÉRONTE. — On ne peut pas mieux raisonner, sans doute. Il n'y a qu'une seule chose qui m'a choqué; c'est l'endroit du foie et du cœur. Il me semble que vous les placez autrement qu'ils ne sont; que le cœur est du côté gauche, et le foie du côté droit.

SGANARELLE. — Oui, cela étoit autrefois ainsi; mais nous avons changé tout cela[1], et nous faisons maintenant la médecine d'une méthode toute nouvelle.

GÉRONTE. — C'est ce que je ne savois pas, et je vous demande pardon de mon ignorance.

SGANARELLE. — Il n'y a point de mal; et vous n'êtes pas obligé d'être aussi habile que nous.

GÉRONTE. — Assurément. Mais, monsieur, que croyez-vous qu'il faille faire à cette maladie?

SGANARELLE. — Ce que je crois qu'il faille faire?

GÉRONTE. — Oui.

SGANARELLE. — Mon avis est qu'on la remette sur son lit, et qu'on lui fasse prendre, pour remède, quantité de pain trempé dans du vin.

GÉRONTE. — Pourquoi cela, monsieur?

SGANARELLE. — Parce qu'il y a dans le vin et le pain, mêlés ensemble, une vertu sympathique qui fait parler. Ne voyez-vous pas bien qu'on ne donne autre chose aux

---

1. Ceci est devenu proverbe.

perroquets, et qu'ils apprennent à parler en mangeant de cela?

GÉRONTE. — Cela est vrai. Ah! le grand homme! Vite, quantité de pain et de vin.

SGANARELLE. — Je reviendrai voir, sur le soir, en quel état elle sera.

SCÈNE VII. — GÉRONTE, SGANARELLE, JACQUELINE.

SGANARELLE, à Jacqueline. — Doucement, vous. (A Géronte.) Monsieur, voilà une nourrice à laquelle il faut que je fasse quelques petits remèdes.

JACQUELINE. — Qui? Moi? Je me porte le mieux du monde.

SGANARELLE. — Tant pis, nourrice, tant pis. Cette grande santé est à craindre ; et il ne sera pas mauvais de vous faire quelque petite saignée amiable, de vous donner quelque petit clystère dulcifiant.

GÉRONTE. — Mais, monsieur, voilà une mode que je ne comprends point. Pourquoi s'aller faire saigner quand on n'a point de maladie ?

SGANARELLE. — Il n'importe, la mode en est salutaire; et, comme on boit pour la soif à venir, il faut se faire aussi saigner pour la maladie à venir [1].

JACQUELINE, en s'en allant. — Ma fi, je me moque de

---

1. Les *Mémoires de Dangeau* et surtout le *Journal de la santé du roi*, édité par M. Leroi (1862), montrent qu'à chaque instant Louis XIV prenait des purgations et des saignées par précaution pour « la maladie à venir, » comme dit plaisamment Sganarelle.

ça; et je ne veux point faire de mon corps une boutique d'apothicaire.

SGANARELLE. — Vous êtes rétive aux remèdes ; mais nous saurons vous soumettre à la raison.

SCÈNE VIII. — GÉRONTE, SGANARELLE.

SGANARELLE. — Je vous donne le bonjour.
GÉRONTE. — Attendez un peu, s'il vous plaît.
SGANARELLE. — Que voulez-vous faire ?
GÉRONTE. — Vous donner de l'argent, monsieur.
SGANARELLE, tendant sa main par derrière, tandis que Géronte ouvre sa bourse. — Je n'en prendrai pas, monsieur.
GÉRONTE. — Monsieur.
SGANARELLE. — Point du tout.
GÉRONTE. — Un petit moment.
SGANARELLE. — En aucune façon.
GÉRONTE. — De grâce.
SGANARELLE. — Vous vous moquez.
GÉRONTE. — Voilà qui est fait.
SGANARELLE. — Je n'en ferai rien.
GÉRONTE. — Eh !
SGANARELLE. — Ce n'est pas l'argent qui me fait agir.
GÉRONTE. — Je le crois.
SGANARELLE, après avoir pris l'argent. — Cela est-il de poids ?
GÉRONTE. — Oui, monsieur.
SGANARELLE. — Je ne suis pas un médecin mercenaire.
GÉRONTE. — Je le sais bien.
SGANARELLE. — L'intérêt ne me gouverne point.

GÉRONTE. — Je n'ai pas cette pensée.

SGANARELLE, seul, regardant l'argent qu'il a reçu. — Ma foi, cela ne va pas mal ; et pourvu que....

SCÈNE IX. — LÉANDRE, SGANARELLE.

LÉANDRE. — Monsieur, il y a longtemps que je vous attends, et je viens implorer votre assistance.

SGANARELLE, lui tâtant le pouls. — Voilà un pouls qui est fort mauvais.

LÉANDRE. — Je ne suis point malade, monsieur, et ce n'est pas pour cela que je viens à vous.

SGANARELLE. — Si vous n'êtes pas malade, que diable ne le dites-vous donc [1] ?

LÉANDRE. — Non. Pour dire la chose en deux mots, je m'appelle Léandre, qui suis amoureux de Lucinde, que vous venez de visiter ; et comme, par la mauvaise humeur de son père, toute sorte d'accès m'est fermé auprès d'elle, je me hasarde à vous prier de me vouloir servir, et de me donner lieu d'exécuter un stratagème que j'ai trouvé, pour lui pouvoir dire deux mots d'où dépendent absolument mon bonheur et ma vie.

SGANARELLE. — Pour qui me prenez-vous ? Comment ! oser vous adresser à moi pour vous servir et vouloir ravaler la dignité de médecin à des emplois de cette nature ?

LÉANDRE. — Monsieur, ne faites point de bruit.

SGANARELLE, en le faisant reculer. — J'en veux faire, moi. Vous êtes un impertinent.

LÉANDRE. — Hé ! monsieur, doucement.

---

1. Plaisanterie piquante dans sa forme naturelle.

SGANARELLE. — Un malavisé.

LÉANDRE. — De grâce.

SGANARELLE.— Je vous apprendrai que je ne suis point homme à cela, et que c'est une insolence extrême....

LÉANDRE, tirant une bourse. — Monsieur....

SGANARELLE. — De vouloir m'employer.... (Recevant la bourse.) Je ne parle pas pour vous ; car vous êtes honnête homme, et je serois ravi de vous rendre service. Mais il y a de certains impertinens au monde, qui viennent prendre les gens pour ce qu'ils ne sont pas ; et je vous avoue que cela me met en colère.

LÉANDRE. —Je vous demande pardon, monsieur, de la liberté que....

SGANARELLE. — Vous vous moquez. De quoi est-il question ?

LÉANDRE. —Vous saurez donc, monsieur, que cette maladie que vous voulez guérir, est une feinte maladie. Les médecins ont raisonné là-dessus comme il faut, et ils n'ont pas manqué de dire que cela procédoit, qui du cerveau, qui des entrailles, qui de la rate, qui du foie ; mais il est certain que Lucinde n'a trouvé cette maladie que pour se délivrer d'un mariage dont elle étoit importunée. Mais de crainte qu'on ne nous voie ensemble, retirons-nous d'ici ; et je vous dirai en marchant ce que je souhaite de vous.

SGANARELLE. — Allons, monsieur. Vous m'avez donné pour votre amour une tendresse qui n'est pas concevable, et j'y perdrai toute ma médecine ; ou la malade crèvera, ou bien elle sera à vous.[1]

---

1. La fable a peu d'intérêt, mais la verve si comique de Sganarelle remplit les lacunes. Molière seul, comme le disait Boileau, est capable de pareilles farces.

ACTE TROISIÈME.

Le théâtre représente un lieu voisin de la maison de Géronte.

SCÈNE I. — LÉANDRE, SGANARELLE.

LÉANDRE. — Il me semble que je ne suis pas mal ainsi pour un apothicaire ; et, comme le père ne m'a guère vu, ce changement d'habit et de perruque est assez capable, je crois, de me déguiser à ses yeux.

SGANARELLE. — Sans doute.

LÉANDRE. — Tout ce que je souhaiterois, seroit de savoir cinq ou six grands mots de médecine pour parer mon discours et me donner l'air d'habile homme.

SGANARELLE. — Allez, allez, tout cela n'est pas nécessaire : il suffit de l'habit ; et je n'en sais pas plus que vous.

LÉANDRE. — Comment !

SGANARELLE. — Diable emporte si j'entends rien en médecine ! Vous êtes honnête homme, et je veux bien me confier à vous, comme vous vous confiez à moi.

LÉANDRE. — Quoi ! vous n'êtes pas effectivement....

SGANARELLE. — Non, vous dis-je, ils m'ont fait médecin malgré mes dents. Je ne m'étois jamais mêlé d'être si savant que cela ; et toutes mes études n'ont été que jusqu'en sixième. Je ne sais point sur quoi cette imagination leur est venue ; mais, quand j'ai vu qu'à toute force ils vouloient que je fusse médecin, je me suis résolu de l'être aux dépens de qui il appartiendra. Cependant vous ne sauriez croire comment l'erreur s'est répandue, et de quelle façon chacun est endiablé à me croire habile homme. On me vient chercher de tous les côtés ; et, si les choses vont toujours de même, je suis d'avis de m'en tenir toute ma vie à la médecine. Je trouve que c'est le métier le meilleur de tous ; car, soit qu'on fasse bien, ou soit qu'on fasse mal, on est toujours payé de même sorte. La méchante besogne ne retombe jamais sur notre dos, et nous taillons comme il nous plaît sur l'étoffe où nous travaillons. Un cordonnier, en faisant des souliers, ne sauroit gâter un morceau de cuir, qu'il n'en paye les pots cassés ; mais ici l'on peut gâter un homme sans qu'il en coûte rien[1]. Les bévues ne sont point pour nous, et c'est toujours la faute de celui qui meurt. Enfin le bon de cette profession est qu'il y a parmi les morts une honnêteté, une discrétion la plus grande du monde ; et jamais on n'en voit se plaindre du médecin qui l'a tué.

LÉANDRE. — Il est vrai que les morts sont fort honnêtes gens sur cette matière.

SGANARELLE, voyant des hommes qui viennent à lui. — Voilà des gens qui ont la mine de me venir consulter. (A Léandre.) Allez toujours m'attendre auprès du logis de Lucinde.

---

1. Ce raisonnement est à la fois comique et irréfutable comme logique ; la comparaison a beaucoup d'agrément.

SCÈNE II. — THIBAUT, PERRIN, SGANARELLE.

THIBAUT. — Monsieu, je venons vous charcher, mon fils Perrin et moi.

SGANARELLE. — Qu'y a-t-il ?

THIBAUT. — Sa pauvre mère, qui a nom Parrette, est dans un lit malade il y a six mois.

SGANARELLE, tendant la main comme pour recevoir de l'argent. — Que voulez-vous que j'y fasse ?

THIBAUT. — Je voudrions, monsieu, que vous nous baillissiez queuque petite drôlerie pour la guarir.

SGANARELLE. — Il faut voir de quoi est-ce qu'elle est malade.

THIBAUT. — Alle est malade d'hypocrisie, monsieu.

SGANARELLE. — D'hypocrisie ?

THIBAUT. — Oui, c'est-à-dire qu'alle est enflée partout ; et l'an dit que c'est quantité de sériosités qu'alle a dans le corps, et que son foie, son ventre, ou sa rate, comme vous voudrais l'appeler, au glieu de faire du sang, ne fait plus que de liau. Alle a, de deux jours l'un, la fièvre quotiguienne, avec des lassitudes et des douleurs dans les mufles des jambes. On entend dans sa gorge des fleumes qui sont tout prêts à l'étouffer ; et parfois il lui prend des syncoles et des conversions, que je crayons qu'alle est passée. J'avons dans notre village un apothicaire, révérence parler, qui li a donné je ne sais combien d'histoires ; et il m'en coûte plus d'eune douzaine de bons écus, en lavemens, ne v's en déplaise, en aposthumes qu'on li a fait prendre, en infections de jacinthe, et en portions cordales. Mais tout ça, comme dit l'autre, n'a été que de l'onguent miton-mitaine. Il veloit li bailler d'une certaine drogue que l'on appelle du vin amétile ; mais j'ai-z-eu peur franchement que ça l'envoyît *à patres,* et l'an dit que ces gros médecins tuont je ne sais combien de monde avec cette invention-là [1].

SGANARELLE, tendant toujours la main. — Venons au fait, mon ami, venons au fait.

THIBAUT. — Le fait est, monsieu, que je venons vous prier de nous dire ce qu'il faut que je fassions.

SGANARELLE. — Je ne vous entends point du tout.

PERRIN. — Monsieu, ma mère est malade, et v'là deux écus que je vous apportons, pour nous bailler queuque remède.

SGANARELLE. — Ah! je vous entends, vous. Voilà un garçon qui parle clairement, et qui s'explique comme il faut. Vous dites que votre mère est malade d'hydropisie, qu'elle est enflée par tout le corps; qu'elle a la fièvre, avec des douleurs dans les jambes, et qu'il lui prend parfois des syncopes et des convulsions, c'est-à-dire des évanouissemens.

PERRIN. — Hé ! oui, monsieu, c'est justement ça.

SGANARELLE. — J'ai compris d'abord vos paroles. Vous avez un père qui ne sait ce qu'il dit. Maintenant vous me demandez un remède ?

PERRIN. — Oui, monsieu.

SGANARELLE. — Un remède pour la guérir [2] ?

1. Sganarelle, une fois que l'argent de Perrin lui aura ouvert l'intelligence, rectifiera tous les mots que Thibaut écorche si plaisamment.

2. La distinction est des plus plaisantes; le dernier mot de la scène est très-comique; aussi les comédiens ont-ils tort de supprimer sans motif cette scène à la représentation.

PERRIN. — C'est comme je l'entendons.

SGANARELLE. — Tenez, voilà un morceau de fromage qu'il faut que vous lui fassiez prendre.

PERRIN. — Du fromage, monsieu?

SGANARELLE. — Oui, c'est un fromage préparé, où il entre de l'or, du corail et des perles, et quantité d'autres choses précieuses.

PERRIN. — Monsieu, je vous sommes bien obligés, et j'allons li faire prendre ça tout à l'heure.

SGANARELLE. — Allez. Si elle meurt, ne manquez pas de la faire enterrer du mieux que vous pourrez.

SCÈNE III. — GÉRONTE, LUCAS.

GÉRONTE. — Holà! Lucas, n'as-tu point vu ici notre médecin?

LUCAS. — Et oui, je l'ai vu.

GÉRONTE. — Où est-ce donc qu'il peut être?

LUCAS. — Je ne sais; mais je voudrois qu'il fût à tous les guèbles.

GÉRONTE. — Va-t'en voir un peu ce que fait ma fille.

SCÈNE IV. — SGANARELLE, LÉANDRE,
GÉRONTE.

GÉRONTE. — Ah! monsieur, je demandois où vous étiez.

SGANARELLE. — Comment se porte la malade?

GÉRONTE. — Un peu plus mal depuis votre remède.

SGANARELLE. — Tant mieux. C'est signe qu'il opère.

GÉRONTE. — Oui; mais, en opérant, je crains qu'il ne l'étouffe.

SGANARELLE. — Ne vous mettez pas en peine; j'ai des remèdes qui se moquent de tout, et je l'attends à l'agonie.

GÉRONTE, montrant Léandre. — Qui est cet homme-là que vous amenez?

SGANARELLE, faisant des signes avec la main, pour montrer que c'est un apothicaire. — C'est....

GÉRONTE. — Quoi?

SGANARELLE. — Celui....

GÉRONTE. — Hé?

SGANARELLE. — Qui.....

GÉRONTE. — Je vous entends.

SGANARELLE. — Votre fille en aura besoin.

SCÈNE V. — LUCINDE, GÉRONTE, LÉANDRE, JACQUELINE, SGANARELLE.

JACQUELINE. — Monsieu, v'là votre fille qui veut un peu marcher.

SGANARELLE. — Cela lui fera du bien. Allez-vous-en, monsieur l'apothicaire, tâter un peu son pouls, afin que je raisonne tantôt avec vous de sa maladie. (Sganarelle tire Géronte dans un coin du théâtre, et lui passe un bras sur les épaules pour l'empêcher de tourner la tête du côté où sont Léandre et Lucinde.) Monsieur, c'est une grande et subtile question, entre les docteurs, de savoir si les femmes sont plus faciles à guérir que les hommes. Je vous prie d'écouter ceci, s'il vous plaît. Les uns disent que non, les autres disent que oui; et moi je dis que oui et non;

SGANARELLE. — Monsieur, c'est une grande et subtile question entre les docteurs. (Page 206.)

on voit que l'inégalité de leurs opinions dépend du mouvement oblique du cercle de la lune; et, comme le soleil qui darde ses rayons sur la concavité de la terre, trouve....

LUCINDE, à Léandre. — Non, je ne suis point du tout capable de changer de sentiment.

GÉRONTE. — Voilà ma fille qui parle! O grande vertu du remède! O admirable médecin! Que je vous suis obligé, monsieur, de cette guérison merveilleuse! et que puis-je faire pour vous après un tel service?

SGANARELLE, se promenant sur le théâtre, et s'éventant avec son chapeau. — Voilà une maladie qui m'a bien donné de la peine.

LUCINDE. — Oui, mon père, j'ai recouvré la parole; mais je l'ai recouvrée pour vous dire que je n'aurai jamais d'autre époux que Léandre, et que c'est inutilement que vous voulez me donner Horace.

GÉRONTE. — Mais....

LUCINDE. — Rien n'est capable d'ébranler la résolution que j'ai prise.

GÉRONTE. — Quoi?...

LUCINDE. — Vous m'opposerez en vain de belles raisons.

GÉRONTE. — Si....

LUCINDE. — Tous vos discours ne serviront de rien....

GÉRONTE. — Je....

LUCINDE. — C'est une chose où je suis déterminée.

GÉRONTE. — Mais....

LUCINDE. — Il n'est puissance paternelle qui me puisse obliger à me marier malgré moi.

GÉRONTE. — J'ai....

LUCINDE. — Vous avez beau faire tous vos efforts.

GÉRONTE. — Il.....

LUCINDE. — Mon cœur ne sauroit se soumettre à cette tyrannie.

GÉRONTE. — La....

LUCINDE. — Et je me jetterai plutôt dans un couvent que d'épouser un homme que je n'aime point.

GÉRONTE. — Mais....

LUCINDE, avec vivacité. — Non. En aucune façon. Point d'affaires. Vous perdez le temps. Je n'en ferai rien. Cela est résolu.

GÉRONTE. — Ah! quelle impétuosité de paroles! il n'y a pas moyen d'y résister. (A Sganarelle.) Monsieur, je vous prie de la faire redevenir muette.

SGANARELLE. — C'est une chose qui m'est impossible. Tout ce que je puis faire pour votre service, est de vous rendre sourd, si vous voulez.

GÉRONTE. — Je vous remercie. (A Lucinde.) Penses-tu donc?...

LUCINDE. — Non, toutes vos raisons ne gagneront rien sur mon âme.

GÉRONTE. — Tu épouseras Horace dès ce soir.

LUCINDE. — J'épouserai plutôt la mort.

SGANARELLE, à Géronte. — Mon Dieu! arrêtez-vous, laissez-moi médicamenter cette affaire. C'est une maladie qui la tient; et je sais le remède qu'il y faut apporter.

GÉRONTE. — Seroit-il possible, monsieur, que vous pussiez guérir cette maladie d'esprit.

SGANARELLE. — Oui, laissez-moi faire, j'ai des remèdes pour tout, et notre apothicaire nous servira pour cette cure. (A Léandre.) Un mot: vous voyez que l'agitation qu'elle a pour ce Léandre est tout à fait contraire aux volontés du père, qu'il n'y a point de temps à perdre, que les humeurs sont fort aigries, et qu'il est nécessaire de trouver promptement un remède à ce mal, qui pourroit empirer par le retardement. Pour moi, je n'y en vois qu'un seul, qui est une prise de fuite purgative, que vous mêlerez, comme il faut, avec deux dragmes de matrimonium[1] en pilules. Peut-être fera-t-elle quelque difficulté à prendre ce remède; mais, comme vous êtes habile homme dans votre métier, c'est à vous de l'y résoudre, et de lui faire avaler la chose du mieux que vous pourrez. Allez-vous-en lui faire faire un petit tour de jardin, afin de préparer les humeurs, tandis que j'entretiendrai ici son père; mais surtout ne perdez point de temps. Au remède, vite! au remède spécifique!

SCÈNE VI. — GÉRONTE, SGANARELLE.

GÉRONTE. — Quelles drogues, monsieur, sont celles que vous venez de dire? Il me semble que je ne les ai jamais ouï nommer.

SGANARELLE. — Ce sont drogues dont on se sert dans les nécessités urgentes.

GÉRONTE. — Avez-vous jamais vu une insolence pareille à la sienne?

SGANARELLE. — Les filles sont quelquefois un peu têtues.

GÉRONTE. — Vous ne sauriez croire comme elle est affolée de ce Léandre. Pour moi, dès que j'ai eu dé-

---

1. Mot latin qui signifie mariage; Sganarelle dissimule, sous la forme d'une ordonnance, les conseils qu'il donne.

couvert cet amour, j'ai su tenir toujours ma fille renfermée.

SGANARELLE. — Vous avez fait sagement.

GÉRONTE. — Et j'ai bien empêché qu'ils n'aient eu communication ensemble.

SGANARELLE. — Fort bien.

GÉRONTE. — Il seroit arrivé quelque folie, si j'avois souffert qu'ils se fussent vus.

SGANARELLE. — Sans doute.

GÉRONTE. — Et je crois qu'elle auroit été fille à s'en aller avec lui.

SGANARELLE. — C'est prudemment raisonné.

GÉRONTE. — On m'avertit qu'il fait tous ses efforts pour lui parler.

SGANARELLE. — Quel drôle!

GÉRONTE. — Mais il perdra son temps.

SGANARELLE. — Ah! ah!

GÉRONTE. — Et j'empêcherai bien qu'il ne la voie.

SGANARELLE. — Il n'a pas affaire à un sot, et vous savez des rubriques qu'il ne sait pas. Plus fin que vous n'est pas bête.

SCÈNE VII. — LUCAS, GÉRONTE, SGANARELLE.

LUCAS. — Ah! palsanguenne, monsieu, voici bian du tintamarre; votre fille s'est enfuie avec son Liandre. C'étoit lui qui étoit l'apothicaire; et v'là monsieu le médecin qui a fait cette belle opération-là.

GÉRONTE. — Comment! m'assassiner de la façon! Allons, un commissaire, et qu'on empêche qu'il ne sorte. Ah! traître! je vous ferai punir par la justice.

LUCAS. — Ah! par ma fi, monsieu le médecin, vous serez pendu; ne bougez de là seulement.

SCÈNE VIII. — MARTINE, SGANARELLE, LUCAS.

MARTINE, à Lucas. — Ah! mon Dieu! que j'ai eu de peine à trouver ce logis! Dites-moi un peu des nouvelles du médecin que je vous ai donné.

LUCAS. — Le v'là qui va être pendu.

MARTINE. — Quoi! mon mari pendu! Hélas! et qu'a-t-il fait pour cela?

LUCAS. — Il a fait enlever la fille de notre maître.

MARTINE. — Hélas! mon cher mari, est-il bien vrai qu'on va te pendre?

SGANARELLE. — Tu vois. Ah!

MARTINE. — Faut-il que tu te laisses mourir en présence de tant de gens?

SGANARELLE. — Que veux-tu que j'y fasse?

MARTINE. — Encore si tu avois achevé de couper notre bois, je prendrois quelque consolation.

SGANARELLE. — Retire-toi de là, tu me fends le cœur [1].

MARTINE. — Non; je veux demeurer pour t'encourager à la mort; et je ne quitterai point que je ne t'aie vu pendu.

SGANARELLE. — Ah!

---

1. Le besoin de vivre, dit très-bien M. Aimé-Martin, fait que toute la sensibilité des gens du peuple repose sur l'intérêt personnel. Aussi Sganarelle, loin de s'offenser des regrets de Martine, entre dans sa peine, et c'est l'accord de leur sentiment qui rend cette

SCÈNE IX. — GÉRONTE, SGANARELLE, MARTINE.

GÉRONTE, à Sganarelle. — Le commissaire viendra bientôt, et l'on s'en va vous mettre en lieu où l'on me répondra de vous.

SGANARELLE, à genoux. — Hélas! cela ne se peut-il point changer en quelques coups de bâton?

GÉRONTE. — Non, non, la justice en ordonnera. Mais, que vois-je?

SCÈNE X. — GÉRONTE, LÉANDRE, LUCINDE, SGANARELLE, LUCAS, MARTINE.

LÉANDRE. — Monsieur, je viens faire paroître Léandre à vos yeux, et remettre Lucinde en votre pouvoir. Nous avons eu dessein de prendre la fuite nous deux, et de nous aller marier ensemble; mais cette entreprise a fait place à un procédé plus honnête. Je ne prétends point vous voler votre fille, et ce n'est que de votre main que je veux la recevoir. Ce que je vous dirai, monsieur, c'est que je viens tout à l'heure de recevoir des lettres, par où j'apprends que mon oncle est mort et que je suis héritier de tous ses biens.

GÉRONTE. — Monsieur, votre vertu m'est tout à fait considérable, et je vous donne ma fille avec la plus grande joie du monde.

situation si comique. Les moindres plaisanteries de Molière ont toujours pour base une observation vraie, un sentiment naturel.

SGANARELLE, à part. — La médecine l'a échappé belle [1].

MARTINE. — Puisque tu ne seras point pendu, rends-moi grâce d'être médecin; car c'est moi qui t'ai procuré cet honneur.

SGANARELLE. — Oui! c'est toi qui m'as procuré je ne sais combien de coups de bâton?

LÉANDRE, à Sganarelle. — L'effet en est trop beau pour en garder du ressentiment.

1. Toujours l'inépuisable verve de ce rôle. Le *Médecin malgré lui*, a dit un commentateur, est, dans son genre, une des plus heureuses plaisanteries qui soient sorties des mains de Molière. La gaieté la plus franche, la plus vive et la plus spirituelle y est soutenue d'un bout à l'autre, et c'est une des plus charmantes qu'on revoit toujours avec plaisir. Quoique écrite en prose, elle abonde en traits qui ont fait proverbe et qui se replacent sans cesse dans la conversation. La satire contre les médecins, dans cette pièce, n'est pas directe, puisque Sganarelle n'appartient pas à la Faculté; Molière fustige dans un imitateur grotesque les discours et les manières des véritables docteurs d'alors, avant d'attaquer leur propre charlatanisme et leur ignorance, de même que dans les *Précieuses*, il s'est essayé la main contre les marquis, en daubant leurs valets qui les singent ridiculement.

Molière, du reste, n'était pas le seul à attaquer l'air doctoral et grave des médecins,; une épigramme de l'époque fait ainsi leur portrait :

> Affecter un air pédantesque,
> Cracher du grec et du latin,
> Longue perruque, habit grotesque,
> De la fourrure et du satin,
> Tout cela réuni fait presque
> Ce qu'on appelle un médecin.

On peut encore consulter sur ce sujet un très-intéressant livre : *Les Médecins au temps de Molière*, 1863, par M. Maurice Raynaud, docteur en médecine et ès lettres. On verra que la guerre entreprise par Molière était des plus nécessaires et qu'elle produisit d'heureux résultats.

N'oublions pas enfin que le *Médecin malgré lui* a fourni à M. Gounod le sujet d'une de ses bonnes compositions musicales, comme le *Don Juan* est devenu sous la plume de Mozart un chef-d'œuvre et peut-être le chef-d'œuvre de la musique.

SGANARELLE. — Soit. (A Martine.) Je te pardonne ces coups de bâton, en faveur de la dignité où tu m'as élevé ; mais prépare-toi désormais à vivre dans un grand respect avec un homme de ma conséquence, et songe que la colère d'un médecin est plus à craindre qu'on ne peut croire.

FIN DU MÉDECIN MALGRÉ LUI.

L'AVARE

COMÉDIE

1668

PERSONNAGES.

HARPAGON, père de Cléante et d'Élise et amoureux de Mariane. (Molière.)

CLÉANTE, fils d'Harpagon, amant de Mariane.

ÉLISE, fille d'Harpagon. (La femme de Molière.)

VALÈRE, fils d'Anselme, et amant d'Élise.

MARIANE, amante de Cléante et aimée d'Harpagon.

ANSELME, père de Valère et de Mariane.

FROSINE, femme d'intrigue.

MAITRE SIMON, courtier.

MAITRE JACQUES, cuisinier et cocher d'Harpagon.

LA FLÈCHE, valet de Cléante.

DAME CLAUDE, servante d'Harpagon.

BRINDAVOINE,
LA MERLUCHE, } laquais d'Harpagon.

UN COMMISSAIRE, et son Clerc.

La scène est à Paris, dans la maison d'Harpagon [1].

---

1. Le fond de la pièce est emprunté à la *Cassette* de Plaute les détails ont été souvent puisés dans quelques comédies modernes, mais le tout parfaitement fondu, et la comparaison reste beaucoup à l'avantage de Molière qui a inventé caractères, plaisanteries, critiques, etc.

L'AVARE.

COMÉDIE

ACTE PREMIER.

SCÈNE I. — ÉLISE, VALÈRE.

VALÈRE. — Hé quoi! charmante Élise, vous devenez mélancolique, après les obligeantes assurances que vous avez eu la bonté de me donner de votre foi! Je vous vois soupirer, hélas! au milieu de ma joie! vous repentez-vous de cet engagement où mes feux ont pu vous contraindre?

ÉLISE. — Non, Valère, je ne puis pas me repentir de tout ce que je fais pour vous. Je m'y sens entraîner par une trop douce puissance, et je n'ai pas même la force de souhaiter que les choses ne fussent pas. Mais, à vous dire vrai, le succès me donne de l'inquiétude.

VALÈRE. — Hé! que pouvez-vous craindre, Élise, dans les bontés que vous avez pour moi?

ÉLISE. — Hélas! cent choses à la fois : l'emportement d'un père, les reproches d'une famille, les censures du monde.

VALÈRE. — Mais pourquoi cette inquiétude ?

ÉLISE. — Je n'aurois rien à craindre si tout le monde vous voyoit des yeux dont je vous vois ; et je trouve en votre personne de quoi avoir raison aux choses que je fais pour vous. Mon cœur, pour sa défense, a tout votre mérite, appuyé du secours d'une reconnoissance où le ciel m'engage envers vous. Je me représente, à toute heure, ce péril étonnant qui commença de nous offrir aux regards l'un de l'autre ; cette générosité surprenante qui vous fit risquer votre vie pour dérober la mienne à la fureur des ondes ; ces soins pleins de tendresse que vous me fîtes éclater après m'avoir tirée de l'eau ; et les hommages assidus, que ni le temps ni les difficultés n'ont rebutés, et qui, vous faisant négliger et parens et patrie, arrêtent vos pas en ces lieux, y tiennent en ma faveur votre fortune déguisée, et vous ont réduit, pour me voir, à vous revêtir de l'emploi de domestique de mon père [1]. Tout cela fait chez moi sans doute un merveilleux effet ; et c'en est assez, à mes yeux, pour me justifier l'engagement[2] où j'ai pu

---

1. Du temps de Molière, *domestique* se disait non-seulement des serviteurs proprement dits, mais de tout subalterne qui demeurait à cause de ses fonctions dans la maison de son chef.

2. Une double promesse de mariage. Cet écrit et les circonstances que le récit si honnête d'Élise nous font connaître atténuent un peu l'inconvenance du séjour de Valère chez Harpagon. Les filles, chez Molière, n'attendent pas toujours le choix de leurs parents dans la question de mariage, et Molière est presque toujours de leur côté, parce que notre comique combattait cette tyrannie du père qui détruisait tout esprit de famille. Il n'y avait alors que deux puissances : le père et son fils aîné, qui devait le remplacer, et auquel tout était confié. Aussi ne trouve-t-on jamais chez Molière ce doux sentiment fraternel qui, de nos jours, a fourni de si fraîches inspirations. Ici Élise et Cléante sont ligués contre l'avarice de leur père.

consentir ; mais ce n'est pas assez peut-être pour le justifier aux autres, et je ne suis pas sûre qu'on entre dans mes sentimens

VALÈRE. — De tout ce que vous avez dit, ce n'est que par mon seul amour que je prétends, auprès de vous, mériter quelque chose ; et, quant aux scrupules que vous avez, votre père lui-même ne prend que trop de soin de vous justifier à tout le monde ; et l'excès de son avarice, et la manière austère dont il vit avec ses enfans, pourroient autoriser des choses plus étranges. Pardonnez-moi, charmante Élise, si j'en parle ainsi devant vous. Vous savez que, sur ce chapitre, on n'en peut pas dire de bien. Mais enfin, si je puis, comme je l'espère, retrouver mes parens, nous n'aurons pas beaucoup de peine à nous le rendre favorable. J'en attends des nouvelles avec impatience, et j'en irai chercher moi-même si elles tardent à venir[1].

ÉLISE. — Ah ! Valère, ne bougez d'ici, je vous prie, et songez seulement à bien vous mettre dans l'esprit de mon père.

VALÈRE. — Vous voyez comme je m'y prends, et les adroites complaisances qu'il m'a fallu mettre en usage pour m'introduire à son service ; sous quel masque de sympathie et de rapports de sentimens je me déguise pour lui plaire, et quel personnage je joue tous les jours avec lui, afin d'acquérir sa tendresse. J'y fais des progrès admirables[2] ; et j'éprouve que, pour gagner les hommes, il n'est point de meilleure voie que de se parer à leurs yeux, de leurs inclinations, que de donner dans

---

1. Ceci prépare la reconnaissance finale qui fera le dénoûment.
2. M. Génin a fait remarquer que souvent et en particulier dans

leurs maximes, encenser leurs défauts, et applaudir à ce qu'ils font. On n'a que faire d'avoir peur de trop charger la complaisance, et la manière dont on les joue a beau être visible, les plus fins toujours sont de grandes dupes du côté de la flatterie; et il n'y a rien de si impertinent et de si ridicule qu'on ne fasse avaler, lorsqu'on l'assaisonne en louanges. La sincérité souffre un peu au métier que je fais; mais, quand on a besoin des hommes, il faut bien s'ajuster à eux; et, puisqu'on ne sauroit les gagner que par là, ce n'est pas la faute de ceux qui flattent, mais de ceux qui veulent être flattés.

ÉLISE. — Mais que ne tâchez-vous aussi à gagner l'appui de mon frère, en cas que la servante s'avisât de révéler notre secret?

VALÈRE. — On ne peut pas ménager l'un et l'autre; et l'esprit du père et celui du fils sont des choses si opposées, qu'il est difficile d'accommoder ces deux confidences ensemble. Mais vous, de votre part, agissez auprès de votre frère, et servez-vous de l'amitié qui est entre vous deux, pour le jeter dans nos intérêts. Il vient, je me retire. Prenez ce temps pour lui parler, et ne lui découvrez de notre affaire que ce que vous jugerez à propos.

ÉLISE. — Je ne sais si j'aurai la force de lui faire cette confidence.

l'*Avare*, la prose de Molière était mesurée et comme rhythmée. On dirait ce que les Anglais appellent des vers blancs :

> Vous voyez comme je m'y prends
> Et les adroites complaisances
> Qu'il m'a fallu mettre en usage
> Pour m'introduire à son service, etc.

SCÈNE II. — CLÉANTE, ÉLISE.

CLÉANTE. — Je suis bien aise de vous trouver seule, ma sœur; et je brûlois de vous parler, pour m'ouvrir à vous d'un secret.

ÉLISE. — Me voilà prête à vous ouïr, mon frère. Qu'avez-vous à me dire?

CLÉANTE. — Bien des choses, ma sœur, enveloppées dans un mot. J'aime.

ÉLISE. — Vous aimez?

CLÉANTE. — Oui, j'aime. Mais avant que d'aller plus loin, je sais que je dépends d'un père, et que le nom de fils me soumet à ses volontés; que nous ne devons point engager notre foi sans le consentement de ceux dont nous tenons le jour; que le ciel les a faits maîtres de nos vœux, et qu'il nous est enjoint de n'en disposer que par leur conduite; que, n'étant prévenus d'aucune folle ardeur, ils sont en état de se tromper bien moins que nous, et de voir beaucoup mieux ce qui nous est propre; qu'il en faut plutôt croire les lumières de leur prudence que l'aveuglement de notre passion, et que l'emportement de la jeunesse nous entraîne le plus souvent dans des précipices fâcheux. Je vous dis tout cela, ma sœur, afin que vous ne vous donniez pas la peine de me le dire; et je vous prie de ne me point faire de remontrances.

ÉLISE. — Vous êtes-vous engagé, mon frère, avec celle que vous aimez?

CLÉANTE. — Non; mais j'y suis résolu, et je vous conjure, encore une fois, de ne me point apporter de raisons pour m'en dissuader.

ÉLISE. — Suis-je, mon frère, une si étrange personne?

CLÉANTE. — Non ma sœur, mais j'appréhende votre sagesse.

ÉLISE. — Hélas! mon frère, ne parlons point de ma sagesse : il n'est personne qui n'en manque, du moins une fois en sa vie ; et, si je vous ouvre mon cœur, peut-être serai-je à vos yeux bien moins sage que vous.

CLÉANTE. — Ah! plût au ciel que votre âme, comme la mienne....

ÉLISE. — Finissons auparavant votre affaire, et me dites qui est celle que vous aimez.

CLÉANTE. — Une jeune personne qui loge depuis peu en ces quartiers. La nature, ma sœur, n'a rien formé de plus aimable, et je me sentis transporté dès le moment que je la vis. Elle se nomme Mariane, et vit sous la conduite d'une bonne femme de mère qui est presque toujours malade[1], et pour qui cette aimable fille a des sentimens d'amitié qui ne sont pas imaginables. Elle la sert, la plaint, et la console, avec une tendresse qui vous toucheroit l'âme. Elle se prend d'un air le plus charmant du monde aux choses qu'elle fait ; et l'on voit briller mille grâces en toutes ses actions, une douceur pleine d'attraits, une bonté tout engageante, une honnêteté adorable, une.... Ah! ma sœur, je voudrois que vous l'eussiez vue!

ÉLISE. — J'en vois beaucoup, mon frère, dans les choses que vous me dites ; et, pour comprendre ce qu'elle est, il me suffit que vous l'aimiez.

---

1. Ce mot expliquera l'absence de la mère de Mariane ; l'estime que Molière inspire pour cette jeune fille dès cette première scène diminuera un peu la témérité de certaines démarches que nous rencontrerons plus tard.

CLÉANTE. — J'ai découvert sous main qu'elles ne sont pas fort accommodées, et que leur discrète conduite a de la peine à étendre à tous leurs besoins le peu de bien qu'elles peuvent avoir. Figurez-vous, ma sœur, quelle joie ce peut être que de relever la fortune d'une personne que l'on aime ; que de donner adroitement quelques petits secours aux modestes nécessités d'une vertueuse famille ; et concevez quel déplaisir ce m'est de voir que, par l'avarice d'un père, je sois dans l'impuissance de goûter cette joie[1].

ÉLISE. — Oui je conçois assez, mon frère, quel doit être votre chagrin.

CLÉANTE. — Ah ! ma sœur, il est plus grand qu'on ne peut croire. Car enfin, peut-on rien voir de plus cruel que cette rigoureuse épargne qu'on exerce sur nous, que cette sécheresse étrange où l'on nous fait languir ? Hé ! que nous servira d'avoir du bien, s'il ne nous vient que dans le temps que nous ne serons plus dans le bel âge d'en jouir, et si, pour m'entretenir même, il faut que maintenant je m'engage de tous côtés ; si je suis réduit avec vous à chercher tous les jours le secours des marchands, pour avoir moyen de porter des habits raisonnables ? Enfin, j'ai voulu vous parler pour m'aider à sonder mon père sur les sentimens où je suis ; et, si je l'y trouve contraire, j'ai résolu d'aller en d'autres lieux avec cette aimable personne, jouir de

---

1. Molière presque toujours montre les effets que produisent dans la famille nos vices et nos travers : ce sera la morale de l'*Avare*, des *Femmes savantes*, du *Malade imaginaire*, du *Bourgeois gentilhomme*, etc. Nos défauts influent non-seulement sur nous, mais sur notre entourage qu'ils fléchissent et courbent dans un sens ou dans un autre. C'est à la fois faire naître des effets comiques et montrer une excellente leçon morale.

la fortune que le ciel voudra nous offrir. Je fais chercher partout pour ce dessein de l'argent à emprunter ; et si vos affaires, ma sœur, sont semblables aux miennes, et qu'il faille que notre père s'oppose à nos désirs, nous le quittons là tous deux, et nous affranchirons de cette tyrannie où nous tient depuis si longtemps son avarice insupportable.

ÉLISE. — Il est bien vrai que tous les jours il nous donne de plus en plus sujet de regretter la mort de notre mère, et que[1]....

CLÉANTE. — J'entends sa voix; éloignons-nous un peu pour achever notre confidence, et nous joindrons après nos forces pour venir attaquer la dureté de son humeur.

SCÈNE III. — HARPAGON, LA FLÈCHE.

HARPAGON[2]. — Hors d'ici tout à l'heure, et qu'on ne réplique pas. Allons, que l'on détale de chez moi, maître juré filou, vrai gibier de potence.

LA FLÈCHE, à part. — Je n'ai jamais rien vu de si méchant que ce maudit vieillard ; et je pense, sauf correction, qu'il a le diable au corps.

HARPAGON. — Tu murmures entre tes dents?

LA FLÈCHE. — Pourquoi me chassez-vous?

---

1. Cette nuance peint les caractères : Cléante maudit la tyrannie de son père, Élise regrette la mort de sa mère qui la laisse seule pour se conduire. Molière lui évite, maintenant que cela n'est plus nécessaire, l'embarras d'un second aveu de son affection pour Valère.

2. Harpagon signifie en grec l'homme aux mains crochues. L'entrée du personnage est des plus vives et le fait connaître comme la 1re scène du *Misanthrope* fait connaître Alceste.

HARPAGON. — C'est bien à toi, pendard, à me demander des raisons! Sors vite, que je ne t'assomme.

LA FLÈCHE. — Qu'est-ce que je vous ai fait?

HARPAGON. —Tu m'as fait que je veux que tu sortes.

LA FLÈCHE. — Mon maître, votre fils, m'a donné ordre de l'attendre.

HARPAGON. — Va-t'en l'attendre dans la rue, et ne sois point dans ma maison, planté tout droit comme un piquet, à observer ce qui se passe et faire ton profit de tout. Je ne veux point avoir sans cesse devant moi un espion de mes affaires, un traître dont les yeux maudits assiégent toutes mes actions, dévorent ce que je possède, et furettent de tous côtés pour voir s'il n'y a rien à voler.

LA FLÈCHE. — Comment diantre voulez-vous qu'on fasse pour vous voler? Êtes-vous un homme volable, quand vous renfermez toutes choses, et faites sentinelle jour et nuit?

HARPAGON. — Je veux renfermer ce que bon me semble, et faire sentinelle comme il me plaît. Ne voilà pas de mes mouchards, qui prennent garde à ce qu'on fait? (Bas à part.) Je tremble qu'il n'ait soupçonné quelque chose de mon argent. (Haut.) Ne serois-tu point homme à aller faire courir le bruit que j'ai chez moi de l'argent caché?

LA FLÈCHE. — Vous avez de l'argent caché?

HARPAGON. — Non, coquin, je ne dis pas cela. (Bas.) J'enrage. (Haut.) Je demande si, malicieusement, tu n'irois point faire courir le bruit que j'en ai.

LA FLÈCHE. — Hé! que nous importe que vous en ayez ou que vous n'en ayez pas, si c'est pour nous la même chose?

HARPAGON, (levant la main pour donner un soufflet à La Flèche.) — Tu fais le raisonneur ! Je te baillerai de ce raisonnement-ci par les oreilles. Sors d'ici, encore une fois.

LA FLÈCHE. — Hé bien ! je sors.

HARPAGON. — Attends : ne m'emportes-tu rien ?

LA FLÈCHE. — Que vous emporterois-je ?

HARPAGON. — Viens çà que je voie. Montre-moi tes mains.

LA FLÈCHE. — Les voilà.

HARPAGON. — Les autres.

LA FLÈCHE. — Les autres ?

HARPAGON. — Oui.

LA FLÈCHE. — Les voilà.

HARPAGON, montrant les hauts-de-chausses de La Flèche. — N'as-tu rien mis ici dedans ?

LA FLÈCHE. — Voyez vous-même.

HARPAGON, tâtant le bas des chausses de La Flèche. — Ces grands hauts-de-chausses sont propres à devenir les recéleurs des choses qu'on dérobe ; et je voudrois qu'on en eût fait pendre quelqu'un.

LA FLÈCHE, à part. — Ah ! qu'un homme comme cela mériteroit bien ce qu'il craint ! et que j'aurois de joie à le voler [1] !

HARPAGON. — Euh ?

LA FLÈCHE. — Quoi ?

HARPAGON. — Qu'est-ce que tu parles de voler ?

LA FLÈCHE. — Je vous dis que vous fouilliez bien partout, pour voir si je vous ai volé.

HARPAGON. — C'est ce que je veux faire. (Harpagon fouille dans les poches de La Flèche.)

---

1. Ceci prépare le nœud de la pièce

HARPAGON. — Ces grands hauts-de-chausses.... (Page 228.)

ACTE I, SCÈNE III.

LA FLÈCHE, à part. — La peste soit de l'avarice et des avaricieux!

HARPAGON. — Comment? Que dis-tu?

LA FLÈCHE. — Ce que je dis?

HARPAGON. — Oui. Qu'est-ce que tu dis d'avarice et d'avaricieux?

LA FLÈCHE. — Je dis que la peste soit de l'avarice et des avaricieux?

HARPAGON. — De qui veux-tu parler?

LA FLÈCHE. — Des avaricieux.

HARPAGON. — Et qui sont-ils, ces avaricieux?

LA FLÈCHE. — Des vilains et des ladres.

HARPAGON. — Mais qui est-ce que tu entends par là?

LA FLÈCHE. — De quoi vous mettez-vous en peine?

HARPAGON. — Je me mets en peine de ce qu'il faut.

LA FLÈCHE. — Est-ce que vous croyez que je veux parler de vous?

HARPAGON. — Je crois ce que je crois; mais je veux que tu me dises à qui tu parles quand tu dis cela.

LA FLÈCHE. — Je parle.... Je parle à mon bonnet.

HARPAGON. — Et moi, je pourrois bien parler à ta barrette [1].

LA FLÈCHE. — M'empêcherez-vous de maudire les avaricieux?

HARPAGON. — Non: mais je t'empêcherai de jaser et d'être insolent. Tais-toi.

LA FLÈCHE. — Je ne nomme personne.

HARPAGON. — Je te rosserai, si tu parles.

LA FLÈCHE. — Qui se sent morveux, qu'il se mouche.

---

1. Au moyen âge on appelait *barrette* le devant du chaperon, à cause des passements dont il était orné et qui y formaient des

HARPAGON. — Te tairas-tu?

LA FLÈCHE. — Oui, malgré moi.

HARPAGON. —Ah! ah!

LA FLÈCHE, montrant à Harpagon une poche de son justaucorps. — Tenez, voilà encore une poche : êtes-vous satisfait?

HARPAGON. — Allons, rends-le-moi sans te fouiller.

LA FLÈCHE. — Quoi?

HARPAGON. — Ce que tu m'as pris.

LA FLÈCHE. — Je ne vous ai rien pris du tout.

HARPAGON. — Assurément?

LA FLÈCHE. — Assurément.

HARPAGON. — Adieu. Va-t'en à tous les diables!

LA FLÈCHE, à part. — Me voilà fort bien congédié.

HARPAGON. — Je te le mets sur ta conscience, au moins[1].

SCÈNE IV. — HARPAGON, seul.

Voilà un pendard de valet qui m'incommode fort; et je ne me plais point à voir ce chien de boiteux-là. Certes, ce n'est pas une petite peine que de garder chez soi une grande somme d'argent; et bienheureux qui a tout son fait bien placé, et ne conserve seulement que ce qu'il faut pour sa dépense! On n'est pas peu embarrassé à inventer, dans toute une maison, une cache fidèle; car, pour moi, les coffres-forts me sont suspects, et je ne

---

barres. De là, en langage vulgaire, porter la main sur quelqu'un le frapper à la tête. Aujourd'hui le mot est réservé pour la coiffure des cardinaux.

1. Harpagon ne néglige aucune précaution, pas même l'appel à la conscience. Ce trait est des plus plaisants.

veux jamais m'y fier. Je les tiens justement une franche amorce à voleurs, et c'est toujours la première chose que l'on va attaquer.

SCÈNE V. — HARPAGON, ÉLISE et CLÉANTE,
parlant ensemble, et restant dans le fond du théâtre.

HARPAGON, se croyant seul. — Cependant je ne sais si j'aurai bien fait d'avoir enterré dans mon jardin dix mille écus qu'on me rendit hier. Dix mille écus en or chez soi est une somme assez.... (A part, apercevant Élise et Cléante.) O ciel ! je me serai trahi moi-même ! la chaleur m'aura emporté, et je crois que j'ai parlé haut en raisonnant tout seul. (A Cléante et à Élise). Qu'est-ce ?

CLÉANTE. — Rien, mon père.

HARPAGON. — Y a-t-il longtemps que vous êtes là ?

ÉLISE. — Nous ne venons que d'arriver.

HARPAGON. — Vous avez entendu....

CLÉANTE. — Quoi ? mon père.

HARPAGON. — Là....

ÉLISE. — Quoi ?

HARPAGON. — Ce que je viens de dire.

CLÉANTE. — Non.

HARPAGON. — Si fait, si fait.

ÉLISE. — Pardonnez-moi.

HARPAGON. — Je vois bien que vous en avez ouï quelques mots. C'est que je m'entretenois en moi-même de la peine qu'il y a aujourd'hui à trouver de l'argent, et je disois qu'il est bien heureux qui peut avoir dix mille écus chez soi.

CLÉANTE. — Nous feignions[1] à vous aborder, de peur de vous interrompre.

HARPAGON. — Je suis bien aise de vous dire cela, afin que vous n'alliez pas prendre les choses de travers, et vous imaginer que je dise que c'est moi qui ai dix mille écus.

CLÉANTE. — Nous n'entrons point dans vos affaires.

HARPAGON. — Plût à Dieu que je les eusse, dix mille écus !

CLÉANTE. — Je ne crois pas....

HARPAGON. — Ce seroit une bonne affaire pour moi.

ÉLISE. — Ce sont des choses....

HARPAGON. — J'en aurois bon besoin.

CLÉANTE. — Je pense que....

HARPAGON. — Cela m'accommoderoit fort.

ÉLISE. — Vous êtes....

HARPAGON. — Et je ne me plaindrois pas, comme je fais, que le temps est misérable.

CLÉANTE. — Mon Dieu ! mon père, vous n'avez pas lieu de vous plaindre, et l'on sait que vous avez assez de bien.

HARPAGON. — Comment ! j'ai assez de bien ! Ceux qui le disent en ont menti. Il n'y a rien de plus faux ; et ce sont des coquins qui font courir tous ces bruits-là.

ÉLISE. — Ne vous mettez point en colère.

HARPAGON. — Cela est étrange, que mes propres enfans me trahissent et deviennent mes ennemis.

CLÉANTE. — Est-ce être votre ennemi, que de dire que vous avez du bien ?

HARPAGON. — Oui. De pareils discours, et les dé-

---

1. Hésitions.

penses que vous faites, seront cause qu'un de ces jours on me viendra chez moi couper la gorge, dans la pensée que je suis tout cousu de pistoles.

CLÉANTE. — Quelle grande dépense est-ce que je fais?

HARPAGON. — Quelle? est-il rien de plus scandaleux que ce somptueux équipage que vous promenez par la ville? Je querellois hier votre sœur; mais c'est encore pis. Voilà qui crie vengeance au ciel; et, à vous prendre depuis les pieds jusqu'à la tête, il y auroit là de quoi faire une bonne constitution[1]. Je vous l'ai dit vingt fois, mon fils, toutes vos manières me déplaisent fort, vous donnez furieusement dans le marquis; et, pour aller ainsi vêtu, il faut bien que vous me dérobiez.

CLÉANTE. — Hé! comment vous dérober?

HARPAGON. — Que sais-je? Où pouvez-vous donc prendre de quoi entretenir l'état que vous portez?

CLÉANTE. — Moi, mon père? c'est que je joue; et, comme je suis fort heureux, je mets sur moi tout l'argent que je gagne.

HARPAGON. — C'est fort mal fait. Si vous êtes heureux au jeu, vous en devriez profiter, et mettre à honnête intérêt l'argent que vous gagnez, afin de le trouver un jour[2]. Je voudrois bien savoir, sans parler du reste, à quoi servent tous ces rubans dont vous voilà lardé depuis les pieds jusqu'à la tête, et si une demi-douzaine d'aiguillettes ne suffit pas pour attacher un haut-de-chausses. Il est bien nécessaire d'employer de l'argent à

---

1. Une Constitution de rentes.
2. Harpagon, qui prête à usure, ne peut être difficile sur les sources du gain: ce qu'il reproche à son fils, ce n'est pas de jouer, mais de ne pas placer à intérêt ses gains. Voilà la morale du père de famille avare!

des perruques, lorsque l'on peut porter des cheveux de son cru, qui ne coûtent rien! Je vais gager qu'en perruques et rubans, il y a du moins vingt pistoles; et vingt pistoles rapportent par année dix-huit livres six sous huit deniers, à ne les placer qu'au denier douze[1].

CLÉANTE. — Vous avez raison.

HARPAGON. — Laissons cela, et parlons d'autre affaire. (Apercevant Cléante et Élise qui se font des signes.) Hé! (Bas, à part.) Je crois qu'ils se font signe l'un à l'autre de me voler ma bourse. (Haut.) Que veulent dire ces gens-là?

ÉLISE. — Nous marchandons, mon frère et moi, à qui parlera le premier; et nous avons tous deux quelque chose à vous dire.

HARPAGON. — Et moi j'ai quelque chose aussi à vous dire à tous deux.

CLÉANTE. — C'est de mariage, mon père, que nous désirons vous parler.

HARPAGON. — Et c'est de mariage aussi que je veux vous entretenir.

ÉLISE. — Ah! mon père!

HARPAGON. — Pourquoi ce cri? Est-ce le mot, ma fille, ou la chose qui vous fait peur?

CLÉANTE. — Le mariage peut nous faire peur à tous deux, de la façon que vous pouvez l'entendre, et nous craignons que nos sentiments ne soient pas d'accord avec votre choix.

HARPAGON. — Un peu de patience; ne vous alarmez point. Je sais ce qu'il faut à tous deux, et vous n'aurez, ni l'un ni l'autre, aucun lieu de vous plaindre de tout

---

1. C'était placer de l'argent pour l'intérêt annuel d'un douzième, c'est-à-dire à un peu plus de 8 pour 100.

ce que je prétends faire; et, pour commencer par un bout, (à Cléante,) avez-vous vu, dites-moi, une jeune personne appelée Mariane, qui ne loge pas loin d'ici?

CLÉANTE. — Oui, mon père.

HARPAGON. — Et vous?

ÉLISE. — J'en ai ouï parler.

HARPAGON. — Comment, mon fils, trouvez-vous cette fille?

CLÉANTE. — Une fort charmante personne.

HARPAGON. — Sa physionomie?

CLÉANTE. — Tout honnête et pleine d'esprit.

HARPAGON. — Son air et sa manière?

CLÉANTE. — Admirables, sans doute.

HARPAGON. — Ne croyez-vous pas qu'une fille comme cela mériteroit assez que l'on songeât à elle?

CLÉANTE. — Oui, mon père.

HARPAGON. — Que ce seroit un parti souhaitable?

CLÉANTE. — Très-souhaitable.

HARPAGON. — Qu'elle a toute la mine de faire un bon ménage?

CLÉANTE. — Sans doute.

HARPAGON. — Et qu'un mari auroit satisfaction avec elle?

CLÉANTE. — Assurément.

HARPAGON. — Il y a une petite difficulté: c'est que j'ai peur qu'il n'y ait pas avec elle tout le bien qu'on pourroit prétendre.

CLÉANTE. — Ah! mon père, le bien n'est pas considérable, lorsqu'il est question d'épouser une honnête personne.

HARPAGON. — Pardonnez-moi, pardonnez-moi. Mais ce qu'il y a à dire, c'est que, si l'on n'y trouve pas tout le bien qu'on souhaite, on peut tâcher de regagner cela sur autre chose.

CLÉANTE. — Cela s'entend.

HARPAGON. — Enfin, je suis bien aise de vous voir dans mes sentimens; car son maintien honnête et sa douceur m'ont gagné l'âme, et je suis résolu de l'épouser, pourvu que j'y trouve quelque bien.

CLÉANTE. — Euh?

HARPAGON. — Comment?

CLÉANTE. — Vous êtes résolu, dites-vous....

HARPAGON. — D'épouser Mariane.

CLÉANTE. — Qui? Vous, vous?

HARPAGON. — Oui, moi, moi, moi. Que veut dire cela?

CLÉANTE. — Il m'a pris tout à coup un éblouissement, et je me retire d'ici.

HARPAGON. — Cela ne sera rien. Allez vite boire dans la cuisine un grand verre d'eau claire[1].

SCÈNE VI. — HARPAGON, ÉLISE.

HARPAGON. — Voilà de mes damoiseaux fluets, qui n'ont non plus de vigueur que des poules. C'est là, ma fille, ce que j'ai résolu pour moi. Quant à ton frère, je lui destine une certaine veuve dont, ce matin, on m'est venu parler; et, pour toi, je te donne au seigneur Anselme.

ÉLISE. — Au seigneur Anselme?

HARPAGON. — Oui; un homme mûr, prudent et sage,

---

1. Trait de dureté et de lésine qui achève de peindre Harpagon.

qui n'a pas plus de cinquante ans, et dont on vante les grands biens.

ÉLISE, faisant la révérence. — Je ne veux point me marier, mon père, s'il vous plaît.

HARPAGON, contrefaisant Élise. — Et moi, ma petite fille, ma mie, je veux que vous vous mariiez, s'il vous plaît.

ÉLISE, faisant encore la révérence. — Je vous demande pardon, mon père.

HARPAGON, contrefaisant Élise. — Je vous demande pardon, ma fille.

ÉLISE. — Je suis très-humble servante au seigneur Anselme; mais (faisant encore la révérence,) avec votre permission, je ne l'épouserai point.

HARPAGON. — Je suis votre très-humble valet; mais (contrefaisant Élise,) avec votre permission, vous l'épouserez dès ce soir.

ÉLISE. — Dès ce soir?

HARPAGON. — Dès ce soir.

ÉLISE, faisant encore la révérence. — Cela ne sera pas, mon père.

HARPAGON, contrefaisant encore Élise. — Cela sera, ma fille.

ÉLISE. — Non.

HARPAGON. — Si.

ÉLISE. — Non, vous dis-je.

HARPAGON. — Si, vous dis-je.

ÉLISE. — C'est une chose où vous ne me réduirez point.

HARPAGON. — C'est une chose où je te réduirai.

ÉLISE. — Je me tuerai plutôt que d'épouser un tel mari.

HARPAGON. — Tu ne te tueras point, et tu l'épouseras.

Mais voyez quelle audace! A-t-on jamais vu une fille parler de la sorte à son père?

ÉLISE. — Mais a-t-on jamais vu un père marier sa fille de la sorte?

HARPAGON. — C'est un parti où il n'y a rien à redire; et je gage que tout le monde approuvera mon choix.

ÉLISE. — Et moi, je gage qu'il ne sauroit être approuvé d'aucune personne raisonnable[1].

HARPAGON, apercevant Valère de loin. — Voilà Valère. Veux-tu qu'entre nous deux nous le fassions juge de cette affaire?

ÉLISE. — J'y consens.

HARPAGON. — Te rendras-tu à son jugement?

ÉLISE. — Oui; j'en passerai par ce qu'il dira.

HARPAGON. — Voilà qui est fait.

SCÈNE VII. — VALÈRE, HARPAGON, ÉLISE.

HARPAGON. — Ici, Valère. Nous t'avons élu pour nous dire qui a raison de ma fille ou de moi.

VALÈRE. — C'est vous, monsieur, sans contredit[2].

HARPAGON. — Sais-tu bien de quoi nous parlons?

VALÈRE. — Non. Mais vous ne sauriez jamais avoir tort, et vous êtes toute raison.

HARPAGON. — Je veux, ce soir, lui donner pour époux

---

1. La rébellion prolongée changeait le caractère comique de la pièce; Molière nous y ramène subitement et avec bonheur, par l'embarras où se trouvera Valère.

2. C'est le contraire du mot du chevalier de Grammont jugeant, sans connaître une affaire, par le silence des courtisans que Louis XIV devait avoir tort « si le cas eût été seulement douteux; on eût donné l'avantage au roi. »

un homme aussi riche que sage ; et la coquine me dit au nez qu'elle se moque de le prendre. Que dis-tu de cela?

VALÈRE. — Ce que j'en dis?

HARPAGON. — Oui.

VALÈRE. — Hé! Hé!

HARPAGON. — Quoi?

VALÈRE. — Je dis que, dans le fond, je suis de votre sentiment, et vous ne pouvez pas que vous n'ayez raison. Mais aussi n'a-t-elle pas tort tout à fait, et....

HARPAGON. — Comment? Le seigneur Anselme est un parti considérable ; c'est un gentilhomme qui est noble [1], doux, posé, sage et fort accommodé, et auquel il ne reste aucun enfant de son premier mariage. Sauroit-elle mieux rencontrer?

VALÈRE. — Cela est vrai. Mais elle pourroit vous dire que c'est un peu précipiter les choses, et qu'il faudroit au moins quelque temps pour voir si son inclination pourroit s'accommoder avec....

HARPAGON. — C'est une occasion qu'il faut prendre vite aux cheveux. Je trouve ici un avantage qu'ailleurs je ne trouverois pas ; et il s'engage à la prendre sans dot.

VALÈRE. — Sans dot?

HARPAGON. — Oui.

VALÈRE. — Ah! je ne dis plus rien. Voyez-vous? voilà une raison tout à fait convaincante ; il se faut rendre à cela.

HARPAGON. — C'est pour moi une épargne considérable.

VALÈRE. — Assurément ; cela ne reçoit point de con-

---

1. Trait de satire contre tous ces bourgeois qui se prétendaient nobles, et qui étaient alors si nombreux, que Colbert fut contraint de faire reviser les titres de noblesse.

tradiction. Il est vrai que votre fille vous peut représenter que le mariage est une plus grande affaire qu'on ne peut croire; qu'il y va d'être heureux ou malheureux toute sa vie; et qu'un engagement qui doit durer jusqu'à la mort, ne se doit jamais faire qu'avec de grandes précautions.

HARPAGON. — Sans dot[1] !

VALÈRE. — Vous avez raison : voilà qui décide tout; cela s'entend. Il y a des gens qui pourroient vous dire qu'en de telles occasions, l'inclination d'une fille est une chose, sans doute, où l'on doit avoir de l'égard; et que cette grande inégalité d'âge, d'humeur et de sentimens....

HARPAGON. — Sans dot !

VALÈRE. — Ah! il n'y a pas de réplique à cela; on le sait bien. Qui diantre peut aller là contre? Ce n'est pas qu'il n'y ait quantité de pères qui aimeroient mieux ménager la satisfaction de leurs filles, que l'argent qu'ils pourroient donner; qui ne les voudroient point sacrifier à l'intérêt, et chercheroient, plus que toute autre chose, à mettre dans un mariage cette douce conformité qui, sans cesse, y maintient l'honneur, la tranquillité et la joie; et que....

HARPAGON. — Sans dot !

VALÈRE. — Il est vrai; cela ferme la bouche à tout. Sans dot ! Le moyen de résister à une raison comme celle-là ?

HARPAGON, à part, regardant du côté du jardin. — Ouais! il me semble que j'entends un chien qui aboie. N'est-ce

---

1. Molière a un art particulier de ramener ces mots importants et comiques : *sans dot*, ici: *qu'allait-il faire dans cette galère*, dans les *Fourberies de Scapin*; *le pauvre homme*, de *Tartuffe*, etc.

point qu'on en voudroit à mon argent? (A Valère.) [1] Ne bougez; je reviens tout à l'heure.

SCÈNE VIII. — ÉLISE, VALÈRE.

ÉLISE. — Vous moquez-vous, Valère de lui parler comme vous faites?

VALÈRE. — C'est pour ne point l'aigrir, et pour en venir mieux à bout. Heurter de front ses sentimens est le moyen de tout gâter, et il y a de certains esprits qu'il ne faut prendre qu'en biaisant, des tempéramens ennemis de toute résistance, des naturels rétifs que la vérité fait cabrer, qui toujours se roidissent contre le droit chemin de la raison, et qu'on ne mène, qu'en tournant où l'on veut les conduire. Faites semblant de consentir à ce qu'il veut, vous en viendrez mieux à vos fins, et....

ÉLISE. — Mais ce mariage, Valère!

VALÈRE. — On cherchera des biais pour le rompre.

ÉLISE. — Mais quelle invention trouver, s'il se doit conclure ce soir?

VALÈRE. — Il faut demander un délai, et feindre quelque maladie.

ÉLISE. — Mais on découvrira la feinte, si l'on appelle des médecins.

VALÈRE. — Vous moquez-vous? Y connoissent-i's quelque chose? Allez, allez, vous pourrez avec eux avoir

---

1. La vie pleine de transes de l'avare qui tout à l'heure croyait que ses enfants voulaient le voler est peinte de main de maître et d'une manière toujours comique.

quel mal il vous plaira; ils vous trouveront des raisons pour vous dire d'où cela vient[1].

SCÈNE IX. — HARPAGON, ÉLISE, VALÈRE.

HARPAGON, à part, dans le fond du théâtre. — Ce n'est rien, Dieu merci.

VALÈRE, apercevant Harpagon. — Oui, il faut qu'une fille obéisse à son père. Il ne faut point qu'elle regarde comme un mari est fait; et, lorsque la grande raison de *sans dot* s'y rencontre, elle doit être prête à prendre tout ce qu'on lui donne.

HARPAGON. — Bon; voilà bien parlé, cela!

VALÈRE. — Monsieur, je vous demande pardon si je m'emporte un peu, et prends la hardiesse de lui parler comme je fais.

HARPAGON. — Comment! j'en suis ravi, et je veux que tu prennes sur elle un pouvoir absolu. (A Élise.) Oui, tu as beau fuir: je lui donne l'autorité que le ciel me donne sur toi, et j'entends que tu fasses tout ce qu'il te dira.

VALÈRE, à Élise. — Après cela, résistez à mes remontrances.

SCÈNE X. — HARPAGON, VALÈRE.

VALÈRE. — Monsieur, je vais la suivre, pour lui continuer les leçons que je lui faisois.

---

1. Molière l'avait mis en action dans la scène où Sganarelle disserte sur le mutisme de Lucinde (*Médecin malgré lui*, acte II, scène VI, p. 192).

HARPAGON. — Oui; tu m'obligeras. Certes....

VALÈRE. — Il est bon de lui tenir un peu la bride haute.

HARPAGON. — Cela est vrai. Il faut....

VALÈRE. — Ne vous mettez pas en peine. Je crois que j'en viendrai à bout.

HARPAGON. — Fais, fais. Je m'en vais faire un petit tour en ville, et reviens tout à l'heure.

VALÈRE, adressant la parole à Élise, en s'en allant du côté par où elle est sortie: — Oui, l'argent est plus précieux que toutes les choses du monde, et vous devez rendre grâce au ciel de l'honnête homme de père qu'il vous a donné. Il sait ce que c'est que de vivre. Lorsqu'on s'offre de prendre une fille *sans dot*, on ne doit point regarder plus avant. Tout est renfermé là dedans; et *sans dot* tient lieu de beauté, de jeunesse, de naissance, d'honneur, de sagesse et de probité.

HARPAGON. — Ah! le brave garçon! Voilà parler comme un oracle. Heureux qui peut avoir un domestique de la sorte[1].

---

1. Harpagon a plus de confiance en Valère qui flatte ses vices que dans ses propres enfants!

ACTE DEUXIÈME.

SCÈNE I. — CLÉANTE, LA FLÈCHE.

CLÉANTE. — Ah! traître que tu es, où t'es-tu donc allé fourrer? Ne t'avois-je pas donné ordre....

LA FLÈCHE. — Oui, monsieur, et je m'étois rendu ici pour vous attendre de pied ferme; mais monsieur votre père, le plus mal gracieux des hommes, m'a chassé dehors malgré moi, et j'ai couru risque d'être battu.

CLÉANTE. — Comment va notre affaire? Les choses pressent plus que jamais; et depuis que je ne t'ai vu, j'ai découvert que mon père est mon rival.

LA FLÈCHE. — Votre père amoureux?

CLÉANTE. — Oui, et j'ai eu toutes les peines du monde à lui cacher le trouble où cette nouvelle m'a mis.

LA FLÈCHE. — Lui, se mêler d'aimer! De quoi diable s'avise-t-il? Se moque-t-il du monde? Et l'amour a-t-il été fait pour des gens bâtis comme lui?

CLÉANTE. — Il a fallu, pour mes péchés, que cette passion lui soit venue en tête.

LA FLÈCHE. — Mais par quelle raison lui faire un mystère de votre amour.

CLÉANTE. — Pour lui donner moins de soupçon, et me conserver, au besoin, des ouvertures plus aisées pour détourner ce mariage. Quelle réponse t'a-t-on faite?

LA FLÈCHE. — Ma foi, monsieur, ceux qui empruntent sont bien malheureux; et il faut essuyer d'étranges choses, lorsqu'on en est réduit à passer, comme vous, par les mains des fesse-matthieux[1].

CLÉANTE. — L'affaire ne se fera point?

LA FLÈCHE. — Pardonnez-moi. Notre maître Simon, le courtier qu'on nous a donné, homme agissant et plein de zèle, dit qu'il a fait rage pour vous, et il assure que votre seule physionomie lui a gagné le cœur.

CLÉANTE. — J'aurai les quinze mille francs que je demande?

LA FLÈCHE. — Oui, mais à quelques petites conditions qu'il faudra que vous acceptiez, si vous avez dessein que les choses se fassent.

CLÉANTE. — T'a-t-il fait parler à celui qui doit prêter l'argent!

LA FLÈCHE. — Ah! vraiment, cela ne va pas de la sorte. Il apporte encore plus de soin à se cacher que vous, et ce sont des mystères bien plus grands que vous ne pensez. On ne veut point du tout dire son nom; et l'on doit aujourd'hui l'aboucher avec vous dans une maison empruntée, pour être instruit par votre bouche de votre bien et de votre famille; et je ne doute point que le seul nom de votre père ne rende les choses faciles.

CLÉANTE. — Et principalement notre mère étant morte, dont on ne peut m'ôter le bien.

LA FLÈCHE. — Voici quelques articles qu'il a dictés lui-même à notre entremetteur, pour vous être montrés avant que de rien faire :

---

1. Usuriers, gens qui *festent saint Matthieu*; on sait que cet apôtre avant sa conversion était un receveur de tributs, un publicain.

Supposé que le prêteur voie toutes ses sûretés, et que l'emprunteur soit majeur, et d'une famille où le bien soit ample, solide, assuré, clair, et net de tout embarras, on fera une bonne et exacte obligation par-devant un notaire, le plus honnête homme qu'il se pourra[1], *et qui, pour cet effet, sera choisi par le prêteur, auquel il importe le plus que l'acte soit dûment dressé.*

CLÉANTE. — Il n'y a rien à dire à cela.

LA FLÈCHE. — *Le prêteur, pour ne charger sa conscience d'aucun scrupule, prétend ne donner son argent qu'au denier dix-huit*[2].

CLÉANTE. — Au denier dix-huit? Parbleu! voilà qui est honnête. Il n'y a pas lieu de se plaindre.

LA FLÈCHE. — *Cela est vrai.*

Mais, comme ledit prêteur n'a pas chez lui la somme dont il est question, et que, pour faire plaisir à l'emprunteur, il est contraint lui-même de l'emprunter d'un autre sur le pied du denier cinq[3], *il conviendra que ledit premier emprunteur paye cet intérêt, sans préjudice du reste, attendu que ce n'est que pour l'obliger que ledit prêteur s'engage à cet emprunt*[4].

CLÉANTE. — Comment diable! quel juif, quel Arabe est-ce là? C'est plus qu'au denier quatre[5].

---

1. Molière n'épargne pas trop non plus les notaires, mieux traités cependant que les médecins. De nos jours, la comédie leur est encore moins favorable.
2. Un peu plus de cinq et demi pour cent.
3. A vingt pour cent.
4. Nous avons vu dans la vie de Molière que lui-même avait passé par de pareilles conditions. (P. 8.)
5. A vingt-cinq pour cent.

LA FLÈCHE. — Il est vrai; c'est ce que j'ai dit. Vous avez à voir là-dessus.

CLÉANTE. — Que veux-tu que je voie? J'ai besoin d'argent, et il faut bien que je consente à tout.

LA FLÈCHE. — C'est la réponse que j'ai faite.

CLÉANTE. — Il y a encore quelque chose?

LA FLÈCHE. — Ce n'est plus qu'un petit article.

Des quinze mille francs qu'on demande, le prêteur ne pourra compter en argent que douze mille livres; et pour les mille écus restans, il faudra que l'emprunteur prenne les hardes, nippes, bijoux dont s'ensuit le mémoire, et que ledit prêteur a mis, de bonne foi, au plus modique prix qu'il lui a été possible.

CLÉANTE. — Que veut dire cela?

LA FLÈCHE. — Écoutez le mémoire.

Premièrement, un lit de quatre pieds à bandes de point de Hongrie, appliquées fort proprement sur un drap de couleur d'olive, avec six chaises et la courte-pointe de même : le tout bien conditionné, et doublé d'un petit taffetas changeant rouge et bleu.

Plus, un pavillon à queue, d'une bonne serge d'Aumale rose sèche, avec le mollet et les franges de soie.

CLÉANTE. — Que veut-il que je fasse de cela?

LA FLÈCHE. — Attendez.

Plus, une tenture de tapisserie.

Plus une grande table de bois de noyer, à douze colonnes ou piliers tournés, qui se tire par les deux bouts, et garnie, par le dessous, de ses six escabelles.

CLÉANTE. — Qu'ai-je affaire, morbleu?..

LA FLÈCHE. — Donnez-vous patience.

Plus, trois gros mousquets tout garnis de nacre de perle, avec les fourchettes assortissantes[1].

Plus, un fourneau de brique, avec deux cornues et trois récipiens, fort utiles à ceux qui sont curieux de distiller.

CLÉANTE. — J'enrage.
LA FLÈCHE. — Doucement.

Plus un luth de Bologne, garni de toutes ses cordes, ou peu s'en faut.

Plus un trou-madame et un damier, avec un jeu de l'oie, renouvelé des Grecs, fort propres à passer le temps lorsque l'on n'a que faire.

Plus, une peau d'un lézard de trois pieds et demi, remplie de foin : curiosité agréable pour pendre au plancher d'une chambre.

Le tout ci-dessus mentionné, valant loyalement plus de quatre mille cinq cents livres, et rabaissé à la valeur de mille écus par la discrétion du prêteur.

CLÉANTE. — Que la peste l'étouffe avec sa discrétion, le traître, le bourreau qu'il est! A-t-on jamais parlé d'une usure semblable? Et n'est-il pas content du furieux intérêt qu'il exige, sans vouloir encore m'obliger à prendre pour trois mille livres les vieux rogatons qu'il ramasse? Je n'aurai pas deux cents écus de tout cela; et cependant il faut bien me résoudre à consentir à ce qu'il

---

1. Bâton fourchu qu'on enfonçait en terre pour appuyer le mousquet.

veut; car il est en état de me faire tout accepter, et il me tient, le scélérat, le poignard sur la gorge.

LA FLÈCHE. — Je vous vois, monsieur, ne vous en déplaise, dans le grand chemin justement que tenoit Panurge pour se ruiner, prenant argent d'avance, achetant cher, vendant à bon marché, et mangeant son blé en herbe.

CLÉANTE. — Que veux-tu que j'y fasse? Voilà où les jeunes gens sont réduits par la maudite avarice des pères; et on s'étonne, après cela, que les fils souhaitent qu'ils meurent [1]!

LA FLÈCHE. — Il faut avouer que le vôtre animeroit contre sa vilenie le plus posé homme du monde. Je n'ai pas, Dieu merci, les inclinations fort patibulaires; et, parmi mes confrères que je vois se mêler de beaucoup de petits commerces, je sais tirer adroitement mon épingle du jeu, et me démêler prudemment de toutes les galanteries qui sentent tant soit peu l'échelle; mais, à vous dire vrai, il me donneroit, par ses procédés, des tentations de le voler, et je croirois, en le volant, faire une action méritoire.

CLÉANTE. — Donne-moi un peu ce mémoire, que je le voie encore.

SCÈNE II. — HARPAGON, MAITRE SIMON, CLÉANTE
ET LA FLÈCHE, dans le fond du théâtre.

MAÎTRE SIMON. — Oui, monsieur, c'est un jeune homme qui a besoin d'argent; ses affaires le pressent

---

1. Ces sentiments coupables sont presque un des fruits naturels de l'avarice d'Harpagon. Voilà, semble dire Molière, la maison de

d'en trouver, et il en passera par tout ce que vous en prescrirez.

HARPAGON. — Mais croyez-vous, maître Simon, qu'il n'y ait rien à péricliter? et savez-vous le nom, les biens et la famille de celui pour qui vous parlez?

MAÎTRE SIMON. — Non. Je ne puis pas bien vous en instruire à fond, et ce n'est que par aventure que l'on m'a adressé à lui; mais vous serez de toutes choses éclairci par lui-même, et son homme m'a assuré que vous serez content quand vous le connoîtrez. Tout ce que je saurois vous dire, c'est que sa famille est fort riche, qu'il n'a plus de mère déjà, et qu'il s'obligera, si vous voulez, que son père mourra avant qu'il soit huit mois.

HARPAGON. — C'est quelque chose que cela[1]. La charité, maître Simon, nous oblige à faire plaisir aux personnes lorsque nous le pouvons.

MAÎTRE SIMON. — Cela s'entend.

LA FLÈCHE, bas, à Cléante, reconnaissant maître Simon. — Que veut dire ceci? Notre maître Simon qui parle à votre père!

CLÉANTE, bas, à La Flèche. — Lui auroit-on appris qui je suis? et serois-tu pour me trahir?

MAÎTRE SIMON, à La Flèche. — Ah! Ah! vous êtes bien pressés! Qui vous a dit que c'étoit céans? (A Harpagon.) Ce n'est pas moi, monsieur, au moins, qui leur ai découvert votre nom et votre logis : mais à mon avis, il n'y a pas grand mal à cela, ce sont des personnes discrètes, et vous pouvez ici vous expliquer ensemble.

---

l'avare! et il ne pouvait affaiblir le tableau sans affaiblir la moralité de la pièce.

1. Ce mot et ce sentiment d'Harpagon justifieraient presque l'impiété de Cléante dans la scène précédente.

HARPAGON. — Comment ?

MAÎTRE SIMON, montrant Cléante. — Monsieur est la personne qui veut vous emprunter les quinze mille livres dont je vous ai parlé.

HARPAGON. — Comment, pendard ! c'est toi qui t'abandonnes à ces coupables extrémités ?

CLÉANTE. — Comment, mon père ! c'est vous qui vous portez à ces honteuses actions ? (Maître Simon s'enfuit et La Flèche va se cacher.)

SCÈNE III. — HARPAGON, CLÉANTE.

HARPAGON. — C'est toi qui te veux ruiner par des emprunts si condamnables !

CLÉANTE. — C'est vous qui cherchez à vous enrichir par des usures si criminelles !

HARPAGON. — Oses-tu bien, après cela, paroître devant moi ?

CLÉANTE. — Osez-vous bien, après cela, vous présenter aux yeux du monde ?

HARPAGON. — N'as-tu point de honte, dis-moi, d'en venir à ces débauches-là, de te précipiter dans des dépenses effroyables, et de faire une honteuse dissipation du bien que tes parents t'ont amassé avec tant de sueurs !

CLÉANTE. — Ne rougissez-vous point de déshonorer votre condition par les commerces que vous faites ; de sacrifier gloire et réputation au désir insatiable d'entasser écu sur écu, et de renchérir, en fait d'intérêts, sur les plus infâmes subtilités qu'aient jamais inventées les plus célèbres usuriers ?

HARPAGON. — Ôte-toi de mes yeux, coquin; ôte-toi de mes yeux!

CLÉANTE. — Qui est plus criminel, à votre avis, ou celui qui achète un argent dont il a besoin, ou bien celui qui vole un argent dont il n'a que faire?

HARPAGON. — Retire-toi, te dis-je, et ne m'échauffe pas les oreilles. (Seul.) Je ne suis pas fâché de cette aventure[1]; et ce m'est un avis de tenir l'œil plus que jamais sur toutes ses actions.

SCÈNE IV. — FROSINE, HARPAGON.

FROSINE. — Monsieur....

HARPAGON. — Attendez un moment : je vais revenir vous parler. (A part.) Il est à propos que je fasse un petit tour à mon argent.

SCÈNE V. — LA FLÈCHE, FROSINE.

LA FLÈCHE, sans voir Frosine. — L'aventure est tout à fait drôle! Il faut bien qu'il ait quelque part un ample magasin de hardes, car nous n'avons rien reconnu au mémoire que nous avons.

FROSINE. — Hé! c'est toi, mon pauvre La Flèche! D'où vient cette rencontre?

LA FLÈCHE. — Ah! ah! c'est toi, Frosine! Que viens-tu faire ici?

---

1. Quel mot dans la bouche d'un père; il serait incompréhensible si avant tout Harpagon n'était pas un avare. Théophraste a admirablement défini ce vice : « L'avarice est un mépris de l'honneur dans la vue d'un vil intérêt. »

FROSINE. — Ce que je fais partout ailleurs : m'entremettre d'affaires, me rendre serviable aux gens, et profiter, du mieux qu'il m'est possible, des petits talens que je puis avoir. Tu sais que, dans ce monde, il faut vivre d'adresse, et qu'aux personnes comme moi le ciel n'a donné d'autres rentes que l'intrigue et que l'industrie.

LA FLÈCHE. — As-tu quelque négoce avec le patron du logis?

FROSINE. — Oui. Je traite pour lui quelque petite affaire, dont j'espère une récompense.

LA FLÈCHE. — De lui? Ah! ma foi, tu seras bien fine, si tu en tires quelque chose; et je te donne avis que l'argent céans est fort cher[1].

FROSINE. — Il y a de certains services qui touchent merveilleusement.

LA FLÈCHE. — Je suis votre valet; et tu ne connois pas encore le seigneur Harpagon. Le seigneur Harpagon est, de tous les humains, l'humain le moins humain, le mortel de tous les mortels le plus dur et le plus serré. Il n'est point de service qui pousse sa reconnoissance jusqu'à lui faire ouvrir les mains. De la louange, de l'estime, de la bienveillance en paroles, et de l'amitié, tant qu'il vous plaira; mais de l'argent, point d'affaires. Il n'est rien de plus sec et de plus aride que ses bonnes grâces et ses caresses; et *donner* est un mot pour qui il a tant d'aversion, qu'il ne dit jamais, *je vous donne*, mais *je vous prête le bonjour*.

FROSINE. — Mon Dieu! je sais l'art de traire les hommes; j'ai le secret de m'ouvrir leur tendresse, de

---

1. Le trait est des plus heureux après les scènes précédentes.

chatouiller leurs cœurs, de trouver leurs endroits par où ils sont sensibles[1].

LA FLÈCHE. — Bagatelles ici. Je te défie d'attendrir, du côté de l'argent, l'homme dont il est question. Il est Turc là-dessus, mais d'une turquerie à désespérer tout le monde; et l'on pourroit crever, qu'il n'en branleroit pas. En un mot, il aime l'argent plus que réputation, qu'honneur et que vertu; et la vue d'un demandeur lui donne des convulsions; c'est le frapper par son endroit mortel; c'est lui percer le cœur; c'est lui arracher les entrailles, et si.... Mais il revient : je me retire.

SCÈNE VI. — HARPAGON, FROSINE.

HARPAGON bas. — Tout va comme il faut[2]. (Haut.) Hé bien! qu'est-ce, Frosine?

FROSINE. — Ah! mon Dieu, que vous vous portez bien, et que vous avez là un vrai visage de santé!

HARPAGON. — Qui, moi?

FROSINE. — Jamais je ne vous vis un teint si frais et si gaillard.

HARPAGON. — Tout de bon?

FROSINE. — Comment! vous n'avez de votre vie été si jeune que vous êtes; et je vois des gens de vingt-cinq ans qui sont plus vieux que vous.

HARPAGON. — Cependant, Frosine, j'en ai soixante bien comptés.

FROSINE. — Hé bien! qu'est-ce que cela, soixante ans?

---

1. Ce mot de Frosine donnera un grand intérêt à la scène suivante : sera-t-elle plus habile qu'Harpagon n'est avare?
2. Toujours l'unique pensée d'Harpagon, son trésor!

Voilà bien de quoi! C'est la fleur de l'âge, cela; et vous entrez maintenant dans la belle saison de l'homme.

HARPAGON. — Il est vrai; mais vingt années de moins pourtant ne me feroient point de mal, que je crois.

FROSINE. — Vous moquez-vous? Vous n'avez point besoin de cela, et vous êtes d'une pâte à vivre jusques à cent ans.

HARPAGON. — Tu le crois?

FROSINE. — Assurément. Vous en avez toutes les marques. Tenez-vous un peu. Oh! que voilà bien là, entre vos deux yeux, un signe de longue vie!

HARPAGON. — Tu te connois à cela?

FROSINE. — Sans doute. Montrez-moi votre main. Ah! mon Dieu, quelle ligne de vie!

HARPAGON. — Comment?

FROSINE. — Ne voyez-vous pas jusqu'où va cette ligne-là?

HARPAGON. — Hé bien! qu'est-ce que cela veut dire?

FROSINE. — Par ma foi, je disois cent ans; mais vous passerez les six-vingts[1].

HARPAGON. — Est-il possible?

FROSINE. — Il faudra vous assommer, vous dis-je; et vous mettrez en terre et vos enfants, et les enfants de vos enfants.

HARPAGON. — Tant mieux[2]! Comment va notre affaire?

---

1. Cent vingt ans. — Ne se dit plus.
2. Peut-on être encore surpris des sentiments de Cléante? Il n'y a plus dans cette maison qu'un besoin, l'argent; le cœur de tous ces gens-là s'est pétrifié.

FROSINE. — Faut-il le demander ? et me voit-on mêler de rien dont je ne vienne à bout? J'ai, surtout pour les mariages, un talent merveilleux. Il n'est point de partis au monde que je ne trouve en peu de temps le moyen d'accoupler ; et je crois, si je me l'étois mis en tête, que je marierois le Grand Turc avec la République de Venise. Il n'y avoit pas, sans doute, de si grandes difficultés à cette affaire-ci. Comme j'ai commerce chez elles, je les ai à fond l'une et l'autre entretenues de vous ; et j'ai dit à la mère le dessein que vous aviez conçu pour Mariane, à la voir passer dans la rue et prendre l'air à sa fenêtre.

HARPAGON. — Qui a fait réponse.....

FROSINE. — Elle a reçu la proposition avec joie ; et, quand je lui ai témoigné que vous souhaitiez fort que sa fille assistât ce soir au contrat de mariage qui se doit faire de la vôtre, elle y a consenti sans peine, et me l'a confiée pour cela.

HARPAGON. — C'est que je suis obligé, Frosine, de donner à souper au seigneur Anselme, et je serai bien aise qu'elle soit du régal.

FROSINE. — Vous avez raison. Elle doit, après dîner, rendre visite à votre fille, d'où elle fait son compte d'aller faire un tour à la foire, pour venir ensuite au souper.

HARPAGON. — Hé bien ! elles iront ensemble dans mon carrosse, que je leur prêterai.

FROSINE. — Voilà justement son affaire.

HARPAGON. — Mais, Frosine, as-tu entretenu la mère touchant le bien qu'elle peut donner à sa fille ? Lui as-tu dit qu'il falloit qu'elle s'aidât un peu, qu'elle fît quelque effort, qu'elle se saignât pour une occasion comme celle-ci? Car encore n'épouse-t-on point une fille sans qu'elle apporte quelque chose[1].

FROSINE. — Comment ! c'est une fille qui vous apportera douze mille livres de rente.

HARPAGON. — Douze mille livres de rente !

FROSINE. — Oui. Premièrement elle est nourrie et élevée dans une grande épargne de bouche. C'est une fille accoutumée à vivre de salade, de lait, de fromage et de pommes, et à laquelle, par conséquent, il ne faudra ni table bien servie, ni consommés exquis, ni orges mondés perpétuels, ni les autres délicatesses qu'il faudroit pour une autre femme ; et cela ne va pas à si peu de chose, qu'il ne monte bien, tous les ans, à trois mille francs pour le moins. Outre cela, elle n'est curieuse que d'une propreté fort simple, et n'aime point les superbes habits, ni les riches bijoux, ni les meubles somptueux, où donnent ses pareilles avec tant de chaleur ; et cet article-là vaut plus de quatre mille livres par an. De plus, elle a une aversion horrible pour le jeu, ce qui n'est pas commun aux femmes d'aujourd'hui ; et j'en sais une de nos quartiers qui a perdu, à trente-et-quarante, vingt mille francs cette année. Mais n'en prenons rien que le quart. Cinq mille francs au jeu par an, et quatre mille francs en habits et bijoux, cela fait neuf mille livres; et mille écus que nous mettons pour la nourriture, ne voilà-t-il pas par année vos douze mille francs bien comptés[2] ?

---

1. Ce langage n'est-il pas singulier après le *sans dot* de l'acte IIe; *se saigner pour une occasion comme celle-ci!*

2. Curieux tableau de la vie des héritières de l'époque. Les comedies de Molière sont la peinture de son siècle et de l'humanité.

HARPAGON. — Oui : cela n'est pas mal ; mais ce compte-là n'est rien de réel.

FROSINE. — Pardonnez-moi. N'est-ce pas quelque chose de réel, que de vous apporter en mariage une grande sobriété, l'héritage d'un grand amour de simplicité de parure, et l'acquisition d'un grand fonds de haine pour le jeu.

HARPAGON. — C'est une raillerie que de vouloir me constituer sa dot de toutes les dépenses qu'elle ne fera point. Je n'irai point donner quittance de ce que je ne reçois pas ; et il faut bien que je touche quelque chose [1].

FROSINE. — Mon Dieu ! vous toucherez assez ; et elles m'ont parlé d'un certain pays où elles ont du bien, dont vous serez le maître.

HARPAGON. — Il faudra voir cela. Mais, Frosine, il y a encore une chose qui m'inquiète. La fille est jeune, comme tu vois, et les jeunes gens, d'ordinaire, n'aiment que leurs semblables, ne cherchent que leur compagnie ; j'ai peur qu'un homme de mon âge ne soit pas de son goût.

FROSINE. — Ah ! que vous la connoissez mal ! C'est encore une particularité que j'avois à vous dire. Elle a une aversion épouvantable pour tous les jeunes gens, et n'a de l'amour que pour les vieillards.

HARPAGON. — Elle ?

FROSINE. — Oui, elle. Je voudrois que vous l'eussiez entendue parler là-dessus. Elle ne peut souffrir du tout la vue d'un jeune homme ; mais elle n'est point plus ravie, dit-elle, que lorsqu'elle peut voir un beau vieillard

---

1. Ceci revient comme le *sans dot*; la même cause produit des effets contraires.

avec une barbe majestueuse. Les plus vieux sont pour elle les plus charmants ; et je vous avertis de n'aller pas vous faire plus jeune que vous êtes. Elle veut tout au moins qu'on soit sexagénaire ; et il n'y a pas quatre mois encore qu'étant prête d'être mariée[1], elle rompit tout net le mariage, sur ce que son amant fit voir qu'il n'avoit que cinquante-six ans, et qu'il ne prit point de lunettes pour signer le contrat.

HARPAGON. — Sur cela seulement ?

FROSINE. — Oui. Elle dit que ce n'est pas contentement pour elle que cinquante-six ans ; et surtout elle est pour les nez qui portent lunettes[2].

HARPAGON. — Certes, tu me dis là une chose toute nouvelle.

FROSINE. — Cela va plus loin qu'on ne vous peut dire. On lui voit dans sa chambre quelques tableaux et quelques estampes ; mais que pensez-vous que ce soit ? Des Adonis, des Céphales, des Pâris et des Apollons ? Non : de beaux portraits de Saturne, du roi Priam, du vieux Nestor, et du bon père Anchise sur les épaules de son fils.

HARPAGON. — Cela est admirable. Voilà ce que je n'aurois jamais pensé, et je suis bien aise d'apprendre qu'elle est de cette humeur. En effet, si j'avois été femme, je n'aurois point aimé les jeunes hommes.

FROSINE. — Je le crois bien. Voilà de belles drogues que des jeunes gens pour les aimer !

HARPAGON. — Pour moi je n'y en comprends point, et

---

1. Il faudrait aujourd'hui *près d'être mariée* ou *prête à être mariée*.
2. Ce dernier trait et celui des tableaux dépassent peut-être un peu la mesure et tombent dans la charge.

je ne sais pas comment il y a des femmes qui les aiment tant.

FROSINE. — Il faut être folle fieffée. Trouver la jeunesse aimable, est-ce avoir le sens commun? Sont-ce des hommes que de jeunes blondins, et peut-on s'attacher à ces animaux-là?

HARPAGON. — C'est ce que je dis tous les jours : avec leur ton de poule laitée, leurs trois petits brins de barbe relevés en barbe de chat, leurs perruques d'étoupes, leurs hauts-de-chausses tombans, et leurs estomacs débraillés[1]!

FROSINE. — Hé! cela est bien bâti, auprès d'une personne comme vous? Voilà un homme, cela; il y a là de quoi satisfaire à la vue; et c'est ainsi qu'il faut être fait et vêtu.

HARPAGON. — Tu me trouves bien?

FROSINE. — Comment! vous êtes à ravir, et votre figure est à peindre. Tournez-vous un peu, s'il vous plaît. Il ne se peut pas mieux. Que je vous voie marcher. Voilà un corps taillé, libre et dégagé comme il faut, et qui ne marque aucune incommodité.

HARPAGON. — Je n'en ai pas de grandes, Dieu merci. Il n'y a que ma fluxion qui me prend de temps en temps[2].

FROSINE. — Cela n'est rien. Votre fluxion ne vous sied point mal, et vous avez grâce à tousser.

HARPAGON. — Dis-moi un peu : Mariane ne m'a-t-elle

1. Harpagon, mis en bel humeur, fait le portrait des jeunes gens à la mode comme tout à l'heure Frosine dessinait celui des jeunes femmes.

2. En disant ces mots Harpagon est pris d'une quinte de toux. Qu'on n'oublie pas que c'était le mal de Molière qui jouait ce rôle et que cette maladie devait, quatre années plus tard, l'enlever.

point encore vu? N'a-t-elle point pris garde à moi en passant[1] ?

FROSINE. — Non ; mais nous nous sommes fort entretenues de vous. Je lui ai fait un portrait de votre personne et je n'ai pas manqué de lui vanter votre mérite, et l'avantage que ce lui seroit d'avoir un mari comme vous.

HARPAGON. — Tu as bien fait et je t'en remercie.

FROSINE. — J'aurois, monsieur, une petite prière à vous faire. J'ai un procès que je suis sur le point de perdre, faute d'un peu d'argent. (Harpagon prend un air sérieux.) Et vous pourriez facilement me procurer le gain de ce procès, si vous aviez quelque bonté pour moi. Vous ne sauriez croire le plaisir qu'elle aura de vous voir. (Harpagon reprend un air gai.) Ah ! que vous lui plairez, et que votre fraise à l'antique fera sur son esprit un effet admirable ! Mais surtout elle sera charmée de votre haut-de-chausses attaché au pourpoint avec des aiguillettes. C'est pour la rendre folle de vous ; et un amant aiguilleté sera pour elle un ragoût merveilleux.

HARPAGON. — Certes, tu me ravis de me dire cela.

FROSINE. — En vérité, monsieur, ce procès m'est d'une conséquence tout à fait grande. (Harpagon reprend son air sérieux.) Je suis ruinée, si je le perds ; et quelque petite assistance me rétabliroit mes affaires. Je voudrois que vous eussiez vu le ravissement où elle étoit à m'entendre par-

---

1. Cette question, ridicule ailleurs, est naturelle ici après le portrait complaisant tracé par Frosine. Harpagon mordra à l'hameçon de la vanité, comme un jeune homme, mais il ne deviendra pas prodigue pour cela, et Frosine ne pourra l'amener à délier sa bourse ; ce refus achève de le peindre. Cette scène est une admirable étude de caractère. La vanité n'a pas plus prise sur lui au point de vue de son argent, que la tendresse paternelle.

ler de vous. (Harpagon reprend son air gai.) La joie éclatoit dans ses yeux au récit de vos qualités; et je l'ai mise enfin dans une impatience extrême de voir ce mariage entièrement conclu.

HARPAGON. — Tu m'as fait grand plaisir, Frosine, et je t'en ai, je te l'avoue, toutes les obligations du monde.

FROSINE. — Je vous prie, monsieur, de me donner le petit secours que je vous demande. (Harpagon reprend encore un air sérieux.) Cela me remettra sur pied, et je vous en serai éternellement obligée.

HARPAGON. — Adieu. Je vais achever mes dépêches.

FROSINE. — Je vous assure, monsieur, que vous ne sauriez jamais me soulager dans un plus grand besoin.

HARPAGON. — Je mettrai ordre que mon carrosse soit tout prêt pour vous mener à la foire.

FROSINE. — Je ne vous importunerois pas, si je ne m'y voyois forcée par la nécessité.

HARPAGON. — Et j'aurai soin qu'on soupe de bonne heure, pour ne vous point faire malades.

FROSINE. — Ne me refusez pas la grâce dont je vous sollicite. Vous ne sauriez croire, monsieur, le plaisir que....

HARPAGON. — Je m'en vais. Voilà qu'on m'appelle. Jusqu'à tantôt.

FROSINE, seule. — Que la fièvre te serre, chien de vilain à tous les diables! Le ladre a été ferme à toutes mes attaques; mais il ne me faut pas pourtant quitter la négociation; et j'ai l'autre côté, en tout cas, d'où je suis assurée de tirer bonne récompense.

ACTE TROISIÈME.

SCÈNE I. — HARPAGON, CLÉANTE, ÉLISE, VALÈRE, DAME CLAUDE, tenant un balai; MAITRE JACQUES, LA MERLUCHE, BRINDAVOINE [1].

HARPAGON. — Allons, venez çà tous; que je vous distribue mes ordres pour tantôt, et règle à chacun son emploi. Approchez, dame Claude; commençons par vous. Bon, vous voilà les armes à la main. Je vous commets au soin de nettoyer partout; et surtout prenez soin de ne point frotter les meubles trop fort, de peur de les user. Outre cela, je vous constitue, pendant le souper, au gouvernement des bouteilles; et, s'il s'en écarte quelqu'une, et qu'il se casse quelque chose, je m'en prendrai à vous et le rabattrai sur vos gages.

MAÎTRE JACQUES, à part. — Châtiment politique.

HARPAGON, à dame Claude. — Allez.

---

1. L'état de maison qu'Harpagon, par sa fortune même, est obligé à tenir, fait encore ressortir cette avarice nullement nécessaire chez lui, et servira à varier les effets de son ignoble passion.

SCÈNE II. — HARPAGON, CLÉANTE, ÉLISE, VALÈRE, MAITRE JACQUES, BRINDAVOINE, LA MERLUCHE.

HARPAGON. — Vous, Brindavoine, et vous, La Merluche, je vous établis dans la charge de rincer les verres et de donner à boire, mais seulement lorsqu'on aura soif, et non pas selon la coutume de certains impertinens de laquais, qui viennent provoquer les gens et les faire aviser de boire lorsqu'on n'y songe pas. Attendez qu'on vous en demande plus d'une fois, et vous ressouvenez de porter toujours beaucoup d'eau.

MAÎTRE JACQUES, à part. — Oui. Le vin pur monte à la tête.

LA MERLUCHE. — Quitterons-nous nos souquenilles, monsieur ?

HARPAGON. — Oui, quand vous verrez venir les personnes; et gardez bien de gâter vos habits.

BRINDAVOINE. — Vous savez bien, monsieur, qu'un des devans de mon pourpoint est couvert d'une grande tache de l'huile de la lampe.

LA MERLUCHE. — Et moi, monsieur, que j'ai mon haut-de-chausses tout troué par derrière, et qu'on me voit, révérence parler...

HARPAGON, à la Merluche. — Paix : rangez cela adroitement du côté de la muraille, et présentez toujours le devant au monde[1]. (A Brindavoine, en lui montrant comment

---

1. La bouffonnerie est ici de l'excellent comique : la notoriété de l'opulence d'Harpagon et l'obligation qui en résulte pour lui de

il doit mettre son chapeau au-devant de son pourpoint, pour cacher la tache d'huile.) Et vous, tenez toujours votre chapeau ainsi, lorsque vous servirez.

SCÈNE III. — HARPAGON, CLÉANTE, ÉLISE, VALÈRE, MAITRE JACQUES.

HARPAGON. — Pour vous, ma fille, vous aurez l'œil sur ce que l'on desservira, et prenez garde qu'il ne s'en fasse aucun dégât. Cela sied bien aux filles. Mais cependant préparez-vous à bien recevoir ma maîtresse qui vous doit venir visiter, et vous mener avec elle à la foire. Entendez-vous ce que je vous dis ?

ÉLISE. — Oui, mon père.

SCÈNE IV. — HARPAGON, CLÉANTE, VALÈRE, MAITRE JACQUES.

HARPAGON. — Et vous, mon fils le damoiseau, à qui j'ai la bonté de pardonner l'histoire de tantôt, ne vous allez pas aviser non plus de lui faire mauvais visage.

CLÉANTE. — Moi, mon père, mauvais visage ! Et par quelle raison ?

vivre convenablement vont donner un nouveau lustre à son avarice et le feront s'avilir aux yeux de ses gens après s'être rendu coupable devant ses enfants : il a des chevaux, mais ils meurent de faim; des valets, mais ils ne sont ni vêtus ni nourris; son cuisinier est en même temps son cocher; son intendant ne lui coûte rien et semble renchérir sur lui-même en lésinerie; il donne un repas, mais il voudrait qu'on le fît sans argent, comme il veut qu'on épouse sa fille sans dot.

HARPAGON. — Mon Dieu! nous savons le train des enfans dont les pères se remarient, et de quel œil ils ont coutume de regarder ce qu'on appelle belle-mère. Mais si vous souhaitez que je perde le souvenir de votre dernière fredaine, je vous recommande, surtout, de régaler d'un bon visage cette personne-là, et de lui faire enfin tout le meilleur accueil qu'il vous sera possible.

CLÉANTE. — A vous dire le vrai, mon père, je ne puis pas vous promettre d'être bien aise qu'elle devienne ma belle-mère. Je mentirois, si je vous le disois ; mais, pour ce qui est de la bien recevoir et de lui faire bon visage, je vous promets de vous obéir ponctuellement sur ce chapitre.

HARPAGON. — Prenez-y-garde au moins.

CLÉANTE. — Vous verrez que vous n'aurez pas sujet de vous en plaindre.

HARPAGON. — Vous ferez sagement.

SCÈNE V. — HARPAGON, VALÈRE, MAITRE JACQUES.

HARPAGON. — Valère, aide-moi à ceci. Oh çà! maître Jacques, approchez-vous ; je vous ai gardé pour le dernier.

MAÎTRE JACQUES. — Est-ce à votre cocher, monsieur, ou bien à votre cuisinier, que vous voulez parler? car je suis l'un et l'autre.

HARPAGON. — C'est à tous les deux.

MAÎTRE JACQUES. — Mais à qui des deux le premier?

HARPAGON. — Au cuisinier.

MAÎTRE JACQUES. — Attendez donc, s'il vous plaît.

(Maître Jacques ôte sa casaque de cocher, et paroît vêtu en cuisinier.)

HARPAGON. — Quelle diantre de cérémonie est-ce là ?

MAÎTRE JACQUES. — Vous n'avez qu'à parler.

HARPAGON. — Je me suis engagé, maître Jacques, à donner ce soir à souper.

MAÎTRE JACQUES, à part. — Grande merveille !

HARPAGON. — Dis-moi un peu : nous feras-tu bonne chère ?

MAÎTRE JACQUES. — Oui, si vous me donnez bien de l'argent.

HARPAGON. — Que diable toujours de l argent ! Il semble qu'ils n'aient autre chose à dire : de l'argent, de l'argent, de l'argent. Ah ! ils n'ont que ce mot à la bouche, de l'argent ! toujours parler d'argent ! Voilà leur épée de chevet, de l'argent[1].

VALÈRE. — Je n'ai jamais vu de réponse plus impertinente que celle-là. Voilà une belle merveille de faire bonne chère avec bien de l'argent ! c'est une chose la plus aisée du monde, et il n'y a si pauvre esprit qui n'en fît bien autant ; mais, pour agir en habile homme, il faut parler de faire bonne chère avec peu d'argent.

MAÎTRE JACQUES. — Bonne chère avec peu d'argent ?

VALÈRE. — Oui.

MAÎTRE JACQUES, à Valère. — Par ma foi, monsieur l'intendant, vous nous obligerez de nous faire voir ce secret, et de prendre mon office de cuisinier ; aussi bien vous mêlez-vous céans d'être le factoton[2].

---

1. L'épée accrochée au chevet du lit, toujours sous la main, comme le mot argent est toujours sur les lèvres de maître Jacques.

2. Qui fait tout dans une maison, pour *factotum*.

HARPAGON. — Taisez-vous. Qu'est-ce qu'il nous faudra?

MAÎTRE JACQUES. — Voilà monsieur votre intendant, qui vous fera bonne chère pour peu d'argent.

HARPAGON. — Haye! Je veux que tu me répondes.

MAÎTRE JACQUES. — Combien serez-vous de gens à table?

HARPAGON. — Nous serons huit ou dix; mais il ne faut prendre que huit. Quand il y a manger pour huit, il y en a bien pour dix.

VALÈRE. — Cela s'entend.

MAÎTRE JACQUES. — Hé bien! il faudra quatre grands potages et cinq assiettes.... Potages... Entrées...

HARPAGON. — Que diable! Voilà pour traiter toute une ville entière.

MAÎTRE JACQUES. — Rôt....

HARPAGON, mettant la main sur la bouche de maître Jacques. — Ah! traître, tu manges tout mon bien.

MAÎTRE JACQUES. — Entremets....

HARPAGON, mettant encore la main sur la bouche de maître Jacques. — Encore?

VALÈRE, à maître Jacques. — Est-ce que vous avez envie de faire crever tout le monde? et monsieur a-t-il invité des gens pour les assassiner à force de mangeaille? Allez-vous-en lire un peu les préceptes de la santé, et demander aux médecins s'il y a rien de plus préjudiciable à l'homme que de manger avec excès.

HARPAGON. — Il a raison.

VALÈRE. — Apprenez, maître Jacques, vous et vos pareils, que c'est un coupe-gorge, qu'une table remplie de trop de viandes; que pour se bien montrer ami de ceux que l'on invite, il faut que la frugalité règne dans

MAÎTRE JACQUES. — Hé bien ! il faudra quatre grands potages.
(Page 270).

les repas qu'on donne ; et que, suivant le dire d'un ancien, *il faut manger pour vivre et non pas vivre pour manger.*

HARPAGON. — Ah ! que cela est bien dit ! Approche, que je t'embrasse pour ce mot. Voilà la plus belle sentence que j'aie entendue de ma vie : *Il faut vivre pour manger, et non pas manger pour viv....* Non, ce n'est pas cela. Comment est-ce que tu dis ?

VALÈRE. — Qu'*il faut manger pour vivre, et non pas vivre pour manger.*

HARPAGON, à maître Jacques. — Oui. Entends-tu ? (A Valère) Qui est le grand homme qui a dit cela ?

VALÈRE. — Je ne me souviens pas maintenant de son nom.

HARPAGON. — Souviens-toi de m'écrire ces mots : je les veux faire graver en lettres d'or sur la cheminée de ma salle[1].

VALÈRE. — Je n'y manquerai pas. Et pour votre souper, vous n'avez qu'à me laisser faire ; je réglerai tout cela comme il faut.

HARPAGON. — Fais donc.

MAÎTRE JACQUES. — Tant mieux ! j'en aurai moins de peine.

HARPAGON, à Valère. — Il faudra de ces choses dont on ne mange guère, et qui rassasient d'abord ; quelque bon haricot bien gras, avec quelque pâté en pot bien garni de marrons. Là, que cela foisonne.

VALÈRE. — Reposez-vous sur moi.

HARPAGON. — Maintenant, maître Jacques, il faut nettoyer mon carrosse.

1. L'économie future qu'il en espère lui fait oublier la dépense des *lettres d'or!*

MAÎTRE JACQUES. — Attendez; ceci s'adresse au cocher. (Maître Jacques remet sa casaque.) Vous dites...

HARPAGON. — Qu'il faut nettoyer mon carrosse, et tenir mes chevaux tout prêts pour conduire à la foire....

MAÎTRE JACQUES. — Vos chevaux, monsieur? ma foi, ils ne sont point du tout en état de marcher. Je ne vous dirai point qu'ils sont sur la litière; les pauvres bêtes n'en ont point, et ce seroit mal parler : mais vous leur faites observer des jeûnes si austères, que ce ne sont plus rien que des idées ou des fantômes, des façons de chevaux.

HARPAGON. — Les voilà bien malades! Ils ne font rien.

MAÎTRE JACQUES. — Et pour ne faire rien, monsieur, est-ce qu'il ne faut rien manger? Il leur vaudroit bien mieux, les pauvres animaux, de travailler beaucoup, de manger de même. Cela me fend le cœur de les voir ainsi exténués. Car, enfin, j'ai une tendresse pour mes chevaux, qu'il me semble que c'est moi-même, quand je les vois pâtir. Je m'ôte tous les jours pour eux les choses de la bouche; et c'est être, monsieur, d'un naturel trop dur, que de n'avoir nulle pitié de son prochain[1].

HARPAGON. — Le travail ne sera pas grand, d'aller jusqu'à la foire.

MAÎTRE JACQUES. — Non, monsieur, je n'ai pas le courage de les mener, et je ferois conscience de leur donner des coups de fouet, en l'état où ils sont. Comment

---

1. La tendresse risible de naïveté et cependant touchante de Jacques pour ses chevaux, *son prochain*, met mieux en scène l'avarice d'Harpagon.

ACTE III, SCÈNE V.

voudriez-vous qu'ils traînassent un carrosse, qu'ils[1] ne peuvent pas se traîner eux-mêmes?

VALÈRE — Monsieur, j'obligerai le voisin Picard à se charger de les conduire ; aussi bien nous fera-t-il ici besoin pour apprêter le souper.

MATRE JACQUES. — Soit. J'aime mieux encore qu'ils meurent sous la main d'un autre, que sous la mienne.

VALÈRE. — Maître Jacques fait bien le raisonnable !

MAÎTRE JACQUES. — Monsieur l'intendant fait bien le nécessaire ?

HARPAGON. — Paix.

MAÎTRE JACQUES. — Monsieur, je ne saurois souffrir les flatteurs ; et je vois que ce qu'il en fait, que ces contrôles perpétuels sur le pain et le vin, le bois, le sel et la chandelle, ne sont rien que pour vous gratter et vous faire sa cour. J'enrage de cela ; et je suis fâché tous les jours d'entendre ce qu'on dit de vous : car enfin, je me sens pour vous de la tendresse, en dépit que j'en aie ; et, après mes chevaux, vous êtes la personne que j'aime le plus.

HARPAGON. — Pourrois-je savoir de vous, maître Jacques, ce que l'on dit de moi?

MAÎTRE JACQUES. — Oui, monsieur; si j'étois assuré que cela ne vous fâchât point.

HARPAGON. — Non, en aucune façon.

MAÎTRE JACQUES. — Pardonnez-moi; je sais fort bien que je vous mettrois en colère.

HARPAGON. — Point du tout. Au contraire, c'est me faire plaisir, et je suis bien aise d'apprendre comme on parle de moi.

1. *Que* est ici dans le sens de *puisque, lorsque*.

MAÎTRE JACQUES. — Monsieur, puisque vous le voulez, je vous dirai franchement qu'on se moque partout de vous, qu'on nous jette de tous côtés cent brocards à votre sujet, et que l'on n'est point plus ravi que de vous tenir au cul et aux chausses, et de faire sans cesse des contes de votre lésine. L'un dit que vous faites imprimer des almanachs particuliers, où vous faites doubler les quatre-temps et les vigiles afin de profiter des jeûnes où vous obligez votre monde ; l'autre, que vous avez toujours une querelle toute prête à faire à vos valets dans le temps des étrennes ou de leur sortie d'avec vous, pour vous trouver une raison de ne leur donner rien. Celui-là conte qu'une fois vous fîtes assigner le chat d'un de vos voisins, pour vous avoir mangé un reste d'un gigot de mouton; celui-ci que l'on vous surprit, une nuit, en venant dérober vous-même l'avoine de vos chevaux ; et que votre cocher, qui étoit celui d'avant moi, vous donna, dans l'obscurité, je ne sais combien de coups de bâton dont vous ne voulûtes rien dire. Enfin, voulez-vous que je vous dise? On ne sauroit aller nulle part, où l'on ne vous entende accommoder de toutes pièces. Vous êtes la fable et la risée de tout le monde; et jamais on ne parle de vous que sous les noms d'avare, de ladre et de vilain.

HARPAGON en battant maître Jacques. — Vous êtes un sot, un maraud, un coquin et un impudent.

MAÎTRE JACQUES. — Eh bien! ne l'avois-je pas deviné? Vous ne m'avez pas voulu croire. Je vous l'avois bien dit que je vous fâcherois de vous dire la vérité

HARPAGON. — Apprenez à parler.

SCÈNE VI. — VALÈRE, MAITRE JACQUES.

VALÈRE, riant. — A ce que je puis voir, maître Jacques, on paye mal votre franchise.

MAÎTRE JACQUES. — Morbleu! monsieur le nouveau venu, qui faites l'homme d'importance, ce n'est pas votre affaire. Riez de vos coups de bâton quand on vous en donnera, et ne venez point rire des miens.

VALÈRE. — Ah! monsieur maître Jacques, ne vous fâchez pas, je vous prie.

MAÎTRE JACQUES à part. — Il file doux. Je veux faire le brave, et, s'il est assez sot pour me craindre, le frotter quelque peu. (Haut.) Savez-vous bien, monsieur le rieur, que je ne ris pas, moi, et que si vous m'échauffez la tête, je vous ferai rire d'une autre sorte? (Maître Jacques pousse Valère jusqu'au fond du théâtre en le menaçant.)

VALÈRE. — Hé! doucement.

MAÎTRE JACQUES. — Comment doucement? Il ne me plaît pas, moi.

VALÈRE. — De grâce!

MAÎTRE JACQUES. — Vous êtes un impertinent.

VALÈRE. — Monsieur maître Jacques....

MAÎTRE JACQUES. — Il n'y a point de monsieur maître Jacques, pour un double[1]. Si je prends un bâton, je vous rosserai d'importance.

VALÈRE. — Comment! un bâton! (Valère fait reculer maître Jacques à son tour.)

MAÎTRE JACQUES. — Hé! je ne parle pas de cela.

---

1. Expression proverbiale signifiant : il n'y en a point du tout. Le double, petite pièce de monnaie valait deux deniers.

VALÈRE. — Savez-vous bien, monsieur le fat, que je suis homme à vous rosser vous-même.

MAÎTRE JACQUES. — Je n'en doute pas.

VALÈRE. — Que vous n'êtes, pour tout potage, qu'un faquin de cuisinier.

MAÎTRE JACQUES. — Je le sais bien.

VALÈRE. — Et que vous ne me connoissez pas encore?

MAÎTRE JACQUES. — Pardonnez-moi.

VALÈRE. — Vous me rosserez, dites-vous?

MAÎTRE JACQUES. — Je le disois en raillant.

VALÈRE. — Et moi je ne prends point de goût à votre raillerie. (Donnant des coups de bâton à maître Jacques.) Apprenez que vous êtes un mauvais railleur.

MAÎTRE JACQUES, seul. — Peste soit la sincérité! c'est un mauvais métier : désormais j'y renonce, et je ne veux plus dire vrai. Passe encore pour mon maître, il a quelque droit de me battre; mais, pour ce monsieur l'intendant, je m'en vengerai si je puis[1].

SCÈNE VII. — MARIANE, FROSINE, MAITRE JACQUES.

FROSINE. — Savez-vous, maître Jacques, si votre maître est au logis?

MAÎTRE JACQUES. — Oui, vraiment, il y est; je ne le sais que trop.

FROSINE. — Dites-lui, je vous prie, que nous sommes ici.

---

1. Ce petit monologue prépare avec beaucoup de naturel les premières scènes du V⁰ acte.

SCÈNE VIII. — MARIANE, FROSINE.

MARIANE. — Ah! que je suis, Frosine, dans un étrange état, et, s'il faut dire ce que je sens, que j'appréhende cette vue[1]!

FROSINE. — Mais, pourquoi, et quelle est votre inquiétude?

MARIANE. — Hélas! me le demandez-vous? Et ne vous figurez-vous point les alarmes d'une personne toute prête à voir le supplice où l'on veut l'attacher?

FROSINE. — Je vois bien que, pour mourir agréablement, Harpagon n'est pas le supplice que vous voudriez embrasser; et je connois à votre mine, que le jeune blondin dont vous m'avez parlé vous revient un peu dans l'esprit.

MARIANE. — Oui. C'est une chose, Frosine, dont je ne veux pas me défendre: et les visites respectueuses qu'il a rendues chez nous, ont fait, je vous l'avoue, quelque effet dans mon âme[2].

FROSINE. — Mais avez-vous su quel il est?

MARIANE. — Non; je ne sais point quel il est. Mais je sais qu'il est fait d'un air à se faire aimer; que, si l'on pouvoit mettre les choses à mon choix, je le prendrois plutôt qu'un autre, et qu'il ne contribue pas peu à me faire trouver un tourment effroyable dans l'époux qu'on veut me donner.

---

1. Contre son habitude, Molière n'explique pas cette fois l'inconvenance de la démarche de Mariane.

2. Comme Molière sait habilement nous intéresser à Mariane et et à Cléante, qui a été touché de la douleur vertueuse de Mariane,

FROSINE. — Mon Dieu! tous ces blondins sont agréables, et débitent fort bien leur fait; mais la plupart sont gueux comme des rats; il vaut mieux, pour vous, de prendre un vieux mari qui vous donne beaucoup de bien. Sa mort, croyez-moi, vous mettra bientôt en état d'en prendre un plus aimable, qui réparera toutes choses.

MARIANE. — Mon Dieu! Frosine, c'est une étrange affaire, lorsque, pour être heureuse, il faut souhaiter et attendre le trépas de quelqu'un; et la mort ne suit pas tous les projets que nous faisons.

FROSINE. — Vous moquez-vous? Vous ne l'épousez qu'aux conditions de vous laisser veuve bientôt; et ce doit être là un des articles du contrat. Il seroit bien impertinent de ne pas mourir dans trois mois[1]! Le voici en propre personne.

MARIANE. — Ah! Frosine, quelle figure!

SCÈNE IX. — HARPAGON, MARIANE, FROSINE.

HARPAGON, à Mariane. — Ne vous offensez pas, ma belle, si je viens à vous avec des lunettes. Je sais que vos appas frappent assez les yeux, sont assez visibles d'eux-mêmes, et qu'il n'est pas besoin de lunettes pour les apercevoir : mais, enfin, c'est avec des lunettes qu'on observe les astres; et je maintiens et garantis que vous

---

tandis que celle-ci était touchée de ses manières respectueuses; et cependant leur affection ne tient que peu de place dans la pièce.

1. Ces plaisanteries funèbres qui s'alliaient bien à la rudesse des mœurs d'autrefois ne sont plus de notre goût.

êtes un astre, mais un astre, le plus bel astre qui soit dans le pays des astres[1]. Frosine, elle ne répond mot, et ne témoigne, ce me semble, aucune joie de me voir.

FROSINE. — C'est qu'elle est encore toute surprise ; et puis, les filles ont toujours honte à témoigner d'abord ce qu'elles ont dans l'âme.

HARPAGON, à Frosine. — Tu as raison. (A Mariane.) Voilà, belle mignonne, ma fille qui vient vous saluer.

SCÈNE X. — HARPAGON, ÉLISE, MARIANE, FROSINE.

MARIANE. — Je m'acquitte bien tard, madame, d'une telle visite.

ÉLISE. — Vous avez fait, madame, ce que je devois faire, et c'étoit à moi de vous prévenir.

HARPAGON. — Vous voyez qu'elle est grande ; mais mauvaise herbe croît toujours.

MARIANE, bas, à Frosine. — Oh ! l'homme déplaisant[2] !

HARPAGON, bas, à Frosine. — Que dit la belle ?

FROSINE. — Qu'elle vous trouve admirable.

HARPAGON. — C'est trop d'honneur que vous me faites, adorable mignonne.

MARIANE, à part. — Quel animal !

HARPAGON. — Je vous suis trop obligé de ces sentimens.

MARIANE, à part. — Je n'y puis plus tenir.

---

1. Harpagon est doublement ridicule en parlant le langage, déjà ridicule, des petits-maîtres.
2. Cette même plaisanterie produisit exactement le même effet sur Mme de Sévigné. (Voir ses *lettres*).

SCÈNE XI. — HARPAGON, MARIANE, ÉLISE, CLÉANTE, VALÈRE, FROSINE, BRINDAVOINE.

HARPAGON. — Voici mon fils aussi, qui vous vient faire la révérence.

MARIANE, bas, à Frosine. — Ah ! Frosine, quelle rencontre ! C'est justement celui dont je t'ai parlé[1].

FROSINE, à Mariane. — L'aventure est merveilleuse.

HARPAGON. — Je vois que vous vous étonnez de me voir de si grands enfans ; mais je serai bientôt défait de l'un et de l'autre.

CLÉANTE à Mariane. — Madame, à vous dire le vrai, c'est ici une aventure où sans doute je ne m'attendois pas ; et mon père ne m'a pas peu surpris lorsqu'il m'a dit tantôt le dessein qu'il avoit formé.

MARIANE. — Je puis dire la même chose. C'est une rencontre imprévue qui m'a surprise autant que vous ; et je n'étois point préparée à une pareille aventure.

CLÉANTE. — Il est vrai que mon père, madame, ne peut pas faire un plus beau choix, et que ce m'est une sensible joie que l'honneur de vous voir ; mais, avec tout cela, je ne vous assurerai point que je me réjouis du dessein où vous pourriez être de devenir ma belle-mère. Le compliment, je vous l'avoue, est trop difficile pour moi ; et c'est un titre, s'il vous plaît, que je ne vous souhaite point. Ce discours paroîtra brutal aux yeux de quelques-

---

1. Cette reconnaissance nous montre que, dans cette visite inconsidérée, Mariane ne savait pas du moins qu'elle venait chez le père de Cléante.

uns ; mais je suis assuré que vous serez personne à le prendre comme il faudra ; que c'est un mariage, madame, où vous vous imaginez bien que je dois avoir de la répugnance ; que vous n'ignorez pas, sachant ce que je suis, comme il choque mes intérêts ; et que vous voulez bien enfin que je vous dise, avec la permission de mon père, que, si les choses dépendoient de moi, cet hymen ne se feroit point[1].

HARPAGON. — Voilà un compliment bien impertinent ! Quelle belle confession à lui faire !

MARIANE. — Et moi, pour vous répondre, j'ai à vous dire que les choses sont fort égales ; et que, si vous auriez de la répugnance à me voir votre belle-mère, je n'en aurois pas moins, sans doute, à vous voir mon beau-fils. Ne croyez pas, je vous prie, que ce soit moi qui cherche à vous donner cette inquiétude. Je serois fort fâchée de vous causer du déplaisir, et, si je ne m'y vois forcée par une puissance absolue, je vous donne ma parole que je ne consentirai point au mariage qui vous chagrine.

HARPAGON. — Elle a raison. A sot compliment, il faut une réponse de même. Je vous demande pardon, ma belle, de l'impertinence de mon fils ; c'est un jeune sot qui ne sait pas encore la conséquence des paroles qu'il dit.

MARIANE. — Je vous promets que ce qu'il m'a dit ne m'a point du tout offensée ; au contraire, il m'a fait plaisir de m'expliquer ainsi ses véritables sentimens. J'aime de lui un aveu de la sorte ; et, s'il avoit parlé d'autre façon, je l'en estimerois bien moins.

---

1. Tout ce couplet est des mieux rhythmés.

HARPAGON. — C'est beaucoup de bonté à vous, de vouloir ainsi excuser ses fautes. Le temps le rendra plus sage, et vous verrez qu'il changera de sentimens.

CLÉANTE. — Non, mon père, je ne suis point capable d'en changer, et je prie instamment madame de le croire.

HARPAGON. — Mais voyez quelle extravagance ! il continue encore plus fort[1].

CLÉANTE. — Voulez-vous que je trahisse mon cœur ?

HARPAGON. — Encore ! avez-vous envie de changer de discours ?

CLÉANTE. — Hé bien ! puisque vous voulez que je parle d'autre façon, souffrez, madame, que je me mette ici à la place de mon père, et que je vous avoue que je n'ai rien vu dans le monde de si charmant que vous ; que je ne conçois rien d'égal au bonheur de vous plaire, et que le titre de votre époux est une gloire, une félicité que je préférerois aux destinées des plus grands princes de la terre. Oui, madame, le bonheur de vous posséder est, à mes regards, la plus belle de toutes les fortunes ; c'est où j'attache toute mon ambition. Il n'y a rien que je ne sois capable de faire pour une conquête si précieuse ; et les obstacles les plus puissans....

HARPAGON. — Doucement, mon fils, s'il vous plaît.

CLÉANTE. — C'est un compliment que je fais pour vous à madame.

HARPAGON. — Mon Dieu, j'ai une langue pour m'expliquer moi-même, et je n'ai pas besoin d'un procureur comme vous. Allons, donnez des siéges.

FROSINE. — Non ; il vaut mieux que de ce pas nous

---

1. Cette erreur d'Harpagon est très-plaisante au théâtre.

allions à la foire, afin d'en revenir plus tôt et d'avoir tout le temps ensuite de vous entretenir.

HARPAGON, à Brindavoine. — Qu'on mette donc les chevaux au carrosse.

SCÈNE XII. — HARPAGON, MARIANE, ÉLISE, CLÉANTE, VALÈRE, FROSINE.

HARPAGON, à Mariane. — Je vous prie de m'excuser, ma belle, si je n'ai pas songé à vous donner un peu de collation avant que de partir.

CLÉANTE. — J'y ai pourvu, mon père, et j'ai fait apporter ici quelques bassins d'oranges de la Chine, de citrons doux et de confitures, que j'ai envoyé querir de votre part.

HARPAGON, bas, à Valère. — Valère !

VALÈRE, à Harpagon. — Il a perdu le sens.

CLÉANTE. — Est-ce que vous trouvez, mon père, que ce ne soit pas assez? Madame aura la bonté d'excuser cela, s'il lui plaît.

MARIANE. — C'est une chose qui n'étoit pas nécessaire.

CLÉANTE. — Avez-vous jamais vu, madame, un diamant plus vif que celui que vous voyez que mon père a au doigt?

MARIANE. — Il est vrai qu'il brille beaucoup.

CLÉANTE, ôtant du doigt le diamant et le donnant à Mariane. — Il faut que vous le voyiez de près.

MARIANE. — Il est fort beau sans doute, et jette quantité de feux.

CLÉANTE, se mettant au devant de Mariane, qui veut rendre le diamant. — Nenni, madame, il est en de trop belles mains. C'est un présent que mon père vous a fait.

HARPAGON. — Moi?

CLÉANTE. — N'est-il pas vrai, mon père, que vous voulez que madame le garde pour l'amour de vous?

HARPAGON, bas, à son fils. — Comment?

CLÉANTE, à Mariane. Belle demande! Il me fait signe de vous le faire accepter.

MARIANE. — Je n'en veux point....

CLÉANTE, à Mariane. — Vous moquez-vous? Il n'a garde de le reprendre.

HARPAGON, à part. — J'enrage[1].

MARIANE. — Ce seroit....

CLÉANTE, empêchant toujours Mariane de rendre le diamant. — Non, vous dis-je, c'est l'offenser.

MARIANE. — De grâce...

CLÉANTE. — Point du tout.

HARPAGON, à part. — Peste soit....

CLÉANTE. — Le voilà qui se scandalise de votre refus.

HARPAGON, bas, à son fils. — Ah! traître!

CLÉANTE, à Mariane. — Vous voyez qu'il se désespère.

HARPAGON, bas, à son fils, en le menaçant. — Bourreau que tu es.

CLÉANTE. — Mon père, ce n'est pas ma faute. Je fais ce que je puis pour l'obliger à le garder; mais elle est obstinée.

HARPAGON, bas, à son fils, en le menaçant. — Pendard!

CLÉANTE. — Vous êtes cause, madame, que mon père me querelle.

---

1. La situation d'Harpagon n'osant reprendre le diamant à celle qu'il voudrait épouser et ne voulant pas le lui laisser est très-comique.

HARPAGON, bas, à son fils, avec les mêmes gestes. — Le coquin.

CLÉANTE, à Mariane. — Vous le ferez tomber malade. De grâce, madame, ne résistez point davantage.

FROSINE, à Mariane. — Mon Dieu ! que de façons ! Gardez la bague, puisque monsieur le veut.

MARIANE, à Harpagon. — Pour ne point vous mettre en colère, je la garde maintenant, et je prendrai un autre temps pour vous la rendre.

SCÈNE XIII. — HARPAGON, MARIANE, ÉLISE, CLÉANTE, VALÈRE, FROSINE, BRINDAVOINE.

BRINDAVOINE. — Monsieur, il y a là un homme qui veut vous parler.

HARPAGON. — Dis-lui que je suis empêché, et qu'il revienne une autre fois.

BRINDAVOINE. — Il dit qu'il vous apporte de l'argent.

HARPAGON, à Mariane. — Je vous demande pardon; reviens tout à l'heure.

SCÈNE XIV. — HARPAGON, MARIANE, ÉLISE, CLÉANTE, VALÈRE, FROSINE, LA MERLUCHE.

LA MERLUCHE, courant, et faisant tomber Harpagon. — Monsieur....

HARPAGON. — Ah! je suis mort.

CLÉANTE. — Qu'est-ce, mon père? Vous êtes-vous fait mal?

HARPAGON. — Le traître assurément a reçu de l'argent de mes débiteurs pour me faire rompre le cou.

VALÈRE, à Harpagon. — Cela ne sera rien.

LA MERLUCHE à Harpagon. — Monsieur, je vous demande pardon ; je croyois bien faire d'accourir vite.

HARPAGON. — Que viens-tu faire ici, bourreau?

LA MERLUCHE. — Vous dire que vos deux chevaux sont déferrés.

HARPAGON. — Qu'on les mène promptement chez le maréchal.

CLÉANTE. — En attendant qu'ils soient ferrés, je vais faire pour vous, mon père, les honneurs de votre logis, et conduire madame dans le jardin, où je ferai porter la collation.

SCÈNE XV. — HARPAGON, VALÈRE.

HARPAGON. — Valère, aie un peu l'œil à tout cela, et prends soin, je te prie, de m'en sauver le plus que tu pourras, pour le renvoyer au marchand.

VALÈRE. — C'est assez.

HARPAGON, seul. — O fils impertinent! tu as envie de me ruiner!

ACTE QUATRIÈME.

SCÈNE I. — CLÉANTE, MARIANE, ÉLISE, FROSINE.

CLÉANTE. — Rentrons ici; nous serons beaucoup mieux. Il n'y a plus autour de nous personne de suspect, et nous pouvons parler librement.

ÉLISE. — Oui, madame, mon frère m'a fait confidence de la passion qu'il a pour vous. Je sais les chagrins et les déplaisirs que sont capables de causer de pareilles traverses ; et c'est, je vous assure, avec une tendresse extrême que je m'intéresse à votre aventure.

MARIANE. — C'est une douce consolation que de voir dans ses intérêts une personne comme vous; et je vous conjure, madame, de me garder toujours cette généreuse amitié, si capable de m'adoucir les cruautés de la fortune.

FROSINE. — Vous êtes, par ma foi, de malheureuses gens l'un et l'autre, de ne m'avoir point, avant tout ceci, avertie de votre affaire. Je vous aurois, sans doute, détourné cette inquiétude, et n'aurois point amené les choses où l'on voit qu'elles sont.

CLÉANTE. — Que veux-tu? c'est ma mauvaise destinée qui l'a voulu ainsi. Mais, belle Mariane, quelles résolutions sont les vôtres?

MARIANE. — Hélas! suis-je en pouvoir de faire des résolutions? Et, dans la dépendance où je me vois, puis-je former que des souhaits?

CLÉANTE. — Point d'autre appui pour moi dans votre cœur que de simples souhaits? Point de pitié officieuse? Point de secourable bonté? Point d'affection agissante?

MARIANE. — Que saurois-je vous dire? Mettez-vous en ma place, et voyez ce que je puis faire. Avisez, ordonnez vous-même : je m'en remets à vous; et je vous crois trop raisonnable pour vouloir exiger de moi que ce qui peut m'être permis par l'honneur et la bienséance.

CLÉANTE. — Hélas! où me réduisez-vous, que de me renvoyer à ce que voudront permettre les fâcheux sentimens d'un rigoureux honneur et d'une scrupuleuse bienséance?

MARIANE. — Mais que voulez-vous que je fasse? Quand je pourrois passer sur quantité d'égards où notre sexe est obligé, j'ai de la considération pour ma mère. Elle m'a toujours élevée avec une tendresse extrême, et je ne saurois me résoudre à lui donner du déplaisir. Faites, agissez auprès d'elle; employez tous vos soins à gagner son esprit. Vous pouvez faire et dire tout ce que vous voudrez, je vous en donne la licence; et, s'il ne tient qu'à me déclarer en votre faveur, je veux bien consentir à lui faire un aveu, moi-même, de ce que je sens pour vous.

CLÉANTE. — Frosine, ma pauvre Frosine, voudrois-tu nous servir?

FROSINE. — Par ma foi, faut-il le demander? je le voudrois de tout mon cœur. Vous savez que, de mon naturel, je suis assez humaine. Le ciel ne m'a point fait l'âme de bronze, et je n'ai que trop de tendresse à rendre de petits services, quand je vois des gens qui s'entr'aiment en tout bien et en tout honneur. Que pourrions-nous faire à ceci?

CLÉANTE. — Songe un peu, je te prie.

MARIANE. — Ouvre-nous des lumières.

ÉLISE. — Trouve quelque invention pour rompre ce que tu as fait.

FROSINE. — Ceci est assez difficile. (A Mariane.) Pour votre mère, elle n'est pas tout à fait déraisonnable, et peut-être pourroit-on la gagner et la résoudre à transporter au fils le don qu'elle veut faire au père. (A Cléante.) Mais le mal que j'y trouve, c'est que votre père est votre père.

CLÉANTE. — Cela s'entend.

FROSINE. — Je veux dire qu'il conservera du dépit, si l'on montre qu'on le refuse, et qu'il ne sera point d'humeur ensuite à donner son consentement à votre mariage. Il faudroit, pour bien faire, que le refus vînt de lui-même, et tâcher, par quelque moyen, de le dégoûter de votre personne.

CLÉANTE. — Tu as raison.

FROSINE. — Oui, j'ai raison; je le sais bien. C'est là ce qu'il faudroit; mais le diantre[1] est d'en pouvoir trouver les moyens. Attendez : si nous avions quelque femme un peu sur l'âge, qui fût de mon talent, et jouât assez bien pour contrefaire une dame de qualité, par le moyen d'un train fait à la hâte et d'un bizarre nom de marquise ou de vicomtesse, que nous supposerions de la basse Bretagne, j'aurois assez d'adresse pour faire accroire à votre

1. Euphémisme pour *diable*.

père que ce seroit une personne riche, outre ses maisons, de cent mille écus en argent comptant; qu'elle seroit éperdument amoureuse de lui, et souhaiteroit de se voir sa femme, jusqu'à lui donner tout son bien par contrat de mariage; et je ne doute point qu'il ne prêtât l'oreille à la proposition. Car enfin, il vous aime fort, je le sais; mais il aime un peu plus l'argent; et quand, ébloui de ce leurre, il auroit une fois consenti à ce qui vous touche, il importeroit peu ensuite qu'il se désabusât, en venant à vouloir voir clair aux effets de notre marquise[1].

CLÉANTE. — Tout cela est fort bien pensé.

FROSINE. — Laissez-moi faire. Je viens de me ressouvenir d'une de mes amies qui sera notre fait.

CLÉANTE. — Sois assurée, Frosine, de ma reconnoissance, si tu viens à bout de la chose. Mais, charmante Mariane, commençons, je vous prie, par gagner votre mère; c'est toujours beaucoup faire que de rompre ce mariage. Faites-y de votre part, je vous en conjure, tous les efforts qu'il vous sera possible. Servez-vous de tout le pouvoir que vous donne sur elle cette amitié qu'elle a pour vous. Déployez sans réserve les grâces éloquentes, les charmes tout-puissans que le ciel a placés dans vos yeux et dans votre bouche; et n'oubliez rien, s'il vous plaît, de ces tendres paroles, de ces douces prières, et de ces caresses touchantes, à qui je suis persuadé qu'on ne sauroit rien refuser.

MARIANE. — J'y ferai tout ce que je puis, et n'oublierai aucune chose.

1. Il semble que Molière a oublié ce passage et qu'il a trouvé ensuite un autre dénoûment. Ceci est donc inutile et par consé-

SCÈNE II. — HARPAGON, CLÉANTE, MARIANE, ÉLISE, FROSINE.

HARPAGON, à part, sans être aperçu. — Ouais! mon fils baise la main de sa prétendue belle-mère; et sa prétendue belle-mère ne s'en défend pas fort! Y auroit-il quelque mystère là-dessous?

ÉLISE. — Voilà mon père.

HARPAGON. — Le carrosse est tout prêt; vous pouvez partir quand il vous plaira.

CLÉANTE. — Puisque vous n'y allez pas, mon père, je m'en vais les conduire.

HARPAGON. — Non : demeurez. Elles iront bien toutes seules, et j'ai besoin de vous.

SCÈNE III. — HARPAGON, CLÉANTE.

HARPAGON. — Or çà, intérêt de belle-mère à part, que te semble, à toi, de cette personne?

CLÉANTE. — Ce qui m'en semble?

HARPAGON. — Oui, de son air, de sa taille, de sa beauté, de son esprit?

CLÉANTE. — Là, là.

HARPAGON. — Mais encore?

CLÉANTE. — A vous en parler franchement, je ne l'ai pas trouvée ici ce que je l'avois crue. Son air est de franche coquette, sa taille est assez gauche, sa beauté très-

---

quent maladroit. Du reste cette scène, quoique renfermant des parties charmantes, est un peu longue et froide.

médiocre, et son esprit des plus communs. Ne croyez pas que ce soit, mon père, pour vous en dégoûter; car, belle-mère pour belle-mère, j'aime autant celle-là qu'une autre.

HARPAGON. — Tu lui disois tantôt pourtant....

CLÉANTE. — Je lui ai dit quelques douceurs en votre nom, mais c'étoit pour vous plaire.

HARPAGON. — Si bien donc que tu n'aurois point d'inclination pour elle?

CLÉANTE. — Moi? point du tout.

HARPAGON. — J'en suis fâché, car cela rompt une pensée qui m'étoit venue dans l'esprit. J'ai fait, en la voyant ici, réflexion sur mon âge; et j'ai songé qu'on pourra trouver à redire de me voir marier à une si jeune personne. Cette considération m'en faisoit quitter le dessein; et, comme je l'ai fait demander, et que je suis pour elle engagé de parole, je te l'aurois donnée, sans l'aversion que tu témoignes.

CLÉANTE. — A moi?

HARPAGON. — A toi.

CLÉANTE. — En mariage?

HARPAGON. — En mariage.

CLÉANTE. — Écoutez. Il est vrai qu'elle n'est pas fort à mon goût; mais, pour vous faire plaisir, mon père, je me résoudrai à l'épouser, si vous voulez.

HARPAGON. — Moi, je suis plus raisonnable que tu ne penses. Je ne veux point forcer ton inclination.

CLÉANTE. — Pardonnez-moi; je me ferai cet effort pour l'amour de vous.

HARPAGON. — Non, non. Un mariage ne sauroit être heureux, où l'inclination n'est pas.

CLÉANTE. — C'est une chose, mon père, qui peut-être

viendra ensuite; et l'on dit que l'amour est souvent un fruit du mariage.

HARPAGON. — Si tu avois senti quelque inclination pour elle, à la bonne heure; je te l'aurois fait épouser au lieu de moi; mais, cela n'étant pas, je suivrai mon premier dessein, et je l'épouserai moi-même.

CLÉANTE. — Hé bien! mon père, puisque les choses sont ainsi, il vous faut découvrir mon cœur; il vous faut révéler notre secret. La vérité est que je l'aime depuis un jour que je la vis dans une promenade; que mon dessein étoit tantôt de vous la demander pour femme, et que rien ne m'a retenu que la déclaration de vos sentimens, et la crainte de vous déplaire.

HARPAGON. — Lui avez-vous rendu visite[1]?

CLÉANTE. — Oui, mon père.

HARPAGON. — Beaucoup de fois?

CLÉANTE. — Assez, pour le temps qu'il y a.

HARPAGON. — Vous a-t-on bien reçu?

CLÉANTE. — Fort bien, mais sans savoir qui j'étois; et c'est ce qui a fait tantôt la surprise de Mariane.

HARPAGON. — Lui avez-vous déclaré votre passion, et le dessein où vous étiez de l'épouser?

CLÉANTE. — Sans doute; et même j'en avois fait à sa mère quelque peu d'ouverture.

HARPAGON. — A-t-elle écouté, pour sa fille, votre proposition?

CLÉANTE. — Oui, fort civilement.

HARPAGON. — Et la fille correspond-elle fort à votre amour?

---

1. L'aveu de Cléante fait immédiatement changer le langage d'Harpagon, il cesse de tutoyer son fils, nuance pleine de délicatesse.

CLÉANTE. — Si j'en dois croire les apparences, je me persuade, mon père, qu'elle a quelque bonté pour moi.

HARPAGON, bas, à part. — Je suis bien aise d'avoir appris un tel secret; et voilà justement ce que je demandois. (Haut.) Or sus, mon fils, savez-vous ce qu'il y a? C'est qu'il faut songer, s'il vous plaît, à vous défaire de votre amour, à cesser toutes vos poursuites auprès d'une personne que je prétends pour moi, et à vous marier dans peu avec celle qu'on vous destine[1].

CLÉANTE. — Oui, mon père; c'est ainsi que vous me jouez! Hé bien! puisque les choses en sont venues là, je vous déclare, moi, que je ne quitterai point la passion que j'ai pour Mariane; qu'il n'y a point d'extrémité où je ne m'abandonne pour vous disputer sa conquête; et que, si vous avez pour vous le consentement d'une mère, j'aurai d'autres secours, peut-être, qui combattront pour moi.

HARPAGON. — Comment, pendard! tu as l'audace d'aller sur mes brisées?

CLÉANTE. — C'est vous qui allez sur les miennes, et je suis le premier en date.

HARPAGON. — Ne suis-je pas ton père, et ne me dois-tu pas respect?

CLÉANTE. — Ce ne sont point ici des choses où les enfans soient obligés de déférer aux pères.

HARPAGON. — Je te ferai bien me connoître avec de bons coups de bâton.

1. Pour comprendre la différence de la comédie avec la tragédie, on peut comparer cette scène avec celle que Racine fera six ans plus tard dans *Mithridate*, à propos d'une situation semblable. On voit bien dans cette scène que le comique de Molière consiste surtout dans les situations et non pas dans les mots, dans ce qu'on appelle de l'esprit.

CLÉANTE. — Toutes vos menaces ne feront rien.

HARPAGON. — Tu renonceras à Mariane.

CLÉANTE. — Point du tout.

HARPAGON. — Donnez-moi un bâton tout à l'heure.

SCÈNE IV. — HARPAGON, CLÉANTE, MAITRE JACQUES.

MAITRE JACQUES. — Hé, hé, hé! messieurs, qu'est-ce-ci? A quoi songez-vous?

CLÉANTE. — Je me moque de cela.

MAÎTRE JACQUES, à Cléante. — Ah! monsieur, doucement.

HARPAGON. — Me parler avec cette impudence!

MAÎTRE JACQUES, à Harpagon. — Ah! monsieur, de grâce.

CLÉANTE. — Je n'en démordrai point.

MAÎTRE JACQUES, à Cléante. — Hé quoi! à votre père?

HARPAGON. — Laissez-moi faire.

MAÎTRE JACQUES, à Harpagon. — Hé quoi! à votre fils? Encore passe pour moi.

HARPAGON. — Je te veux faire toi-même, maître Jacques, juge de cette affaire, pour montrer comme j'ai raison[1].

MAÎTRE JACQUES. — J'y consens. (A Cléante.) Éloignez-vous un peu.

HARPAGON. — J'aime une fille que je veux épouser;

1. La manière dont agira maître Jacques fait que cette scène d'arbitrage, qui rappelle celle que nous avons vue entre Élise et Harpagon, paraît toute nouvelle. Maître Jacques commence à mettre en pratique sa politique, ne plus se compromettre en disant la vérité.

et le pendard a l'insolence de l'aimer avec moi, et d'y prétendre malgré mes ordres.

MAÎTRE JACQUES. — Ah! il a tort.

HARPAGON. — N'est-ce pas une chose épouvantable, qu'un fils qui veut entrer en concurrence avec son père? et ne doit-il pas, par respect, s'abstenir de toucher à mes inclinations?

MAÎTRE JACQUES. — Vous avez raison. Laissez-moi lui parler, et demeurez là.

CLÉANTE, à maître Jacques, qui s'approche de lui. — Hé bien! oui, puisqu'il veut te choisir pour juge, je n'y recule point; il ne m'importe qui ce soit; et je veux bien aussi me rapporter à toi, maître Jacques, de notre différend.

MAÎTRE JACQUES. — C'est beaucoup d'honneur que vous me faites.

CLÉANTE. — Je suis épris d'une jeune personne qui répond à mes vœux, et reçoit tendrement les offres de ma foi; et mon père s'avise de venir troubler notre amour, par la demande qu'il en fait faire.

MAÎTRE JACQUES. — Il a tort, assurément.

CLÉANTE. — N'a-t-il point de honte, à son âge, de songer à se marier? Lui sied-il bien d'être encore amoureux? et ne devroit-il pas laisser cette occupation aux jeunes gens?

MAÎTRE JACQUES. — Vous avez raison. Il se moque. Laissez-moi lui dire deux mots. (A Harpagon.) Hé bien! votre fils n'est pas si étrange que vous le dites, et il se met à la raison. Il dit qu'il sait le respect qu'il vous doit; qu'il ne s'est emporté que dans la première chaleur; et qu'il ne fera point refus de se soumettre à ce qu'il vous plaira, pourvu que vous vouliez le traiter mieux que vous ne faites, et lui donner quelque personne en mariage, dont il ait lieu d'être content.

HARPAGON. — Ah! dis-lui, maître Jacques, que, moyennant cela, il pourra espérer toutes choses de moi, et que, hors Mariane, je lui laisse la liberté de choisir celle qu'il voudra.

MAÎTRE JACQUES. — Laissez-moi faire. (A Cléante.) Hé bien! votre père n'est pas si déraisonnable que vous le faites; et il m'a témoigné que ce sont vos emportemens qui l'ont mis en colère; qu'il n'en veut seulement qu'à votre manière d'agir; et qu'il sera fort disposé à vous accorder ce que vous souhaitez, pourvu que vous vouliez vous y prendre par la douceur, et lui rendre les déférences, les respects et les soumissions qu'un fils doit à son père.

CLÉANTE. — Ah! maître Jacques, tu peux lui assurer que, s'il m'accorde Mariane, il me verra toujours le plus soumis de tous les hommes, et que jamais je ne ferai aucune chose que par ses volontés.

MAÎTRE JACQUES, à Harpagon. — Cela est fait; il consent à ce que vous dites.

HARPAGON. — Voilà qui va le mieux du monde.

MAÎTRE JACQUES, à Cléante. — Tout est conclu; il est content de vos promesses.

CLÉANTE. — Le ciel en soit loué!

MAÎTRE JACQUES. — Messieurs, vous n'avez qu'à parler ensemble : vous voilà d'accord maintenant; et vous alliez vous quereller, faute de vous entendre.

CLÉANTE. — Mon pauvre maître Jacques, je te serai obligé toute ma vie.

MAÎTRE JACQUES. — Il n'y a pas de quoi, monsieur.

HARPAGON. — Tu m'as fait plaisir, maître Jacques;

et cela mérite une récompense. (Harpagon fouille dans sa poche ; maître Jacques tend la main ; mais Harpagon ne tire que son mouchoir, en disant :) Va, je m'en souviendrai, je t'assure.

MAÎTRE JACQUES. — Je vous baise les mains.

SCÈNE V. — HARPAGON, CLÉANTE.

CLÉANTE. — Je vous demande pardon, mon père, de l'emportement que j'ai fait paroître.

HARPAGON. — Cela n'est rien.

CLÉANTE. — Je vous assure que j'en ai tous les regrets du monde.

HARPAGON. — Et moi, j'ai toutes les joies du monde de te voir raisonnable.

CLÉANTE. — Quelle bonté à vous d'oublier si vite ma faute !

HARPAGON. — On oublie aisément les fautes des enfans, lorsqu'ils rentrent dans leur devoir.

CLÉANTE. — Quoi ! ne garder aucun ressentiment de toutes mes extravagances ?

HARPAGON. — C'est une chose où tu m'obliges, par la soumission et le respect où tu te ranges.

CLÉANTE. — Je vous promets, mon père, que, jusques au tombeau, je conserverai dans mon cœur le souvenir de vos bontés.

HARPAGON. — Et moi, je te promets qu'il n'y aura aucune chose que de moi tu n'obtiennes.

CLÉANTE. — Ah ! mon père, je ne vous demande plus rien ; et c'est m'avoir assez donné que de me donner Mariane.

HARPAGON. — Comment?

CLÉANTE. — Je dis, mon père, que je suis trop content de vous, et que je trouve toutes choses dans la bonté que vous avez de m'accorder Mariane.

HARPAGON. — Qui est-ce qui parle de t'accorder Mariane?

CLÉANTE. — Vous, mon père.

HARPAGON. — Moi?

CLÉANTE. — Sans doute.

HARPAGON. — Comment! c'est toi qui as promis d'y renoncer.

CLÉANTE. — Moi, y renoncer?

HARPAGON. — Oui.

CLÉANTE. — Point du tout.

HARPAGON. — Tu ne t'es pas départi d'y prétendre?

CLÉANTE. — Au contraire, j'y suis porté plus que jamais.

HARPAGON. — Quoi! pendard, derechef?

CLÉANTE. — Rien ne me peut changer.

HARPAGON. — Laisse-moi faire, traître!

CLÉANTE. — Faites tout ce qu'il vous plaira.

HARPAGON. — Je te défends de me jamais voir.

CLÉANTE. — A la bonne heure.

HARPAGON. — Je t'abandonne.

CLÉANTE. — Abandonnez.

HARPAGON. — Je te renonce pour mon fils.

CLÉANTE. — Soit.

HARPAGON. — Je te déshérite.

CLÉANTE. — Tout ce que vous voudrez.

HARPAGON. — Et je te donne ma malédiction.

CLÉANTE. — Je n'ai que faire de vos dons[1].

---

1. Cette conduite blâmable de Cléante est le résultat de la pro-

SCÈNE VI. — CLÉANTE, LA FLÈCHE.

LA FLÈCHE, sortant du jardin, avec une cassette. — Ah! monsieur, que je vous trouve à propos! Suivez-moi vite.

CLÉANTE. — Qu'y a-t-il?

LA FLÈCHE. — Suivez-moi, vous dis-je : nous sommes bien.

CLÉANTE. — Comment?

LA FLÈCHE. — Voici votre affaire.

CLÉANTE. — Quoi?

LA FLÈCHE. — J'ai guigné ceci tout le jour.

CLÉANTE. — Qu'est-ce que c'est?

LA FLÈCHE. — Le trésor de votre père, que j'ai attrapé.

CLÉANTE. — Comment as-tu fait?

LA FLÈCHE. — Vous saurez tout. Sauvons-nous : je l'entends crier [1].

---

fonde division qui règne entre le fils prodigue et le père avare. Comme l'a bien dit M. Saint-Marc Girardin : « Quand le père oublie l'honneur, le fils oublie le respect. C'est un beau titre que celui de père de famille, c'est presque un sacerdoce; mais c'est un titre qui oblige, et, s'il donne des droits, il impose aussi des devoirs. » Chamfort et M. Rambert ont également défendu Molière contre J. J. Rousseau, qui accusait Molière d'avoir joué la paternité : « Un fils indigne est souvent le châtiment d'un père avili. Molière ne prend parti ici ni pour Harpagon ni pour Cléante, il nous donne une peinture d'une vérité et d'une réalité saisissantes. »

1. Les circonstances rapides dans lesquelles Cléante apprend ce vol, après cette terrible querelle, ôtent presque toute inconvenance à cette sorte de participation.

HARPAGON. — Rends-moi mon argent, coquin! (Page 305).

SCÈNE VII. — HARPAGON, sans chapeau, criant au voleur
dès le jardin.

Au voleur! au voleur! à l'assassin! au meurtrier! Justice, juste ciel! je suis perdu, je suis assassiné; on m'a coupé la gorge : on m'a dérobé mon argent. Qui peut-ce être? Qu'est-il devenu? Où est-il? Où se cache-t-il? Que ferai-je pour le retrouver? Où courir? Où ne pas courir? N'est-il point là? N'est-il point ici? Qui est-ce? Arrête. (A lui-même, se prenant par le bras.) Rends-moi mon argent, coquin.... Ah! c'est moi! Mon esprit est troublé, et j'ignore où je suis, et ce que je fais. Hélas! mon pauvre argent! mon pauvre argent! mon cher ami! on m'a privé de toi; et, puisque tu m'es enlevé, j'ai perdu mon support, ma consolation, ma joie : tout est fini pour moi, et je n'ai plus que faire au monde. Sans toi, il m'est impossible de vivre. C'en est fait; je n'en puis plus; je me meurs; je suis mort; je suis enterré. N'y a-t-il personne qui veuille me ressusciter, en me rendant mon cher argent, ou en m'apprenant qui me l'a pris? Euh! que dites-vous? Ce n'est personne. Il faut, qui que ce soit qui ait fait le coup, qu'avec beaucoup de soin on ait épié l'heure; et l'on a choisi justement le temps que je parlois à mon traître de fils. Sortons. Je veux aller querir la justice, et faire donner la question à toute ma maison; à servantes, à valets, à fils, et à moi aussi. Que de gens assemblés! Je ne jette mes regards sur personne qui ne me donne des soupçons, et tout me semble mon voleur. Hé! de quoi est-ce qu'on parle là? de celui qui m'a dérobé? Quel bruit fait-on là-haut? Est-ce mon voleur qui y est? De grâce, si l'on sait des nouvelles de mon voleur, je supplie que l'on m'en dise. N'est-il point caché là parmi vous? Ils me regardent tous, et se mettent à rire. Vous verrez qu'ils ont part, sans doute, au vol que l'on m'a fait. Allons vite, des commissaires, des archers, des prévôts, des juges, des gênes, des potences et des bourreaux. Je veux faire pendre tout le monde; et, si je ne retrouve mon argent, je me pendrai moi-même après.

ACTE CINQUIÈME.

SCÈNE I. — HARPAGON, UN COMMISSAIRE.

LE COMMISSAIRE. — Laissez-moi faire; je sais mon métier, Dieu merci. Ce n'est pas d'aujourd'hui que je me mêle de découvrir des vols, et je voudrois avoir autant de sacs de mille francs que j'ai fait pendre de personnes[1].

HARPAGON. — Tous les magistrats sont intéressés à prendre cette affaire en main; et, si l'on ne me fait retrouver mon argent, je demanderai justice de la justice.

LE COMMISSAIRE — Il faut faire toutes les poursuites requises. Vous dites qu'il y avait dans cette cassette....

HARPAGON. — Dix milles écus bien comptés.

LE COMMISSAIRE. — Dix mille écus!

HARPAGON, en pleurant. — Dix mille écus.

LE COMMISSAIRE. — Le vol est considérable!

HARPAGON. — Il n'y a point de supplice assez grand pour l'énormité de ce crime ; et, s'il demeure impuni, les choses les plus sacrées ne sont plus en sûreté.

LE COMMISSAIRE. — En quelles espèces étoit cette somme!

---

1. Ce mot seul peint l'homme; en quelques scènes Molière a su en faire un type. Jusqu'ici Harpagon s'est avili, nous aurons maintenant le spectacle du délire que donne une passion violente, de l'égarement qui suit le désespoir.

HARPAGON. — En bons louis d'or et pistoles bien trébuchantes[1].

LE COMMISSAIRE. — Qui soupçonnez-vous de ce vol?

HARPAGON. — Tout le monde; et je veux que vous arrêtiez prisonniers la ville et les faubourgs.

LE COMMISSAIRE. — Il faut, si vous m'en croyez, n'effaroucher personne, et tâcher doucement d'attraper quelques preuves, afin de procéder après, par la rigueur, au recouvrement des deniers qui vous ont été pris.

SCÈNE II. — HARPAGON, UN COMMISSAIRE, MAITRE JACQUES.

MAÎTRE JACQUES, dans le fond du théâtre, en se retournant du côté par lequel il est entré. — Je m'en vais revenir. Qu'on me l'égorge tout à l'heure; qu'on me lui fasse griller les pieds; qu'on me le mette dans l'eau bouillante, et qu'on me le pende au plancher.

HARPAGON, à maître Jacques. — Qui? celui qui m'a dérobé?

MAÎTRE JACQUES. — Je parle d'un cochon de lait que votre intendant me vient d'envoyer, et je veux vous l'accommoder à ma fantaisie.

HARPAGON. — Il n'est pas question de cela; et voilà monsieur à qui il faut parler d'autre chose.

LE COMMISSAIRE, à maître Jacques. — Ne vous épouvantez point. Je suis homme à ne point vous scandaliser[2], et les choses iront dans la douceur.

1. Pièces de bon poids, pesées au *trébuchet*, sorte de petite balance très-sensible et très-juste.
2. Décrier, diffamer : c'est encore le sens du mot français devenu anglais *scandal*.

ACTE V, SCÈNE II.

MAÎTRE JACQUES. — Monsieur est de votre souper?

LE COMMISSAIRE. — Il faut ici, mon cher ami, ne rien cacher à votre maître.

MAÎTRE JACQUES. — Ma foi, monsieur, je montrerai tout ce que je sais faire, et je vous traiterai du mieux qu'il me sera possible.

HARPAGON. — Ce n'est pas là l'affaire.

MAÎTRE JACQUES. — Si je ne vous fais pas aussi bonne chère que je voudrois, c'est la faute de monsieur votre intendant, qui m'a rogné les ailes avec les ciseaux de son économie.

HARPAGON. — Traître! il s'agit d'autre chose que de souper; et je veux que tu me dises des nouvelles de l'argent qu'on m'a pris.

MAÎTRE JACQUES. — On vous a pris de l'argent?

HARPAGON. — Oui, coquin; et je m'en vais te faire pendre, si tu ne me le rends.

LE COMMISSAIRE, à Harpagon. — Mon Dieu! ne le maltraitez point. Je vois à sa mine qu'il est honnête homme, et que sans se faire mettre en prison, il vous découvrira ce que vous voulez savoir. Oui, mon ami, si vous nous confessez la chose, il ne vous sera fait aucun mal, et vous serez récompensé comme il faut par votre maître. On lui a pris aujourd'hui son argent; et il n'est pas que vous ne sachiez quelques nouvelles de cette affaire.

MAÎTRE JACQUES, bas, à part. — Voici justement ce qu'il me faut pour me venger de notre intendant. Depuis qu'il est entré céans, il est le favori; on n'écoute que ses conseils; et j'ai aussi sur le cœur les coups de bâton de tantôt.

HARPAGON. — Qu'as-tu à ruminer?

LE COMMISSAIRE, à Harpagon. — Laissez-le faire. Il se

prépare à vous contenter; et je vous ai bien dit qu'il étoit honnête homme.

MAÎTRE JACQUES. — Monsieur, si vous voulez que je vous dise les choses, je crois que c'est monsieur votre cher intendant qui a fait le coup.

HARPAGON. — Valère?

MAÎTRE JACQUES. — Oui.

HARPAGON. — Lui! qui me paroît si fidèle?

MAÎTRE JACQUES. — Lui-même Je crois que c'est lui qui vous a dérobé.

HARPAGON. — Et sur quoi le crois-tu?

MAÎTRE JACQUES. — Sur quoi?

HARPAGON. — Oui.

MAÎTRE JACQUES. — Je le crois.... sur ce que je le crois.

LE COMMISSAIRE. — Mais il est nécessaire de dire les indices que vous avez.

HARPAGON. — L'as-tu vu rôder autour du lieu où j'avois mis mon argent?

MAÎTRE JACQUES. — Oui, vraiment. Où étoit-il, votre argent?

HARPAGON. — Dans le jardin.

MAÎTRE JACQUES. — Justement; je l'ai vu rôder dans le jardin. Et dans quoi est-ce que cet argent étoit?

HARPAGON. — Dans une cassette.

MAÎTRE JACQUES. — Voilà l'affaire. Je lui ai vu une cassette.

HARPAGON. — Et cette cassette, comment est-elle faite? Je verrai bien si c'est la mienne.

MAÎTRE JACQUES. — Comment elle est faite?

HARPAGON. — Oui.

MAÎTRE JACQUES. — Elle est faite.... elle est faite comme une cassette.

ACTE V, SCÈNE II.

LE COMMISSAIRE. — Cela s'entend. Mais dépeignez-la un peu, pour voir.

MAÎTRE JACQUES. — C'est une grande cassette.

HARPAGON. — Celle qu'on m'a volée est petite.

MAÎTRE JACQUES. — Hé! oui, elle est petite, si l'on le veut prendre par là; mais je l'appelle grande pour ce qu'elle contient.

LE COMMISSAIRE. — Et de quelle couleur est-elle?

MAÎTRE JACQUES. — De quelle couleur?

LE COMMISSAIRE. — Oui.

MAÎTRE JACQUES. — Elle est de couleur.... là, d'une certaine couleur.... Ne sauriez-vous m'aider à dire?

HARPAGON. — Euh?

MAÎTRE JACQUES. — N'est-elle pas rouge?

HARPAGON. — Non, grise.

MAÎTRE JACQUES. — Hé! oui, gris rouge; c'est ce que je voulois dire.

HARPAGON. — Il n'y a point de doute; c'est elle assurément[1]. Écrivez, monsieur, écrivez sa déposition. Ciel! à qui désormais se fier? Il ne faut plus jurer de rien; et je crois, après cela, que je suis homme à me voler moi-même.

MAÎTRE JACQUES, à Harpagon. — Monsieur, le voici qui revient. Ne lui allez pas dire, au moins, que c'est moi qui vous ai découvert cela.

SCÈNE III. — HARPAGON, UN COMMISSAIRE, VALÈRE, MAITRE JACQUES.

HARPAGON. — Approche, viens confesser l'action la

---

1. Voir *Pourceaugnac*, acte Ier, scène VI, mêmes moyens.

plus noire, l'attentat le plus horrible qui jamais ait été commis.

VALÈRE. — Que voulez-vous, monsieur?

HARPAGON. — Comment, traître! tu ne rougis pas de ton crime?

VALÈRE. — De quel crime voulez-vous donc parler?

HARPAGON. — De quel crime je veux parler, infâme? comme si tu ne savois pas ce que je veux dire! C'est en vain que tu prétendrois de le déguiser; l'affaire est découverte, et l'on vient de m'apprendre tout. Comment abuser ainsi de ma bonté, et s'introduire exprès chez moi pour me trahir, pour me jouer un tour de cette nature?

VALÈRE. — Monsieur, puisqu'on vous a découvert tout, je ne veux point chercher de détours, et vous nier la chose.

MAÎTRE JACQUES, à part. — Oh! oh! aurois-je deviné sans y penser?

VALÈRE. — C'étoit mon dessein de vous en parler, et je voulois attendre pour cela des conjectures favorables; mais, puisqu'il est ainsi, je vous conjure de ne vous point fâcher, et de vouloir entendre mes raisons.

HARPAGON. — Et quelles belles raisons peux-tu me donner, voleur infâme?

VALÈRE. — Ah! monsieur, je n'ai pas mérité ces noms. Il est vrai que j'ai commis une offense envers vous; mais, après tout, ma faute est pardonnable.

HARPAGON. — Comment! pardonnable? Un guet-apens, un assassinat de la sorte!

VALÈRE. — De grâce, ne vous mettez point en colère. Quand vous m'aurez ouï, vous verrez que le mal n'est pas si grand que vous le faites.

HARPAGON. — Le mal n'est pas si grand que je le fais! Quoi! mon sang, mes entrailles, pendard!

VALÈRE. — Votre sang, monsieur, n'est pas tombé dans de mauvaises mains. Je suis d'une condition à ne lui point faire de tort; et il n'y a rien, en tout ceci, que je ne puisse bien réparer.

HARPAGON. — C'est bien mon intention, et que tu me restitues ce que tu m'as ravi.

VALÈRE. — Votre honneur, monsieur, sera pleinement satisfait.

HARPAGON. — Il n'est pas question d'honneur là dedans. Mais, dis-moi qui t'a porté à cette action?

VALÈRE. — Hélas! me le demandez-vous?

HARPAGON. — Oui, vraiment je te le demande.

VALÈRE. — Un dieu qui porte les excuses de tout ce qu'il fait faire, l'amour.

HARPAGON. — L'amour!

VALÈRE. — Oui.

HARPAGON. — Bel amour, bel amour, ma foi! l'amour de mes louis d'or!

VALÈRE. — Non, monsieur; ce ne sont point vos richesses qui m'ont tenté, ce n'est pas cela qui m'a ébloui; et je proteste de ne prétendre rien à tous vos biens, pourvu que vous me laissiez celui que j'ai.

HARPAGON. — Non ferai, de par tous les diables; je ne te le laisserai pas. Mais voyez quelle insolence, de vouloir retenir le vol qu'il m'a fait!

VALÈRE. — Appelez-vous cela un vol?

HARPAGON. — Si je l'appelle un vol? un trésor comme celui-là!

VALÈRE. — C'est un trésor, il est vrai, et le plus précieux que vous ayez, sans doute; mais ce ne sera pas le perdre, que de me le laisser. Je vous le demande à genoux, ce trésor plein de charmes, et, pour bien faire, il faut que vous me l'accordiez.

HARPAGON. — Je n'en ferai rien. Qu'est-ce à dire cela?

VALÈRE. — Nous nous sommes promis une foi mutuelle, et avons fait serment de ne nous point abandonner.

HARPAGON. — Le serment est admirable, et la promesse plaisante!

VALÈRE. — Oui, nous nous sommes engagés d'être l'un à l'autre à jamais.

HARPAGON. — Je vous en empêcherai bien, je vous assure.

VALÈRE. — Rien que la mort ne nous peut séparer.

HARPAGON. — C'est être bien endiablé après mon argent!

VALÈRE. — Je vous ai déjà dit, monsieur, que ce n'étoit point l'intérêt qui m'avoit poussé à faire ce que j'ai fait. Mon cœur n'a point agi par les ressorts que vous pensez, et un motif plus noble m'a inspiré cette résolution.

HARPAGON. — Vous verrez que c'est par charité chrétienne qu'il veut avoir mon bien! Mais j'y donnerai bon ordre; et la justice, pendard effronté, me va faire raison de tout.

VALÈRE. — Vous en userez comme vous voudrez, et me voilà prêt à souffrir toutes les violences qu'il vous plaira; mais je vous prie de croire, au moins, que, s'il y a du mal, ce n'est que moi qu'il en faut accuser, et que votre fille, en tout ceci, n'est aucunement coupable.

HARPAGON. — Je le crois bien vraiment! il seroit fort étrange que ma fille eût trempé dans ce crime. Mais je veux ravoir mon affaire, et que tu me confesses en quel endroit tu me l'as enlevée.

VALÈRE. — Moi? je ne l'ai point enlevée : et elle est encore chez vous.

HARPAGON, à part. — O ma chère cassette! (Haut.) Elle n'est point sortie de ma maison?

VALÈRE. — Non, monsieur.

HARPAGON. — Hé! dis-moi un peu; tu n'y as point touché?

VALÈRE. — Rien de criminel n'a profané la passion que ses beaux yeux m'ont inspirée.

HARPAGON, à part. — Les beaux yeux de ma cassette! Il parle d'elle comme un amant d'une maîtresse.[1]

VALÈRE. — Dame Claude, monsieur, sait la vérité de cette aventure; et elle vous peut rendre témoignage....

HARPAGON. — Quoi! ma servante est complice de l'affaire?

VALÈRE. — Oui, monsieur, elle a été témoin de notre engagement; et c'est après avoir connu l'honnêteté de ma flamme, qu'elle m'a aidé à persuader votre fille de me donner sa foi, et recevoir la mienne.

HARPAGON, à part. — Eh! Est-ce que la peur de la justice le fait extravaguer? (A Valère.) Que nous brouilles-tu ici de ma fille?

VALÈRE. — C'est seulement depuis hier qu'elle a pu se résoudre à nous signer mutuellement une promesse de mariage.

---

1. Harpagon, qui tout à l'heure appelait sa cassette mon sang, mes entrailles, n'est pas trop surpris du langage de Valère. Cette circonstance seule peut expliquer ce long dialogue à double entente. Le mot *disgrâce* par lequel Harpagon qualifiera ce grave événement condamne complétement ce père oublieux de tout devoir.

HARPAGON. — Ma fille t'a signé une promesse de mariage?

VALÈRE. — Oui, monsieur; comme, de ma part, je lui en ai signé une.

HARPAGON. — O ciel! autre disgrâce!

MAÎTRE JACQUES, au commissaire. — Écrivez, monsieur, écrivez.

HARPAGON. — Rengrégement de mal! Surcroît de désespoir! (Au commissaire.) Allons, monsieur, faites le dû de votre charge, et dressez-lui-moi son procès comme larron et comme suborneur.

MAÎTRE JACQUES. — Comme larron et comme suborneur.

VALÈRE. — Ce sont des noms qui ne me sont point dus; et quand on saura qui je suis....

SCÈNE IV. — HARPAGON, ÉLISE, MARIANE, VALÈRE, FROSINE, MAITRE JACQUES, UN COMMISSAIRE.

HARPAGON. — Ah! fille scélérate! fille indigne d'un père comme moi! C'est ainsi que tu pratiques les leçons que je t'ai données? Tu te laisses prendre d'amour pour un voleur infâme, et tu lui engages ta foi sans mon consentement! Mais vous serez trompés l'un et l'autre. (A Élise.) Quatre bonnes murailles me répondront de ta conduite; (à Valère,) et une bonne potence me fera raison de ton audace.

VALÈRE. — Ce ne sera point votre passion qui jugera l'affaire, et l'on m'écoutera au moins avant que de me condamner.

HARPAGON. — Je me suis abusé de dire une potence ; et tu seras roué tout vif.

ÉLISE, aux genoux d'Harpagon. — Ah! mon père, prenez des sentimens un peu plus humains, je vous prie, et n'allez point pousser les choses dans les dernières violences du pouvoir paternel. Ne vous laissez point entraîner aux premiers mouvemens de votre passion, et donnez-vous le temps de considérer ce que vous voulez faire. Prenez la peine de mieux voir celui dont vous vous offensez. Il est tout autre que vos yeux ne le jugent ; et vous trouverez moins étrange que je me sois donnée à lui, lorsque vous saurez que, sans lui, vous ne m'auriez plus il y a longtemps. Oui, mon père, c'est lui qui me sauva de ce grand péril que vous savez que je courus dans l'eau, et à qui vous devez la vie de cette même fille dont....

HARPAGON. — Tout cela n'est rien ; et il valoit bien mieux pour moi qu'il te laissât noyer, que de faire ce qu'il a fait.

ÉLISE. — Mon père, je vous conjure par l'amour paternel, de me....

HARPAGON. — Non, non ; je ne veux rien entendre, et il faut que la justice fasse son devoir.

MAÎTRE JACQUES, à part. — Tu me payeras mes coups de bâton !

FROSINE, à part. — Voici un étrange embarras[1].

---

1. Le rôle de Frosine devient inutile ; c'est maintenant un personnage muet, c'est un défaut de composition dramatique.

SCÈNE V. — ANSELME, HARPAGON, ÉLISE, MARIANE, FROSINE, VALÈRE, UN COMMISSAIRE, MAITRE JACQUES.

ANSELME. — Qu'est-ce, seigneur Harpagon? je vous vois tout ému.

HARPAGON. — Ah! seigneur Anselme, vous me voyez le plus infortuné de tous les hommes; et voici bien du trouble et du désordre au contrat que vous venez faire. On m'assassine dans le bien, on m'assassine dans l'honneur; et voilà un traître, un scélérat qui a violé tous les droits les plus saints, qui s'est coulé chez moi sous le titre de domestique, pour me dérober mon argent, et pour me suborner ma fille.

VALÈRE. — Qui songe à votre argent, dont vous me faites un galimatias?

HARPAGON. — Oui, ils se sont donné l'un à l'autre une promesse de mariage. Cet affront vous regarde, seigneur Anselme; et c'est vous qui devez vous rendre partie contre lui, et faire à vos dépens toutes les poursuites de la justice, pour vous venger de son insolence.

ANSELME. — Ce n'est pas mon dessein de me faire épouser par force, et de rien prétendre à un cœur qui se serait donné; mais, pour vos intérêts, je suis prêt à les embrasser ainsi que les miens propres.

HARPAGON. — Voilà monsieur, qui est un honnête commissaire, qui n'oubliera rien, à ce qu'il m'a dit, de la fonction de son office. (Au commissaire, montrant Valère.) Chargez-le comme il faut, monsieur, et rendez les choses bien criminelles.

ACTE V, SCÈNE V.

VALÈRE. — Je ne vois pas quel crime on me peut faire de la passion que j'ai pour votre fille, et le supplice où vous croyez que je puisse être condamné pour notre engagement, lorsqu'on saura ce que je suis....

HARPAGON. — Je me moque de tous ces contes; et le monde aujourd'hui n'est plein que de ces larrons de noblesse, que de ces imposteurs qui tirent avantage de leur obscurité, et s'habillent insolemment du premier nom illustre qu'ils s'avisent de prendre.

VALÈRE. — Sachez que j'ai le cœur trop bon pour me parer de quelque chose qui ne soit point à moi; et que tout Naples peut rendre témoignage de ma naissance.

ANSELME. — Tout beau! prenez garde à ce que vous allez dire. Vous risquez ici plus que vous ne pensez; et vous parlez devant un homme à qui tout Naples est connu, et qui peut aisément voir clair dans l'histoire que vous ferez.

VALÈRE, en mettant fièrement son chapeau. — Je ne suis point homme à rien craindre ; et, si Naples vous est connu vous savez qui étoit don Thomas d'Alburci.

ANSELME. — Sans doute, je le sais; et peu de gens l'ont connu mieux que moi.

HARPAGON. — Je ne me soucie ni de don Thomas ni de don Martin. (Harpagon voyant deux chandelles allumées, en souffle une; maître Jacques la rallume. Harpagon la souffle de nouveau et cela pendant plusieurs fois jusqu'à ce que Harpagon impatienté la prenne dans sa main, où maître Jacques la rallume encore pendant qu'Harpagon croise les bras. Ce jeu de scène est fait pour amuser le spectateur et égayer la longue scène de la reconnaissance.)

ANSELME. — De grâce, laissez-le parler ; nous verrons ce qu'il en veut dire.

VALÈRE. — Je veux dire que c'est lui qui m'a donné le jour.

ANSELME. — Allez, vous vous moquez. Cherchez quelque autre histoire qui vous puisse mieux réussir, et ne prétendez pas vous sauver sous cette imposture.

VALÈRE. — Songez à mieux parler. Ce n'est point une imposture, et je n'avance rien ici qu'il ne me soit aisé de justifier.

ANSELME. — Quoi? vous osez vous dire fils de don Thomas d'Alburci?

VALÈRE. — Oui, je l'ose; et je suis prêt de soutenir cette vérité contre qui que ce soit.

ANSELME. — L'audace est merveilleuse! Apprenez, pour vous confondre, qu'il y a seize ans, pour le moins, que l'homme dont vous nous parlez, périt sur mer, avec ses enfans et sa femme, en voulant dérober leur vie aux cruelles persécutions qui ont accompagné les désordres de Naples, et qui en firent exiler plusieurs nobles familles.

VALÈRE. — Oui; mais apprenez, pour vous confondre, que son fils, âgé de sept ans, avec un domestique, fut sauvé de ce naufrage par un vaisseau espagnol; et que ce fils sauvé est celui qui vous parle. Apprenez que le capitaine de ce vaisseau, touché de ma fortune, prit amitié pour moi; qu'il me fit élever comme son propre fils, et que les armes furent mon emploi, dès que je m'en trouvai capable; que j'ai su depuis peu que mon père n'étoit pas mort, comme je l'avois toujours cru; que, passant ici pour l'aller chercher, une aventure, par le ciel concertée, me fit voir la charmante Élise, que cette vue me rendit esclave de ses beautés, et que la violence de mon amour et les sévérités de son père me firent prendre la résolution de m'introduire dans son logis, et d'envoyer un autre à la quête de mes parens.

ANSELME. — Mais quels témoignages encore, autres que vos paroles, nous peuvent assurer que ce ne soit point une fable que vous ayez bâtie sur une vérité?

VALÈRE. — Le capitaine espagnol; un cachet de rubis qui étoit à mon père; un bracelet d'agate que ma mère m'avoit mis au bras; le vieux Pédro, ce domestique qui se sauva avec moi du naufrage.

MARIANE. — Hélas! à vos paroles je puis ici répondre, moi, que vous n'imposez point; et tout ce que vous me dites me fait connoître clairement que vous êtes mon frère.

VALÈRE. — Vous, ma sœur!

MARIANE. — Oui. Mon cœur s'est ému dès le moment que vous avez ouvert la bouche; et notre mère, que vous allez revoir, m'a mille fois entretenue des disgrâces de notre famille. Le ciel ne nous fit point aussi périr dans ce triste naufrage; mais il ne nous sauva la vie que par la perte de notre liberté; et ce furent des corsaires qui nous recueillirent, ma mère et moi, sur un débris de notre vaisseau. Après dix ans d'esclavage, une heureuse fortune nous rendit notre liberté, et nous retournâmes dans Naples, où nous trouvâmes tout notre bien vendu, sans y pouvoir trouver des nouvelles de notre père. Nous passâmes à Gênes, où ma mère alla ramasser quelques malheureux restes d'une succession qu'on avoit déchirée; et de là, fuyant la barbare injustice de ses parens, elle vint en ces lieux, où elle n'a presque vécu que d'une vie languissante.

ANSELME. — O ciel! quels sont les traits de ta puissance! et que tu fais bien voir qu'il n'appartient qu'à toi de faire des miracles! Embrassez-moi, mes enfans, et mêlez tous deux vos transports à ceux de votre père.

VALÈRE. — Vous êtes notre père?

MARIANE. — C'est vous que ma mère a tant pleuré?

ANSELME. — Oui, ma fille : oui, mon fils; je suis don Thomas d'Alburci, que le ciel garantit des ondes avec tout l'argent qu'il portoit ; et qui, vous ayant tous crus morts, durant plus de seize ans, se préparoit, après de longs voyages, à chercher, dans l'hymen d'une douce et sage personne, la consolation de quelque nouvelle famille. Le peu de sûreté que j'ai vu pour ma vie à retourner à Naples m'a fait y renoncer pour toujours ; et ayant su trouver moyen d'y faire vendre ce que j'y avois, je me suis habitué ici, où sous le nom d'Anselme, j'ai voulu m'éloigner des chagrins de cet autre nom qui m'a causé tant de traverses.

HARPAGON, à Anselme. — C'est là votre fils?

ANSELME. — Oui.

HARPAGON. — Je vous prends à partie pour me payer dix mille écus qu'il m'a volés[1].

ANSELME. — Lui! vous avoir volé?

HARPAGON. — Lui-même.

VALÈRE. — Qui vous a dit cela?

HARPAGON. — Maître Jacques.

VALÈRE, à maître Jacques. — C'est toi qui le dis?

MAÎTRE JACQUES. — Vous voyez que je ne dis rien.

HARPAGON. — Oui. Voilà monsieur le commissaire qui a reçu sa déposition.

VALÈRE. — Pouvez-vous me croire capable d'une action si lâche?

---

1. Harpagon rentre ici en scène d'une manière plus digne de lui que ce jeu de chandelle.

ANSELME. — Le ciel, mes enfans, ne me redonne point à vous pour être contraire à vos vœux. Seigneur Harpagon, vous jugez bien que le choix d'une jeune personne tombera sur le fils plutôt que sur le père : allons, ne vous faites point dire ce qu'il n'est point nécessaire d'entendre ; et consentez, ainsi que moi, à ce double hyménée.

HARPAGON. — Il faut, pour me donner conseil, que je voie ma cassette.

CLÉANTE. — Vous la verrez saine et entière.

HARPAGON. — Je n'ai point d'argent à donner en mariage à mes enfans.

ANSELME. — Hé bien ! j'en ai pour eux ; que cela ne vous inquiète point.

HARPAGON. — Vous obligerez-vous à faire tous les frais de ces deux mariages.

ANSELME. — Oui, je m'y oblige. Êtes-vous satisfait?

HARPAGON. — Oui, pourvu que, pour les noces, vous me fassiez faire un habit.

ANSELME. — D'accord. Allons jouir de l'allégresse que cet heureux jour nous présente.

LE COMMISSAIRE. — Holà ! messieurs, holà ? Tout doucement, s'il vous plaît. Qui me payera mes écritures[1] ?

HARPAGON. — Nous n'avons que faire de vos écritures.

LE COMMISSAIRE. — Oui ! mais je ne prétends pas, moi, les avoir faites pour rien.

HARPAGON, montrant maître Jacques. — Pour votre payement, voilà un homme que je vous donne à pendre.

---

1. Trait caractéristique contre la cupidité de la police de l'époque. Molière l'avait déjà signalée dans l'*École des Maris* (acte III, scène v). Voir aussi la *Police sous Louis XIV*, de M. P. Clément.

MAÎTRE JACQUES. — Hélas! comment faut-il donc faire? On me donne des coups de bâton pour dire vrai; et on me veut pendre pour mentir.

ANSELME. — Seigneur Harpagon, il faut lui pardonner cette imposture.

HARPAGON. — Vous payerez donc le commissaire?

ANSELME. — Soit. Allons vite faire part de notre joie à votre mère.

HARPAGON. — Et moi, voir ma chère cassette[1].

---

1. On ne voit pas assez le châtiment de l'*Avare* qui ne perd que Mariane, perte assez peu sensible pour lui; sa punition consiste dans le mépris qu'il inspire à tous et qui a fait dire à Molière : « Le mépris est une pilule qu'on peut bien avaler, mais qu'on ne peut mâcher sans faire la grimace. »
— Le dénoûment de l'*Avare*, vu la sûreté des mers à notre époque, peut nous paraître romanesque, invraisemblable et imité des dénoûments de Plaute et de Térence à Rome; il est cependant fort naturel et vraisemblable : les captures sur mer étaient très-fréquentes alors, et pour ne citer que des contemporains illustres, nommons Saint-Vincent-de-Paul et le poète comique Regnard, et beaucoup plus tard Montesquieu, rachetant de ses deniers un nommé Robert, de Marseille, dont le fils avait su l'intéresser aux malheurs de son père. La piraterie était si forte que les flottes anglaise et hollandaise se virent contraintes d'attaquer Alger en 1655, 1669 et 1670 (l'*Avare* est de 1668) et la flotte française fit de même en 1682, 1683 et 1687. On peut encore lire sur cette question, l'*Œuvre de la rédemption des captifs, à Montpellier*, par M. A. Germain. Quant aux troubles de Naples, Molière fait allusion aux trois révolutions successives de cette ville (1648) : insurrection de Masaniello contre l'Espagne, république éphémère sous le duc de Guise et l'armurier Gennaro Annese; enfin le retour des Espagnols sous le comte d'Ognate. Les troubles et les efforts du duc de Guise pour reprendre Naples durèrent jusqu'en 1656. Tous ces détails historiques montrent avec quel soin et quel souci de la vérité travaillait notre grand Molière et expliquent ses succès.

FIN DE L'AVARE.

TABLE

DU PREMIER VOLUME

Préface. . . . . Pages	1
Notice	5
Les Précieuses ridicules	29
Le Misanthrope	67
Le Médecin malgré lui	161
L'Avare	217

8693. — IMPRIMERIE GÉNÉRALE DE CH. LAHURE
Rue de Fleurus, 9, à Paris

LIBRAIRIE DE L. HACHETTE ET Cⁱᵉ
Boulevard Saint-Germain, 77, à Paris.

PUBLICATIONS ILLUSTRÉES

I. FORMAT IN-FOLIO.

Achard (Am.) : *Bade et ses environs.* Un magnifique vol. contenant 28 grandes lithographies et 29 grav. sur bois, rel. en percal. 100 »

Cervantès Saavedra (Miguel de) : *L'ingénieux Hidalgo don Quichotte de la Manche*, traduit par Louis Viardot. Édit. de grand luxe, contenant 376 dessins de Gustave Doré, gravés sur bois par Pisan. 2 magnifiques vol. cart. richement. 160 »

Chateaubriand (de) : *Atala*, édit. de grand luxe, avec 44 dessins de G. Doré (30 belles compositions tirées à part, et 14 autres belles grav. insérées dans le texte). Un magnifique vol. cart. richement. 60 »

Dante Alighieri : *L'Enfer*, édit. de grand luxe, contenant la traduction française de P. A. Fiorentino, le texte italien et 76 grandes compositions de G. Doré, gravées sur bois et tirées à part. Un magnifique vol. cartonné richement. 100 »

Le même ouvrage, texte italien seul également illustré des 76 grandes compositions de G. Doré. Un magnifique vol. cart. rich. 150 »

Lallemand (Ch.) : *Les Paysans badois.* Un vol. contenant 16 grandes pl. coloriées et 12 vign. imprimées dans le texte, rel. en percaline. 12 »

Trémaux (P.) : *Voyage dans la Nigritie, au Soudan oriental et dans l'Afrique septentrionale.* Grand atlas de 54 planches; avec texte, cartes, etc. 120 »
(En outre, 2 vol. in-8 : *Égypte et Éthiopie*, prix, 6 fr.; *le Soudan*, prix, 6 fr.)

— *Parallèles des édifices anciens et modernes du continent africain.* Grand atlas de 82 planches en partie coloriées, avec texte, cartes, etc. 130 »

— *Exploration archéologique en Asie Mineure.*
Formera 43 liv. de 5 planches et texte. Les premières liv. sont en vente. Prix de chaque liv. 10 »

II. FORMAT IN-4.

Baric : *Martin Landor ou la Musique enseignée aux enfants*, par Kroknotzki. 1 vol., 16 pl. color. cart. 5 »

Bertall : *Les Infortunes de Touche-à-Tout*, hist. amusantes pour les petits enfants. 1 vol. (24 pl. col.) cart. 3 »

Bible populaire (la), histoire illustrée de l'Ancien et du Nouveau Testament, par M. l'abbé Drioux, 140 liv. de 8 pages, formant 2 vol. gr. in-8, ill. de 620 vignettes. Chaque vol. broché, 7 fr. 50
On peut se procurer l'ouvrage par livraisons ou par volumes.
Chaque volume se vend séparément.

Delbrück (Jules) : *Les Récréations instructives*, sur les animaux, les arts, les sciences, accompagnées d'images, de rondes enfantines, musique avec accompagnement de piano pour petites mains 4 séries formant chacune 1 vol. Chaque vol séparément 12 fr.
La reliure en percal. tr. jaspées se paye par série, 1 fr. 75; en percal. tr. dorées, 2 fr. 75; en percal. rouge, tr. dorées, 3 fr. 75.

Histoire populaire de la France. L'histoire populaire de la France, publiée en 212 livraisons à 10 cent. (de 8 pages chacune), forme 4 vol. grand in-8, illustrés de 1358 vign. Chaque volume broché. 6 fr.
On peut se procurer l'ouvrage par livraisons ou par volumes.
Chaque volume se vend séparément.

Lamartine (Alph. de) : *Graziella*, édition de grand luxe, avec 35 gravures, composition d'Alf. de Curzon et 9 vignettes, 1 volume in-4, richement cartonné. 25 »

Laujon (Léon de) : *Contes et Légendes*, ill. par G. Doré. 1 vol. br. 10 »

Le Foyer des Familles, mag. cath. ill. Les années 1860, 1861, 1862 et 1863 du *Foyer des Familles* forment chacune un beau volume de 416 pages, illustré de plus de 360 vignettes. Chaque volume se vend, broché, 5 fr. 50 c.; relié en percal., tr. jaspées, 7 fr.; tr. dorées, 7 fr. 50.

L'Épine (Ern.) : *Histoire du capitaine Castagnette.* Un vol. (43 vign.) 6 »
Le cartonn. en perc. gaufrée dorée se paye en sus 2 fr.
— *La Légende de Croque-Mitaine.* 1 vol. 120 vignettes. 15 »
Le cartonnage en percaline gaufrée se paye en sus 3 fr.
Le Tour du monde (voy. ci-après).
Trim : *Albums* pour les enfants de trois à six ans, coloriés et cartonnés :
ABC Trim, alphabet enchanté, illust. par Bertall. 3 »
La Journée de deux petits garçons : Histoire du bon Toto et du méchant Tom, illustrée par Jundt. 3 »
Jean Bourreau, le bourreau des bêtes, illustré par Jundt. 3 »

La Poupée, illustrée par Jundt. 3 »
Le Calcul amusant, ill. par Bertall. 3 »
Les Défauts horribles, ill. par Jundt :
  I. Gourmands et malpropres. 3 fr.
  II. Menteurs, envieux, curieux, criards et trépignards. 3 fr.
  III. Le Poltron. 3 fr.
Les Bêtes, cours d'histoire naturelle et de morale, ill. par Bertall. 3 »
Pierre l'ébouriffé, joyeuses histoires, trad. de l'allemand du dr Hoffmann sur la 360e édit. 3 »
Histoire comique et terrible de Loustic l'espiègle, ill. par Bertall. 3 »
Histoire de Jean-Jean gros Pataud, ill. par Pelcoq. 3 »

III. FORMAT GRAND IN-8.

Le cartonnage, soit en percaline, soit en demi-reliure chagrin, tranches dorées, se paye 4 fr. en sus des prix ci-après indiqués.

About (Edm.) : *Le Roi des montagnes* (158 vign. par G. Doré). 1 vol. 5 »
Biard : *Deux ans au Brésil.* 1 vol. 20 »
Burton (le capit.) : *Voyage aux grands lacs de l'Afrique orientale,* trad. de l'anglais. 1 vol. (40 vign.) 15 »
Colart : *Histoire de France méthodique et comparée,* avec tableaux synoptiques et 77 grav. sur acier. Nouv. édit. 1 vol. gr. in-8 oblong. 13 50
Cartonné. 15 »
De la Palme, conseiller à la Cour de cassation : *Le Grand-Père,* contes à mes petits-enfants, 1 vol. pour chacune des pages duquel M. Giacometti a dessiné un riche encadrement reproduisant plusieurs scènes du texte 1 vol.
Dufferin (lord) : *Lettres écrites des régions polaires,* et trad. (25 vign., 3 cartes). 1 vol. sur papier teinté. 5 »
Figuier (L.) : *La Terre avant le déluge* (358 vign.). 4e éd., augment. 1 v. 10 »
— *La Terre et les Mers,* ou description physique du globe. 1 vol. (190 vign.). 2e édit. 10 »
— *Histoire des Plantes.* 1 vol. (415 vig.) Broché. 10 »
— *La Vie et les Mœurs des animaux.* 1re série : *Zoophytes et Mollusques,* 1 vol., illustré de plus de 300 pl. 10 »
— *Le Savant du foyer,* ou notions scientifiques sur les objets usuels de la vie. 3e édit. 1 vol. 10 »
— *Les grandes Inventions scientifiques, industrielles et artistiques* des temps anciens et modernes. 3e édit. (220 gr.) 1 vol. 10 »

Frédol (Alfred) : *Le Monde de la mer.* 1 magnifique vol. in-8 jésus, contenant 22 pl. gravées sur acier et tirées en couleur, et 198 grav. sur bois. 30 »
Gastineau (Benjamin) : *Chasses au lion, et à la panthère en Afrique* (17 dessins par G. Doré). 1 vol. 3 »
Guillemin (Am.) : *Le Ciel,* simples notions d'astronomie. 2e édit. 1 magn. vol. in-8 jésus ill. de 11 pl. tirées en couleur et de 216 grav. sur bois. 20 »
Gumpert (Mme Thècle de) : *Le Monde des enfants,* contes moraux, trad. de l'allemand (125 vig.), 1 vol. tiré sur papier teinté. 5 »
Lamartine (Alph. de) : *Jocelyn,* édit. ill. de 150 vig. 1 vol. 10 »
Livingstone (le Dr) : *Explorations dans l'intérieur de l'Afrique australe,* trad. de l'anglais. 1 magnifique vol. (45 grav. et 2 cartes). 20 »
Nouveau magasin des enfants (le). Quatre séries illustrées :
Première série : 8 contes, par Charles Nodier, Stahl, Octave Feuillet, Balzac, etc. 1 vol. 10 »
Deuxième série : 5 contes, par G. Sand, Alfred de Musset, etc. 1 vol. 10 »
Troisième série : 3 contes, par Alex. Dumas, P. de Musset et Éd. Ourliac. 1 vol. 10 »
Quatrième série : 2 contes, par Alex. Dumas et Alph. Karr. 1 vol. 10 »
Saintine (X.-B.) : *La mère Gigogne et ses trois filles,* causeries d'un bon papa sur l'histoire naturelle et sur les objets les plus usuels. 1 v. (171 vig.) 10 »

PUBLICATIONS ILLUSTRÉES. 3

—*La Mythologie du Rhin*, ill. par G. Doré. 1 vol. 5 »
—*Le Chemin des écoliers* (450 vig. par G. Doré, etc.). 1 vol. 10 »
Sand (George): *Les Romans champêtres.*
1re série : *La Mare au Diable ; François le Champi.* 1 vol. br. 10 »
2e série : *La petite Fadette ; André; La Fauvette du docteur.* 1 v. 10 »
Ségur (Mme la comtesse de) : *l'Évangile de la Grand'Mère*, illustré de 40 grav. sur bois dessinées d'après les croquis de Vetter. 10 »
Speke (le capitaine) : *Journal de la découverte des sources du Nil*, avec cartes et grav. d'après les dessins du capitaine Grant. 2e éd. 1 vol. 10 »
Taine (H.): *Voyage aux Pyrénées.* Magnifique vol., tiré sur papier teinté (350 vig. par G. Doré). 10 »

Trésor littéraire de la France (le), choix de morceaux remarquables empruntés à tous les grands écrivains de notre pays, et publié avec l'approbation de S. Ex. le ministre de l'instr. publ. par la Société des gens de lettres. 1 vol., contenant les *Prosateurs*, ill. de 40 magnifiques grav. sur bois dessinées par Bayard et tirées à part. 23 »
Le même ouvrage sans les illustrations. 1 volume. 15 »
Le second vol., contenant les *Poëtes*, paraîtra l'an prochain.
Vambéry (Arminius): *Voyages d'un faux derviche dans l'Asie centrale*, de Téhéran à Khiva, à Bokhara et à Samarcand à travers le grand désert Turcoman. Ouvr. trad. de l'anglais, par M. E.-D. Forgues et illustré de 43 gr. 1 vol. 10 fr.

IV. FORMAT IN-18 JÉSUS, A 2 FR. LE VOLUME.

La reliure en percaline, tranches jaspées, se paye en sus 75 cent.; en percaline, tranches dorées, 1 fr.

1° BIBLIOTHÈQUE ROSE ILLUSTRÉE
POUR LES ENFANTS ET POUR LES ADOLESCENTS.

Andersen : *Contes choisis*, trad. du danois. 1 vol. (40 vig.)
Anonymes: *Chien et Chat.* 1 vol trad. de l'anglais (45 vig.).
—*Douze histoires pour les enfants de quatre à huit ans*, par une mère de famille. 3e édition. 1 vol. imprimé en gros caractères (18 grandes vig.)
—*Les Enfants d'aujourd'hui*, par le même auteur. 1 vol. (40 vig.)
—*Les Fêtes d'enfants*, scènes et dialogues, avec une préface de M. l'abbé Bautain. 1 vol. (41 vig.)
Barrau (Th. H.) : *Amour filial*, récits à la jeunesse. 1 v. (41 vig.)
Bawr (Mme de): *Nouveaux contes*, 2e éd. 1 vol. (40 vig.)
Ouvrage couronné par l'Académie.
Belèze: *Jeux des adolescents.* 2e édit. 1 vol. (140 vig.)
Berquin : *Choix de petits drames et de contes.* 1 vol. (40 vig.)
Berthet (Élie) : *L'Enfant des bois.* 1 vol. 61 vign.)
Boiteau (P.) : *Légendes* recueillies pour les enfants. 2e édition. 1 vol. (42 vig.)
Carraud : *La petite Jeanne, ou le Devoir*, 1 vol. (20 vig.)
— *Les Métamorphoses d'une goutte d'eau*, suivies *des Aventures d'une fourmi, des guêpes*, etc. 1 vol. (50 vig.)
—*Historiettes véritables* pour les enfants de 4 à 8 ans. 1 vol. (94 vig.)

Fénelon : *Fables.* 1 vol. (20 vig.)
Castillon (A.) : *Les Récréations physiques.* 2e édit. 1 vol. (36 vig.)
Catlin : *La Vie chez les Indiens*, trad. de l'anglais. 1 vol. (20 vig.)
Cervantès : *Histoire de l'admirable don Quichotte de la Manche*, édition à l'usage des enfants. 1 vol. (54 vig.)
Chabreul (Mme de): *Jeux et exercices des jeunes filles.* 2e édit. 1 vol. (50 vig.) contenant la musique des rondes
Colet (Mme L.) : *Enfances célèbres.* 4e édit. 1 vol. (57 vig.)
Edgeworth (miss) : *Contes de l'adolescence*, trad. de l'anglais. 1 vol. (22 vig.)
—*Contes de l'enfance*, trad. de l'anglais. 1 vol. (22 vig)
Fath (G.) : *La Sagesse des petits enfants*, prov. 1 vol. (100 vign.)
Foë (de): *La Vie et les Aventures de Robinson Crusoé*, édit. abrégée. 1 vol. (40 vig.)
Genlis (Mme de) : *Contes moraux.* 1 vol. (41 vig.)
Gouraud (Mlle Julie) : *Lettres de deux poupées.* 1 vol. (59 vig.)
—*Les Mémoires d'un petit garçon.* 1 v. illustré.
—*Les Mémoires d'un caniche.* 1 vol. (100 vign.)
Grimm (les frères) : *Contes choisis*, trad. de l'allemand. 1 vol. (40 vig.)

Hauff: *La Caravane* 1 vol. (40 vig.)
—*L'Auberge du Spessart*. 1 vol. (61 vig.)
Hawthorne: *Le Livre des merveilles*, trad. de l'anglais. 2 vol.
1re série, (20 vig.) 1 vol.
2e série (20 vig.) 1 vol.
Chaque série se vend séparément.
Hervé et **de Lanoye**: *Voyage dans les glaces du pôle arctique*. 1 vol. (40 vig.)
Isle (Mlle Henriette d'): *Histoire de deux âmes*. 1 vol. (53 vig.)
Lanoye (Ferd. de): *Les grandes Scènes de la nature*. 1 vol. illustré.
—*La Mer polaire*, voyage de *l'Érèbe* et de *la Terreur*, et expédition à la recherche de Franklin. 1 vol. (26 vig. et des cartes.)
Le Sage: *Aventures de Gil Blas*, édit. destinée à l'adolescence (42 vig.). 1 v.
Mac Intosch (miss): *Contes americains* trad. par Mme Dionis. 2 vol. (120 vign.)
Chaque volume se vend séparément.
Mayne-Reid (le capitaine): Ouvrages traduits de l'anglais.
—*A Fond de cale*. 1 vol. (12 gr. vig.)
—*A la mer*. 2e édit. 1 vol. (12 vig.)
—*Bruin, ou les chasseurs d'ours*. 1 vol. (8 grandes vig.)
—*Le Chasseur de plantes*. 1 v. (12 gr. vig.)
—*Les Exilés dans la forêt* 1 v. (12 gr. vig.)
—*Les Grimpeurs de rochers*, 1 vol. (20 gr. vig.)
—*Les Peuples étranges*. 1 v. (8 gr. vig.)
—*Les Vacances des jeunes Boërs*. (1 vol. (12 gr. vig.)
—*Les Veillées de chasse*. 1 vol. (43 vig.)
—*L'Habitation du désert*, ou aventures d'une famille perdue dans les solitudes de l'Amérique. 1 vol. 24 grandes vignettes.
Pape-Carpantier (Mme): *Histoires et leçons de choses pour les enfants*. 1 v. (80 vig.)
Ouvrage couronné par l'Académie.
Perrault, Mmes **d'Aulnoy** et **Le Prince de Beaumont**: *Contes de fées*. 1 v. (40 vig.)
Porchat (J.) *Contes merveilleux*. 2e édit. 1 vol. (21 gr. vig.)
Ségur (Mme la comtesse de): *Drames et proverbes*. 1 vol. (80 vig.)
—*François le bossu*. 1 vol. (100 vign.)
—*Jean le bon et Jean le mauvais*. 1 vol. (80 vign.)
—*La sœur de Gribouille*. 2e édit. 1 vol. (70 vig.)
—*L'Auberge de l'Ange-Gardien*. 1 vol. (75 vig.)
—*Le général Dourakine*. 1 vol. (108 vig.)
—*Les bons Enfants*. 1 vol. (70 vig.)
—*Les deux Nigauds*. 1 vol. (70 vig.)
—*Les Malheurs de Sophie*. 1 vol. (42 vig.)
—*Les petites Filles modèles*. 2e édit. 1 v. (21 gr. vig.)
—*Les Vacances*. 2e édit. 1 vol. (40 vig.)
—*Mémoire d'un âne* 5e édit. 1 vol. ill.
—*Nouveaux contes de fées*. 5e ed. 1 vol. (46 vig.)
—*Pauvre Blaise*. 1 vol. (75 vig.)
—*Un bon Petit diable*. 1 vol. (100 vig.)
Swift. *Voyage de Gulliver à Lilliput, à Brobdingnag et aux pays des Houyhnhnms*, trad. et abrégés à l'usage des enfants. 1 vol. (57 vig.)
Vimont (Ch.): *Histoire d'un navire*. 1 vol. (40 vig.)

2° BIBLIOTHÈQUE DES JEUNES FILLES.

Bernardin de Saint-Pierre: *OEuvres choisies*. 1 vol. (20 vig.)
De Maistre (Xavier de): *OEuvres choisies*. 1 vol. (20 vig.)
Homère: *L'Iliade et l'Odyssée*, édition abrégée (30 vign.). 1 vol.
—*L'Égypte il y a trois mille ans*. 1 vol. (40 vign.)
Lanoye (F. de): *La Sibérie*. 1 vol. ill. (40 vig.)
Marc-Monnier: *Pompéi et les Pompéiens*, 1 vol. (30 vig.)

3° BIBLIOTHÈQUE DES MERVEILLES.

Les Merveilles du monde invisible, par M. de Fonvielle. 1 vol. (100 vign.)
Les Merveilles de l'architecture, par M. André Lefèvre (40 vig.).
Les Merveilles de l'architecture navale, par E. Renard, bibliothécaire au dépôt des cartes de la marine. 1 v. ill.
Les Merveilles de la météorologie par MM. Zurcher et Margollé. 1 v. (20 vig.)
Les Merveilles du ciel, par M. Flammarion (en préparation).
Les Métamorphoses des insectes, par L. Girard, président de la Société entomologique de France. 1 vol. (100 vign.)
Retz (cardinal de): *Mémoires*. Edition abrégée (40 gr. vig.). 1 vol.

LIBRAIRIE DE L. HACHETTE ET Cie
Boulevard Saint-Germain, 77, à Paris.

PUBLICATIONS PÉRIODIQUES

RELATIVES A LA LITTÉRATURE, AUX SCIENCES
ET AUX CONNAISSANCES UTILES.

Le prix d'abonnement pour l'étranger varie selon les conditions postales.

LE
TOUR DU MONDE

NOUVEAU JOURNAL DES VOYAGES

PUBLIÉ

SOUS LA DIRECTION DE M. ÉDOUARD CHARTON

et très-richement illustré par nos plus célèbres artistes.

« Faire connaître les voyages de notre temps, les plus dignes de confiance, et qui offrent le plus d'intérêt à l'imagination, à la curiosité ou à l'étude, » tel est le but que l'on s'est proposé en fondant, au commencement de 1860, LE TOUR DU MONDE.

Six années se sont écoulées, douze volumes ont paru, et en poursuivant ce but avec fidélité et conscience, LE TOUR DU MONDE a atteint le succès. Sa publicité s'est étendue au delà des limites de la France : c'est aujourd'hui un recueil européen. Traduit en quatre langues, on le nomme en Italie, *il Giro del Mundo;* en Espagne, *la Vuelta al Mondo;* en Angleterre, *all round the World;* en Allemagne, *Globus illustrirte.*

L'expérience du TOUR DU MONDE démontre que la frivolité des esprits est loin d'être aussi générale qu'on l'avait supposé, et que l'on peut même compter par dizaines de mille les lecteurs qui n'ont pas besoin qu'on leur altère la réalité par des fictions, pour s'intéresser aux narrations des voyageurs faites en vue, non-seulement du simple amusement, de la curiosité, de l'inconnu, du goût des aventures ou de l'observation des mœurs, mais aussi de l'art, de l'industrie ou de la science.

Tous les récits publiés par LE TOUR DU MONDE sont contemporains ; tous se complètent par des cartes qui constatent l'état le plus récent des connaissances géographiques, et par des photographies ou des dessins rapportés par les voyageurs et qu'ont reproduits sur bois les artistes les plus habiles : MM. G. Doré, Karl Girardet, Thérond, Catenacci et autres. Le nombre des gravures publiées depuis six ans s'élève déjà à plus de trois mille six cents.

LE TOUR DU MONDE est ainsi tout à la fois un livre, un atlas et un album. Il tend sans cesse à s'améliorer sous ce triple rapport, parce qu'il y est encouragé par la faveur publique, et surtout parce qu'il a foi dans la nature et l'importance relative des services qu'il peut rendre. Combien les progrès de l'instruction générale ne seraient-il pas plus rapides, s'il était donné à chaque science de se produire avec le même attrait, et par suite avec le même succès ! C'est une pensée que doivent avoir présente ceux qui ont à cœur de contribuer à répandre les connaissances utiles : il faut les faire aimer.

CONDITIONS DE VENTE ET D'ABONNEMENT

PRIX DU NUMÉRO : 50 CENTIMES.

Un numéro, comprenant 16 pages in-4, plus une couverture réservée aux nouvelles géographiques, paraît le samedi de chaque semaine.

Les 52 numéros publiés dans une année forment 2 volumes qui peuvent être reliés en un seul.

PRIX DE L'ABONNEMENT POUR PARIS ET LES DÉPARTEMENTS :

UN AN, 26 FR. — SIX MOIS, 14 FR.

Les abonnements se prennent à partir du 1er de chaque mois.

Les six premières années du TOUR DU MONDE (1860 à 1865), formant 12 beaux volumes, sont en vente.

Prix de chaque volume, broché, 12 fr. 50 c.

Prix de chaque année, brochée en un ou deux volumes, 25 fr.

La reliure par volume ou par année se paye en sus.

JOURNAL POUR TOUS

MAGASIN LITTÉRAIRE ILLUSTRÉ

Le *Journal pour tous* paraît les mercredis et samedis.

Prix des numéros, des cahiers mensuels et de l'abonnement : chaque numéro vendu à Paris, 15 c.; chaque cahier mensuel, contenant 8 ou 9 numéros, vendu à Paris, 1 fr. 50 c. Abonnement de six mois : Paris, 6 fr.; pour les départements, 8 fr.; abonnement d'un an : pour Paris, 11 fr.; pour les départements, 15 fr. Les abonnements se prennent du premier de chaque mois.

Les quatorze premiers volumes du *Journal pour tous*, chacun de 886 pages, avec plus de 300 vignettes, table, frontispice et couverture imprimée, sont en vente. Prix du volume broché, 8 fr.

LA SEMAINE DES ENFANTS

MAGASIN D'IMAGES ET DE LECTURES AMUSANTES ET INSTRUCTIVES

Paraissant le mercredi et le samedi de chaque semaine. Prix du numéro, 15 c. Les abonnements se prennent pour six mois, à partir du 1er de chaque mois ; pour Paris, six mois, 6 fr.; un an, 11 fr.; pour les départements, six mois, 8 fr.; un an, 15 fr.

Les dix premiers vol., format gr. in-8 avec titre, table et couverture, sont en vente. Prix de chaque vol. br., 8 fr. La rel. en percal. gaufrée se paye en sus, avec tr. jasp., 1 fr. 50 c.; avec tr. dor., 2 fr. La reliure en percal. rouge, plats en or, tr. dor., 3 fr.

LES MILLE ET UNE NUITS

Contes arabes traduits par Galland, nouvelle édition illustrée de plus de 500 vignettes par G. Doré, Berthall, Foulquier, Worms, Castelli, Chasal, etc. *Les Mille et une Nuits* seront publiées en 100 livraisons environ de 8 pages grand in-8 à 2 colonnes, contenant, en texte et en vignettes, le double de toutes les livraisons ordinaires à 10 centimes.

Les livraisons paraissent régulièrement le mercredi et le samedi de chaque semaine, depuis le 27 avril 1865. Prix de la livraison : 15 centimes. La vente se fait aussi par fascicule de 10 livraisons avec couverture. Prix : 1 fr. 50 c.

LES TROIS RÈGNES DE LA NATURE

Lectures d'histoire naturelle, publiées sous la direction du docteur Chenu, et illustrées de nombreuses vignettes. Il paraît un numéro de ce recueil le samedi de chaque semaine, depuis le 1er janvier 1864. Prix du numéro : 15 c.; par la poste, 20 c. Prix de l'abonnement : pour Paris, six mois, 4 fr.; un an, 8 fr.; pour les départements, six mois, 5 fr.; un an, 10 fr.

La première année (1864), formant 1 beau vol. gr. in-8, ill. de 300 gr., est en vente. Prix, br., 8 fr.—Relié en perc. 9 fr. 75 c. — Relié, dos en mar., plats en toile, tranch. dor., 11 fr. 75 c.

Le but de ce journal est de vulgariser des connaissances aussi utiles qu'intéressantes, et de développer dans les esprits le goût des sciences naturelles. Il s'adresse à toutes les intelligences, comme à tous les âges et à toutes les positions sociales. Assez sérieux pour intéresser même le savant, il réunit toutes les conditions d'une lecture attrayante et instructive. L'étude de la nature est pleine de charme pour ceux même qui n'en font qu'un sujet de distraction ; c'est une inépuisable mine de jouissances; plus on sait, plus on veut savoir.

LE PARTHÉNON DE L'HISTOIRE.

Six volumes royal in-4, publiés simultanément et illustrés de 1500 magnifiques gravures.

EN VENTE :

1° *La Russie*, par Piotre Artamof. 2 vol. (450 gravures).

2° *Les Reines du monde*, par l'élite de nos écrivains. 1 vol. (150 gravures).

3° *La Révolution française*, par Jules Janin. Tome I (250 gravures).

EN COURS DE PUBLICATION :

3° *La Révolution française*, par Jules Janin. Tome II (500 gravures).

4° *Galeries de l'Europe*, par J. Armengaud, t. II (450 gravures).

Prix de chaque volume relié dos maroquin, avec ornements dorés sur les plats, tranches dorées, 60 fr.

Le Parthénon de l'histoire se publie en 50 livraisons doubles. Il paraît, depuis le 1er décembre 1862, une livraison double par mois. Chaque livraison double comprend 2 feuilles (16 pages) de *la Révolution française*, 2 feuilles (16 pages) de *la Russie* et 2 feuilles (16 pages) des *Reines du monde*, auxquelles succèderont les *Galeries de l'Europe*, et est enrichie de 10 à 12 magnifiques gravures intercalees dans le texte. Prix de chaque cahier contenant deux livraisons, 10 fr.

Les vingt-six premiers cahiers contenant les cinquante-deux premières livraisons sont en vente.

HISTOIRE POPULAIRE CONTEMPORAINE
DE LA FRANCE

L'*Histoire populaire contemporaine de la France* (1815-1863) sera publiée en 200 livraisons environ, de 8 pages chacune, et formera 4 vol. grand in-8, illustrés de plus de 800 vignettes. Les livraisons paraissent régulièrement le mercredi et le vendredi de chaque semaine, depuis le 27 février 1864. Cette histoire fait suite à l'*Histoire populaire de la France*. Prix de la livraison : 10 centimes; par la poste : 15 centimes.

Le premier volume est en vente. Prix, broché, 6 fr. La reliure en percaline gaufrée se paye en sus : tranches jaspées, 1 fr. 50 c.; tranches dorées, 2 fr.; percaline rouge, plats en or, tranches dorées, 3 fr.

Imprimerie générale de Ch. Lahure, rue de Fleurus, 9, à Paris.

BIBLIOTHÈQUE ROSE ILLUSTRÉE
POUR LES ENFANTS ET POUR LES ADOLESCENTS
FORMAT IN-18 JÉSUS

On peut se procurer chaque volume, relié en percaline, tranches jaspées, moyennant 75 centimes; en percaline, tranches dorées, moyennant 1 franc en sus du prix marqué.

Andersen : *Contes choisis*, traduits du danois. 1 vol. 2 fr.
Anonyme : *Douze histoires pour les enfants de quatre à huit ans*, par une mère de famille. 1 vol. 2 fr.
— *Chien et Chat.* 1 vol. 2 fr.
— *Les enfants d'aujourd'hui*, par le même auteur. 1 vol. 2 fr.
— *Les fêtes d'enfants.* 1 vol. 2 fr.
Barrau : *Amour filial.* 1 vol. 2 fr.
Bawr (Mme de) : *Nouveaux contes.* 1 vol. couronné par l'Académie française 2 fr.
Belèze : *Jeux des adolescents.* 1 vol. 2 fr.
Berquin : *Choix de petits drames et de contes.* 1 vol. 2 fr.
Boiteau (P.) : *Légendes recueillies ou composées pour les enfants.* 1 vol. 2 fr.
Carraud (Mme Z.) : *La petite Jeanne, ou le Devoir.* 1 vol. 2 fr. Ouvrage couronné par l'Acad. française.
— *Historiettes véritables pour les enfants de quatre à huit ans.* 1 vol. 2 fr.
— *Les métamorphoses d'une goutte d'eau; Les aventures d'une fourmi.* 1 vol. 2 fr.
Castillon : *Récréations physiques.* 2 fr.
Catlin : *La vie chez les Indiens*, traduite de l'anglais. 1 vol. 2 fr.
Cervantès : *Histoire de don Quichotte de la Manche*; édition à l'usage des enfants. 1 vol. 2 fr.
Chabreul (Mme de) : *Jeux et exercices des jeunes filles.* 1 vol. 2 fr.
Colet (Mme L.) : *Enfances célèbres.* 1 vol. 2 fr.
Edgeworth (miss) : *Contes de l'adolescence*, traduits de l'anglais. 1 vol. 2 fr.
— *Contes de l'enfance*, traduits de l'anglais. 1 vol. 2 fr.
Fénelon : *Fables.* 1 vol.
Foé (de) : *Robinson Crusoé*, édition abrégée à l'usage des enfants. 1 vol. 2 fr.
Genlis (Mme de) : *Contes moraux.* 1 v. 2 fr.
Gouraud (Mlle Julie) : *Lettres de deux Poupées.* 1 vol. 2 fr.
— *Les mémoires d'un petit garçon.* 2 volume. 2 fr.
Grimm (les frères) : *Contes choisis*, traduits de l'allemand. 1 vol. 2 fr.
Hauff : *La caravane*, traduite de l'allemand. 1 vol. 2 fr.
— *L'auberge du Spessart*, traduite de l'allemand. 1 vol. 2 fr.

Hawthorne : *Le livre des merveilles*, traduit de l'anglais. 2 vol. 4 fr. Chaque volume se vend séparément.
Hervé et de Lanoye : *Voyage dans les glaces du pôle arctique.* 1 vol. 2 fr.
Isle (Mlle Henriette d') : *Histoire de deux âmes.* 1 vol. 2 fr.
Lanoye (Ferd. de) : *Les grandes scènes de la nature.* 1 vol. 2 fr.
— *La mer polaire. Voyage de l'Érèbe et de la Terreur.* 1 vol. 2 fr.
Le Sage : *Gil Blas*; édition destinée à l'adolescence. 1 vol.
Mayne-Reid (le capitaine) : Ouvrages traduits de l'anglais :
— *À fond de cale.* 1 vol. 2 fr.
— *À la mer.* 1 vol. 2 fr.
— *Le chasseur de plantes.* 1 vol. 2 fr.
— *Le chasseur d'ours.* 1 vol. 2 fr.
— *Les grimpeurs de montagnes.* 1 v. 2 fr.
— *Les exilés dans la forêt.* 1 vol. 2 fr.
— *Les peuples étranges.* 1 vol. 2 fr.
— *Les vacances des jeunes Boërs.* 1 v. 2 fr.
— *Les veillées de chasse.* 1 vol. 2 fr.
— *L'habitation du désert.* 1 vol. 2 fr.
Pape-Carpantier (Mme) : *Histoires et leçons de choses pour les enfants.* 1 v. 2 fr. Ouvrage couronné par l'Acad. française.
Perrault, et Mmes d'Aulnoy et Le Prince de Beaumont : *Contes de fées.* 1 vol. 2 fr.
Porchat (J.) : *Contes merveilleux.* 1 v. 2 fr.
Ségur (Mme la comtesse de) : *La Sœur de Gribouille.* 1 vol. 2 fr.
— *François le bossu.* 1 vol. 2 fr.
— *Nouveaux contes de fées.* 1 vol. 2 fr.
— *Les bons enfants.* 1 vol. 2 fr.
— *Les deux nigauds.* 1 vol. 2 fr.
— *Les petites filles modèles.* 1 vol. 2 fr.
— *Les malheurs de Sophie.* 1 vol. 2 fr.
— *Les vacances.* 1 vol. 2 fr.
— *Mémoires d'un âne.* 1 vol. 2 fr.
— *Pauvre Blaise.* 1 vol. 2 fr.
— *L'Auberge de l'Ange-Gardien.* 1 v. 2 fr.
— *Le vieux général Dourakine.* 1 vol. 2 fr.
Swift : *Voyages de Gulliver à Lilliput et à Brobdingnag*, traduits de l'anglais, édition à l'usage des enfants. 1 vol. 2 fr.
Vimont (Ch.) : *Histoire d'un navire.* 1 vol. 2 fr.

Paris. — Imprimerie générale de Ch. Lahure, rue de Fleurus, 9.

www.ingramcontent.com/pod-product-compliance
Lightning Source LLC
Chambersburg PA
CBHW072007150426
43194CB00008B/1022